馮　道

乱世の宰相

礪波　護

法蔵館文庫

本書は一九六六年十一月、「中国人物叢書」の一冊として、人物往来社より刊行されたものである。収録にあたっては、一九八八年三月刊行の中公文庫版を二〇〇三年十月に改版した、中公文庫ＢＩＢＬＩＯ版を底本とした。また、巻末に補編を追加した。

お-3-1

忘れられた仏教天文学

一九世紀の日本における仏教世界像

岡田正彦 著

江戸後期から明治初、仏教僧普門円通によって体系化された仏教天文学「梵暦」。西洋天文学の手法を用い、須弥界という円盤状の世界像の実在を実証しようとした思想活動に迫る。

1300円

お-4-1

増補

ゆるやかなカースト社会・中世日本

大山喬平 著

第一部では日本中世の農村が位置した歴史的位相を国内外の事例から解明。第二部では日本中世史研究の泰斗・戸田芳實、黒田俊雄、三浦圭一らの業績を論じた研究者必読の書。

1700円

う-2-1

〈小さき社〉の列島史　牛山佳幸著

「村の鎮守」はいかに成立し、変遷を辿ったのか。各地の同名神社群「印鑰社」「ソウドウ社」「女体社」「ウナネ社」に着目し、現地調査・文献を鍵に考察を試みる意欲作。

1300円

わ-1-1

増補　天空の玉座　中国古代帝国の朝政と儀礼　渡辺信一郎著

国家の最高意志決定はどのような手続きをへてなされたのか。朝政と会議の分析を通じて権力中枢の構造的特質を明らかにし、中国古代における皇帝専制と帝国支配の実態に迫る。

1200円

い-3-1

日本の神社と「神道」　井上寛司著

日本固有の宗教および宗教施設とされる神社と、神社祭祀・神祇信仰の問題を「神道」との関わりに視点を据えて、古代から現代までをトータルなかたちで再検討する画期的論考。

1500円

お-2-1

来迎芸術　大串純夫著

阿弥陀来迎図や六道図等の美と信仰のあり方を、浄土教美術に影響を与えた『往生要集』の思想や迎講・仏名会等の宗教行事から考証。解説＝須藤弘敏

1200円

に-1-1

仏教文化の原郷　インドからガンダーラまで　西川幸治著

伽藍、仏塔、仏像、都市、東西文化交流……近代以降、埋もれた聖跡を求めて数多行われた学術探検隊による調査の歴史をたどりつつ、仏教聖地の往事の繁栄の姿をたずねる。

1400円

と-1-2

馮道　乱世の宰相　礪波護著

五代十国時代において、五王朝、十一人の皇帝に仕え、二十年余りも宰相をつとめた希代の政治家・馮道。乱世においてベストを尽くしたその生の軌跡を鮮やかに描きあげる。

1200円

み-3-1

風水講義

三浦國雄著

龍穴を探し当て、その上に墓、家、村、都市を営むと都市や村落は繁栄し、墓主の子孫、家の住人に幸運が訪れる――。原典を通して「風水」の思想と原理を解明する案内書。

1200円

さ-6-1

祭儀と注釈

中世における古代神話

桜井好朗著

神話はいかに変容したのか。注釈が中世神話を創出し、王権‐国家の起源を新たに形成。中世芸能世界の成立をも読解した、記念碑的一冊。解説＝星優也

1400円

た-6-2

民俗の日本史

高取正男著

文明化による恩恵とともに、それによって生じた土着側の危機をも捉えることで、文化史学の抜本的な見直しを志した野心的論考12本を収録。解説＝谷川健一・林淳

1400円

ま-1-1

中世の都市と非人

武家の都鎌倉・寺社の都奈良

松尾剛次著

非人はなぜ都市に集まったのか。独自の論理で彼らを救済した仏教教団とは。中世都市の代表・鎌倉と奈良、中世都市民の代表・非人を素材に、都市に見る中世を読み解く。

1200円

た-8-1

維新期天皇祭祀の研究

武田秀章著

幕末維新期における天皇親祭祭祀の展開過程を文久山陵修補事業に端を発する山陵・皇霊祭祀の形成と展開に着目しつつ検討、天皇を基軸とした近代日本国家形成の特質をも探る。

1600円

あ-2-1

方丈記を読む

孤の宇宙へ

荒木浩著

無常を語り、災害文学の嚆矢として著名な『方丈記』。第一人者による校訂本文、大意、原文、解説を含んだエッセイで構成。不安な時代にこそ読みたい、日本古典屈指の名随筆。

1200円

や-3-1
藤原道長　山中裕著
道長の生涯を史料から叙述すると共に、人間関係を詳しく説き起こして人物像を浮かびあがらせる。既存の図式的な権力者のイメージをしりぞけ史実の姿に迫る。解説＝大津透
1200円

た-5-1
安倍晴明の一千年　田中貴子著
「晴明現象」を読む
スーパー陰陽師・安倍晴明はいかにして誕生したのか。平安時代に生きた晴明が、時代と世相にあわせて変貌し続ける「晴明現象」を追い、晴明に託された人々の思いを探る好著。
1200円

ふ-1-1
江戸時代の官僚制　藤井讓治著
一次史料にもとづく堅実な分析と考察から、幕藩官僚＝「職」の創出過程とその実態・特質を解明。幕藩官僚制の内実を、明瞭かつコンパクトに論じた日本近世史の快著。

1100円

た-6-1
宗教民俗学　高取正男著
民俗学の見地から日本宗教史へとアプローチし、日本的信仰の淵源をたずねる。高取正男の真骨頂ともいうべき民間信仰史に関する論考12篇を精選。解説＝柴田實／村上紀夫
1400円

み-2-1
天狗と修験者　宮本袈裟雄著
山岳信仰とその周辺
修験道の通史にはじまり、天狗や怪異伝承、修験者の特性と実態、恐山信仰などを考察。入手困難な記録や多様な事例から修験者の固有信仰を幅広く論じる。解説＝鈴木正崇
1200円

た-7-1
法然とその時代　田村圓澄著
法然はいかにして専修念仏へ帰入するに至ったのか。否定を媒介とする法然の廻心を基軸に、歴史研究の成果を「人間」理解一般にまで昇華させた意欲的労作。解説＝坪井剛
1200円

か-4-1

死と運命

中国古代の思索

金谷治 著

「このっぴきならない生命とはいったい何なのか」。孔孟、老荘、荀子等の言葉をてがかりに、中国古代における死、運命、欲望に関する思索を討尋する。解説＝中嶋隆藏

1100円

よ-1-1

劉裕

江南の英雄 宋の武帝

吉川忠夫 著

劉裕は微賤な武人に生まれながらも、卓越した行動力と徹底した現実主義によって皇帝となった。だが、即位後その生彩に翳りが――。南朝の権力機構の本質を明らかにする好著。

1000円

か-5-1

一遍語録を読む

金井清光
梅谷繁樹 著

一切を捨てた「捨聖」一遍。その思想的背景と生涯を法語から読み解き、巻末では一遍の和讃「別願和讃」を『節用集』『日葡辞書』などを駆使して詳論する。解説＝長澤昌幸

1200円

な-1-2

祭祀と供犠

日本人の自然観・動物観

中村生雄 著

動物を「神への捧げもの」とする西洋の供犠との対比から、日本の供養の文化を論じ、殺生・肉食の禁止と宗教との関わりに新たな光を当てた名著が文庫化。解説＝赤坂憲雄

1500円

さ-4-1

ラジオの戦争責任

坂本慎一 著

戦前最強の「扇動者」、ラジオ。その歴史を五人の人物伝から繙き、国民が戦争を支持し、また玉音放送によって瞬く間に終戦を受け入れるに至った日本特有の事情を炙り出す。

900円

は-1-1

明治維新と宗教

羽賀祥二 著

近代「神道」の形成と特質を仏教までも含んだ俯瞰的な視野から考察し、「国家神道」に止まらない近代「神道」の姿をダイナミックに描いた、日本近代史の必読文献。

1800円

も-1-1

梁の武帝

仏教王朝の悲劇

森三樹三郎著

皇帝菩薩と呼ばれた武帝の餓死、王朝の滅亡は、仏教溺信が招いた悲劇だったのか。類い稀な皇帝のドラマチックな生涯とその時代の精神を描出した不朽の傑作。解説＝船山　徹

1000円

む-1-1

天平芸術の工房

武者小路穣著

正倉院や東大寺をはじめとする花やかな天平芸術の創造にたずさわった工人たちの盛衰を明らかにしていくなかで、古代国家の文化の形成基盤の全体像を考察。解説＝山岸公基

1200円

た-3-1

改訂

歴史のなかに見る親鸞

平　雅　行　著

数少ない確実な史料を緻密に検証することで、歴史研究者として親鸞の事蹟の真偽を究明する一方、民衆の苦難と自らの思想信条とのはざまで悩み苦しむ親鸞の姿をも描きだす。

1100円

す-1-1

東洋の合理思想

末木剛博著

インド仏教、中国仏教、中国古典に形式論理を見いだし、西洋思想とは異なる、非自我的な「楕円思考」を東洋の合理思想の根幹として解明する。野矢茂樹氏の解説も再録。

1200円

か-3-1

増補

菩薩ということ

梶山雄一著

迷いと悟りの世界を生きる菩薩の存在は、大乗仏教の真髄である。大乗仏教がめざした人間像を探究しつづけた著者が最終的に到達した菩薩像と、その生き方とは。解説＝桂紹隆

1000円

キ-2-1

ウィトゲンシュタイン・文法・神

アラン・キートリー著

星川啓慈訳

ウィトゲンシュタインの「文法」概念を宗教研究に応用し、自然主義・相対主義・還元主義をのりこえる視点を提供。そして「本物の宗教」に迫らんとする、宗教哲学の好著。

1200円

さ-3-1

ブッダとサンガ
〈初期仏教〉の原像

三枝充悳著

一人のブッダから多くの仏が生まれたのはなぜか。サンガはどのように成立したのか。仏教の根本問題を論旨明快な叙述で解きほぐす、恰好のインド仏教史入門。解説＝丸井 浩

1100円

し-1-1

ポストモダンの新宗教
現代日本の精神状況の底流

島薗進著

一九七〇年代以降に誕生・発展した「新新宗教」の特徴を読み解き、「新新宗教」を日本・世界の宗教状況とリンクさせることで、現代宗教論に一つの展望を与えた画期的試み。

1200円

や-2-1

〈方法〉としての思想史

安丸良夫著

安丸史学が対峙し、目指したものとは――。自身の研究や経験を回顧した論考・時評等を中心に収め、その思想的格闘の軌跡を示した歴史学徒必読の名著。解説＝谷川 穣

1300円

ア-2-1

英国の仏教発見

フィリップ・C・アーモンド著
奥山倫明訳

19世紀の英国人らによる仏教表象を分析し、西洋近代において、仏教が称賛や蔑視を交えながら「創造」されていく過程を、オリエンタリズムと宗教をめぐる観点から解明。

1300円

か-1-2

改訂 祇園祭と戦国京都

河内将芳著

創作物を通じて戦国期の祇園祭に託された「権力に抵抗する民衆の祭」というイメージは実態に合うものなのか。イメージと史実を比較し、中世都市祭礼・祇園祭の実像に迫る。

1000円

ブ-1-1

儀礼と権力 天皇の明治維新

ジョン・ブリーン著

日本の「近代」創出に天皇がはたした身体的役割とは何か。天皇はいかにして「神話の体現者」となったのか。従来とは異なる儀礼論的アプローチから迫ったユニークな試み。

1300円

い-2-1

アニミズム時代

岩田慶治著

森羅万象のなかにカミを経験する。その経験の場とは。アニミズムそしてシンクロニシティ空間論によって自然との共生の方法を説く、岩田アニミズム論の名著。解説＝松本博之

1200円

か-1-1

信長が見た戦国京都

城塞に囲まれた異貌の都

河内将芳著

同時代史料から、「町」が社会集団として成熟していくさまや、戦国京都が辿った激動の軌跡を尋ね、都市民らの視線を通して信長と京都の関係を捉え直した斬新な戦国都市論！

900円

や-1-1

宗教とは何か

現代思想から宗教へ

八木誠一著

理性と言語による現実把握の限界をどう超えるか。ニーチェの生の哲学から実存主義、さらには京都学派の哲学までを総覧し、現代人のための宗教に至る道筋を鮮やかに指し示す。

1300円

つ-1-1・2

平安人物志

上・下（全二冊）

角田文衞著

考古学と文献史学を駆使した角田の博識と推理が冴え渡る、41篇の人物伝。緻密な分析で、平安朝を生きた人々の数奇な生涯を鮮やかに描き出した、歴史的名著。解説＝山田邦和

各1700円

か-2-1

インド人の論理学

問答法から帰納法へ

桂紹隆著

インド人の思考法は、観察から法則を導き出す帰納法的思考であった。事実に基づく論証法がインドでどのように展開したのか。その淵源を仏教の縁起の教えに見出した名著。

1300円

た-2-1

悟りと解脱

宗教と科学の真理について

玉城康四郎著

徹底した禅定実践と学問研鑽によって仏道を求め、かくして到達したブッダの解脱に基づき、一切の枠組みを超えた真理を究明する。稀有の求道者の最後の書。解説＝丘山　新

1000円

法蔵館文庫既刊より

価格税別

く-1-1
中世史の構図
王法と仏法
黒田俊雄著
強靭な論理力で中世史の構図を一変させ、「武士中心史観」にもとづく中世理解に鋭く修正を迫った黒田史学。その精髄を示す論考を収めた不朽の名著。解説＝平　雅行
1200円

な-1-1
折口信夫の戦後天皇論
中村生雄著
戦後「神」から「人間」となった天皇に、折口信夫はいかなる可能性を見出そうとしていたのか。折口学の深淵へ分け入り、折口理解の新地平を切り拓いた労作。解説＝三浦佑之
1300円

あ-1-1
禅仏教とは何か
秋月龍珉著
仏教の根本義から、臨済宗・曹洞宗の日本禅二大派の思想と実践までを体系的に叙述。難解な内容を、簡潔にわかりやすくあらわした入門書の傑作。解説＝竹村牧男
1100円

ほ-1-1
増補
宗教者ウィトゲンシュタイン
星川啓慈著
ひとつの孤独な魂が、強靭な理性と「神との和解」のはざまで悩みぬく。新発掘の二つの『日記』等をめぐる考察を縦横にもりこんだ、宗教学からの独創的アプローチ！
1000円

ア-1-1・2
評伝 J・G・フレイザー
その生涯と業績　上・下（全二冊）
R・アッカーマン著
小松和彦監修
玉井　暲監訳
大著『金枝篇』で世界に衝撃を与えた人類学者の画期的評伝。研究一筋の風変わりな日常から、出版をめぐる人間模様、悪妻とも評された妻との結婚生活まで。未公開書簡や日記も満載。
各1700円

礪波　護（となみ　まもる）

1937年，東大阪市生まれ。八尾高校をへて，60年，京都大学文学部史学科東洋史学専攻卒業。同大学大学院博士課程を了え，京都大学人文科学研究所助手，神戸大学文学部助教授，京都大学人文科学研究所教授，同大学大学院文学研究科教授を歴任し，2001年，停年退官。京都大学名誉教授。その後，大谷大学文学部教授，同大学博物館長を勤める。文学博士。専門は中国の政治・社会・宗教史。
著書に『唐代政治社会史研究』（同朋舎出版），『地域からの世界史②　中国　上』（朝日新聞社），『世界の歴史6　隋唐帝国と古代朝鮮』（共著，中央公論社。のち中公文庫），『馮道――乱世の宰相』『唐の行政機構と官僚』『隋唐の仏教と国家』『唐宋の変革と官僚制』（いずれも中公文庫），『京洛の学風』（中央公論新社），『隋唐佛教文物史論考』『隋唐都城財政史論考』『敦煌から奈良・京都へ』『鏡鑑としての中国の歴史』（いずれも法藏館），『文物に現れた北朝隋唐の仏教』（法藏館文庫），編著に『中国貴族制社会の研究』『中国中世の文物』（ともに京都大学人文科学研究所），『京大東洋学の百年』（京都大学学術出版会），『中国の歴史』（全12巻，講談社），『中国歴史研究入門』（名古屋大学出版会）のほかに編集・監修・解説多数がある。

馮道《ふうどう》　乱世《らんせい》の宰相《さいしょう》

二〇二四年六月一五日　初版第一刷発行

著　者　礪波　護
発行者　西村明高
発行所　株式会社法藏館
京都市下京区正面通烏丸東入
郵便番号　六〇〇-八一五三
電話　〇七五-三四三-〇〇三〇（編集）
〇七五-三四三-五六五六（営業）

装幀者　熊谷博人
印刷・製本　中村印刷株式会社

ISBN 978-4-8318-2667-1　C0123

索　引

ア　行

カ　行

サ　行

タ　行

ナ　行

ハ　行

マ　行

ヤ　行

ラ　行

ワ　行

目次

補　編

馮　道——乱世の宰相

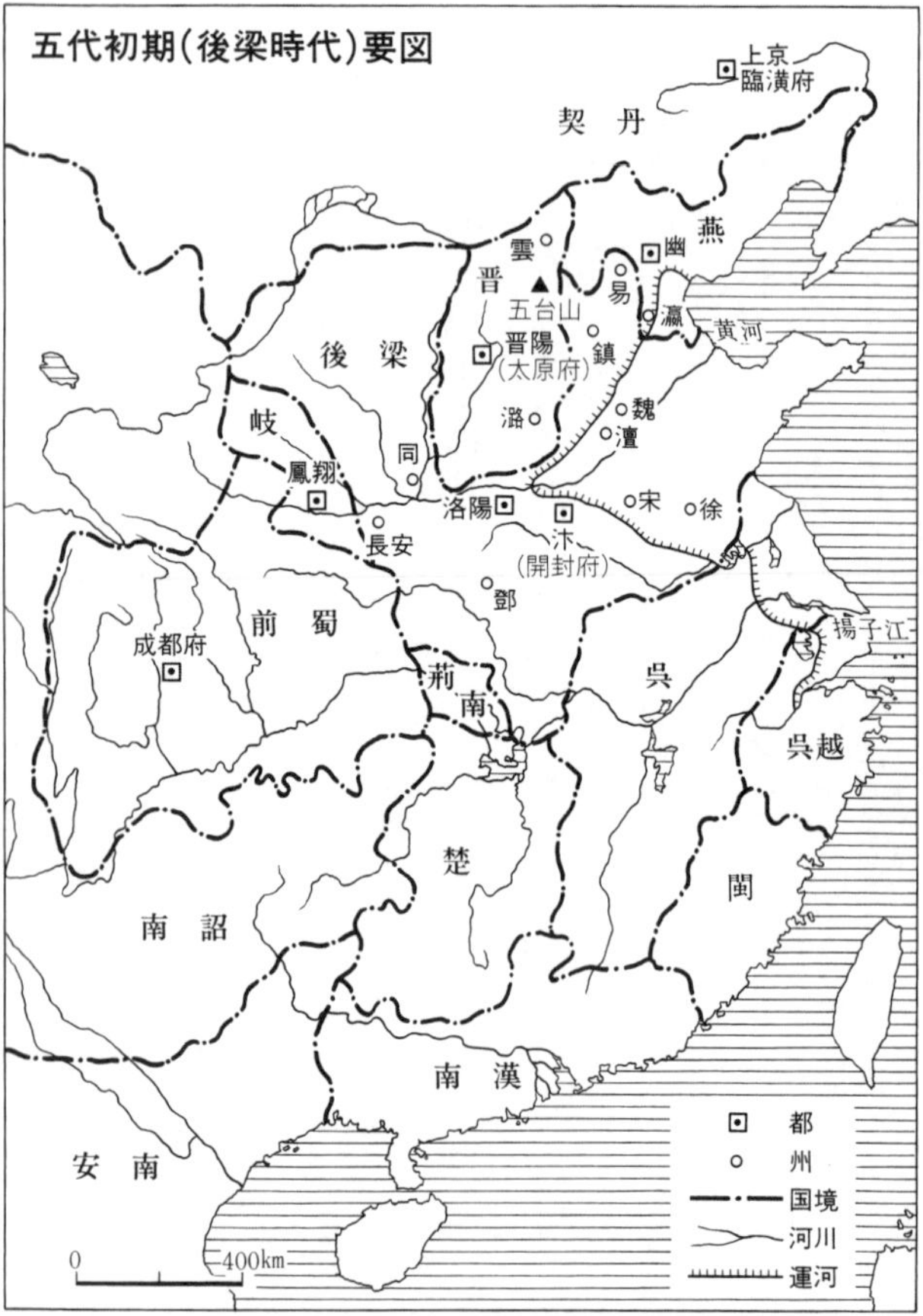
上京
臨潢府
契　丹
燕
幽
雲
晋
五台山
易
瀛
黄河
後　梁
晋陽
(太原府)
鎮
魏
潞
潭
岐
同
鳳翔
洛陽
汴
(開封府)
宋
徐
長安
鄧
前　蜀
成都府
揚子江
荊
南
呉
呉越
楚
閩
南　詔
南　漢
安　南
0
400km
都
州
国境
河川
運河
五代初期(後梁時代)要図

はじめに

唐の末から五代にかけての約百年間は、長い長い慢性的な戦乱に明け暮れた時代であった。この乱世を生きぬいた興味あふれる人物、馮道《ふうどう》アザナは可道《かどう》。かれにたいする二つの代表的な人物評価を、まず掲げてみよう。

「貞女は二夫にしたがわず、忠臣は二君につかえないものだ。女として不貞であれば、たとえ容貌がすぐれ、裁縫が上手であっても、賢とするわけにはいかない。臣として不忠であれば、たとえ材知が多く、治行がすぐれていても、貴ぶわけにはいかない。なぜならば、大節が欠けているからである。馮道は宰相として、五朝八姓を歴任し、逆旅《はたごや》が過客《たびびと》に向かうように、朝には仇敵であったものが、暮れには君臣となり、面相を変え言辞を変えても、ぜんぜん恥辱とは思わない。大節がこんなありさまでは、小善があったとしても、どうしてほめるに値しようぞ」（臣光曰『資治通鑑《しじつがん》』巻二九一）

「馮道は長楽老子と自称しているが、いかにも真に長楽老子である。孟子は、『社稷《こっか》は重く、君《てんし》は軽い』といったが、いかにもそのとおりである。馮道はそれをわきまえていたのだ。いったい、〝社《しゃ》〟とは人民を安んずる所以《ゆえん》であり、〝稷《しょく》〟とは人民を養う所以である。人民が安養を得てこそ、君主と臣下との責任ははじめて果たされたことになるのだ。君主が人民を安養することができないとなると、そのときは臣下が人民を安養しなければならない。かくてはじめて馮道の責任は完遂されたことになる。いま五代の興亡をみるに、主権の転移は潜黙のうちに行なわれ、たとえ戦争があっても、城を争ったということを聞いていない。五十年の間に、四つの王朝を経歴し、十二君および耶律《やりつ》氏の契丹《きったん》につかえはしたけれども、百姓《ばんみん》がついに兵火の禍を免れたのは、馮道がその安養に努力したおかげである」（卓吾曰『蔵書』巻六八）

前者は、十一世紀の宋代の正統史学のチャンピオンたる司馬光が、『資治通鑑《しじつがん》』において与えた評価であり、後者は、十六世紀のおわりに、最大の過激思想家とされた李卓吾が、『蔵書』の巻末で馮道をほめたたえて書いた文章である。

馮道は、唐末の黄巣《こうそう》の乱の最中に生まれ、唐から宋への中国史の転換期、五代十国の分裂時代に、五つの王朝（後唐《こうとう》・後晋《こうしん》・遼《りょう》・後漢《こうかん》・後周《こうしゅう》）、八姓（後唐の荘宗・明宗・末帝がおのおの一姓。後晋の石《せき》氏。遼の耶律氏。後漢の劉氏。後周の太祖・世宗がおのおの一姓）、十一人の天子に高位高官として歴事すること三十年、宰相を二十余年勤め、古来、無節操・恥しらず者流の代表とされてきた。まさに、シュテファン・ツヴァイク描くところのジョゼフ・フーシェの中国版というわけだ。そのような判断を下したのは、まず『新五代史』の著者たる欧陽修であり、司馬光がそれを敷衍《ふえん》した。その後も、この二人が与えた評価が主として受け継がれてきたが、李卓吾のように、その説を信奉しない者もいたのである。破《は》廉恥漢《れんちかん》の汚名をきせられたり、ときには過褒《かほう》の辞でつつまれた馮道なる人物は、いったいいかなる時代を、どのように生きぬいたのか、できるだけ忠実にその生涯を跡づけてみよう。

礪波　護

一九六六年九月

一　唐朝の崩壊

馮道の誕生

馮道《ふうどう》は、唐朝の末期、十八代目の天子僖宗《きそう》の中和二年（八八二）に生まれた。誕生地は、河北の瀛《えい》州景城県の来蘇郷《らいそきょう》、朝漢里であって、現在の北京の南方およそ一八〇キロ、天津の西南一二〇キロに位置している。当時の景城県は、永済渠《きょ》と漳水との合流地点であった長蘆県《ちょうろ》（いまの滄州市）の西方四〇キロの地に比定され、来蘇郷朝漢里は、この景城県城の西南およそ二キロの地点にあった。このあたりは、河北中部の大平原の中央であって、地勢は豁達茫茫《かったつぼうぼう》とした平野であり、目をさえぎる山丘とてなく、樹木もほとんどないために、気温の変化がはげしい。空気は七月の大雨の時節には、やや湿潤になるが、ふだんは乾燥している。ときに北風が砂塵を飛ばして数日間もやまないことがあり、寒さのきびしい折には零下三十度ぐらいに下がるかと思うと、夏の酷暑の時節には四十度を越えることも珍しくない。このような自然環境のもとに、馮道は生い立った。

かれの先祖については、はっきりしたことはわからない。自分では、始平・長楽二郡の名族の家柄であると称しているが、必ずしも信用はできない。ただ、長楽郡というのはいまの河北省冀《き》県の地で、景城県の西南百キロばかりの所にあり、長楽郡の馮氏が正史の列伝に載せられる人物をまま出している宗族であることは事実であって、馮道が自分の家系をそれに仮託した可能性が強い。『旧五代史』の本伝に、

「其の先は農たり儒たり、其の業を恒にせず」

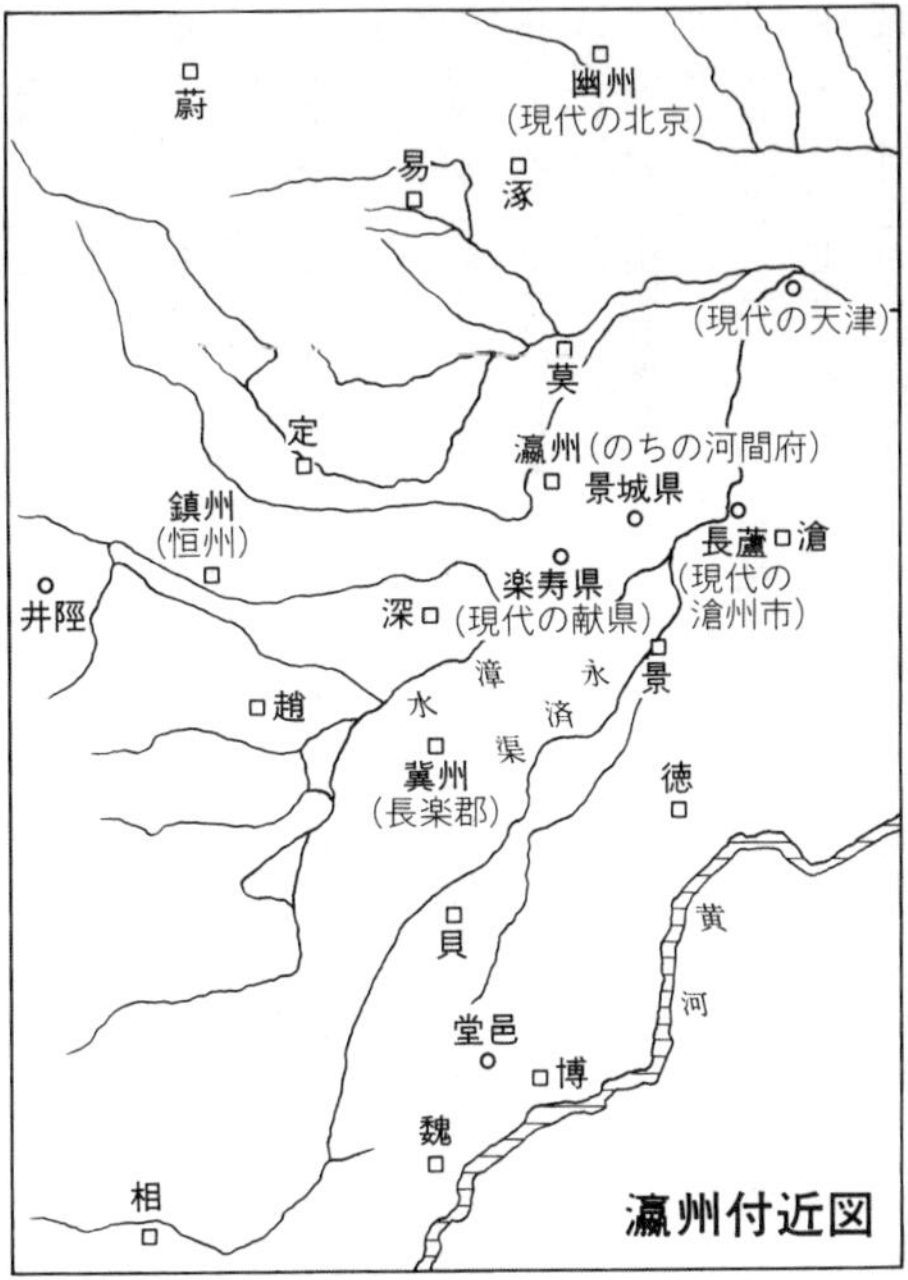

瀛州付近図

と書かれているように、かれの先祖には、農業に従事する者もいたし、儒者になる者もいた、ときには下級官吏になる者もいた、というような、大して誇りうべき家柄ではない、中小地主の家庭に生まれたと考えてよいだろう。

馮道が生まれた中和二年という年は、唐の都長安が、黄巣《こうそう》の反乱軍によって占領され、天子僖宗《きそう》は遠く四川省の成都に難をのがれていた時期で、さしもの唐朝が崩壊への坂道を急速に下りだしていた頃であった。馮道の人生を語るには、この黄巣の乱の始末から出発するのが適当であるが、そのためには、唐代中期に勃発した安禄山《あんろくざん》の乱以後の社会状態に目を向けなければならない。

安禄山の遺産

平盧・范陽《はんよう》・河東の三節度使をかねた安禄山の反乱は、中央の宰相楊国忠《ようこくちゅう》との相剋《そうこく》を契機として、七五五年十一月に開始された。漢兵および異民族の将兵あわせて二十万の大部隊は、河北の平原を疾駆し、洛陽を攻めおとした。ついで反乱軍は黄河に沿って西進し、長安に迫ろうとしたが、潼関《どうかん》において、哥舒翰《かじょかん》のひきいる軍隊二十万によって阻止された。このとき、いったん占領した河南・河北地区でも、反乱軍は、郡県官（郡太守《たいしゅ》や県令の僚属）を中心とした強い抵抗にあっていたのである。このはげしい抵抗に遭遇《そうぐう》した安禄山は、

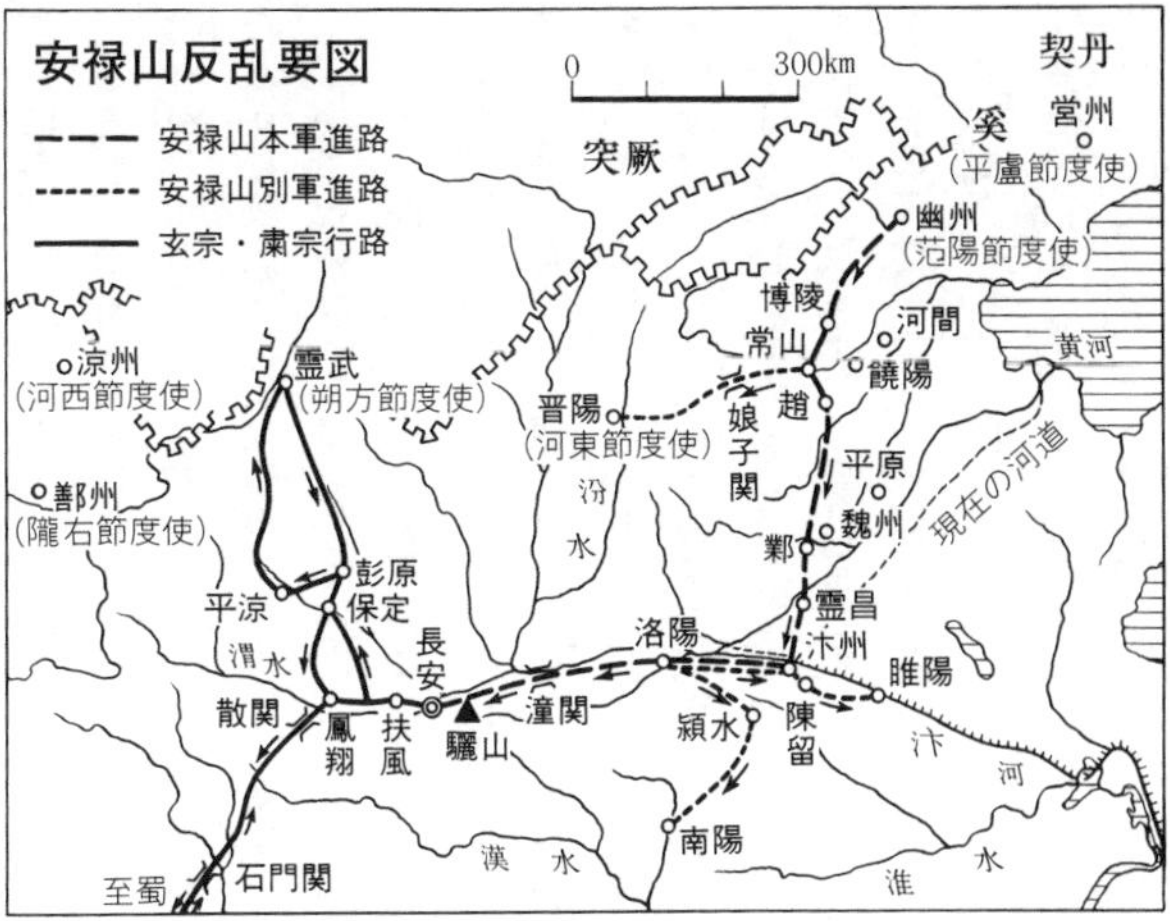

潼関における戦闘を放棄して、急いで洛陽に戻らざるをえず、河北奪回の任務が史思明《ししめい》に与えられた。その後の事態の推移のうち、河北における郡県官の抵抗にしばらく目を向けてみよう。

安禄山は、反乱をおこすに先だって、大多数の郡の太守を更迭《こうてつ》はしたが、兵力としては、さほど多くの精兵を配置していなかった。河北にたいするこのような兵力配備の手薄さは、中央政府にいる楊国忠らの権勢官僚の打倒を主要な目的として、一気に長安と洛陽の占拠をくわだてた禄山の意図を物語っている。その精兵の大多数は、洛陽の占拠と潼関における戦いに投入されていた。書道の大家として知られる顔真卿《がんしんけい》らの起兵の条件は、ここにあった。

　顔真卿が平原太守として赴任したのは七五三年のことであり、楊国忠ににくまれて中央政府から転出させられていたのであった。かれは赴任当初から、安禄山の謀反を見通して、ひそかに長雨《ながあめ》を口実に城壁を修理し、城濠《じょうごう》をさらえて深くし、壮丁《そうてい》を募集し、兵粮を蓄積し、いざというときに備えていた。反乱がおこるや、かれはなお一万人を募って挙兵した。

　ときを同じくして、景城郡では郡県官たちが反乱軍の景城太守劉道玄《りゅうどうげん》を斬った。一方、近隣の郡県官らは、それぞれ禄山によって任命された太守を斬り、数千ないし一万の兵を擁し、真卿を推して盟主とした。この軍事同盟は、西方の常山郡と連絡しはじめ、抵抗態勢をつくりあげた。しかし、史思明らの増援軍は、つぎつぎに諸郡を陥れる。景城長史の李暐《りい》がひきいる兵八千が饒陽《じょうよう》の救援に赴いたが、史思明に破られた。真卿の清河《せいか》救援軍六千もまた撃破された。こうして、河北は、ふたたび反乱軍の手に陥るが、このとき、河北の民衆は、反乱軍の残暴に苦しみ、至る所に屯結《とんけつ》し、多きは二万、少なきは一万をもって、おのおの陣営をつくって拒守したのである。

　この民衆の自衛集団は、景城《けいじょう》・河間《かかん》・信都《しんと》・清河《せいか》・平原《へいげん》・博平《はくへい》・常山《じょうざん》その他、范陽《はんよう》付近をのぞく河北《かほく》一帯にひろがっていた。なかでも清河の自衛集団は、平原との同盟を強化しようとした。このとき清河の「客」と史書に称せられる二十歳台の青年李萼《りがく》が郡人と一緒に顔真卿を訪れて兵を請うた。かれはまず、つぎのように切りだした。

「公《あなた》は大義を主唱しておられ、河北の諸軍は公を長いなる城とも恃《たの》んでいます。いま、清河は公の西隣です。国家は、平常から、江淮《こうわい》・河南《かなん》の銭帛《せんぱく》をそこに聚《あつ》めて、北軍に供給し、〝天下の北庫〟と呼んでいます。いま貯えていますのは、江東からの布が三百余万匹、河北の租調の絹が七十余万匹、当郡の綵綾《さいりょう》が十余万匹、累年の税銭が三十余万緡《びん》、倉糧は三十余万斛《こく》です。むかし、黙啜《もくてつ》を討ったときに、甲兵《ぶき》はみな清河の庫に貯え、いまや五十余万あります。戸数は七万、人口は十余万です。計算してみますと、財力は平原の富の三倍はあり、兵力は平原の強さの二倍はあります。公がほんとうに士卒を資《もと》として、撫育し、二つの郡を腹心とされたならば、ほかの郡は四肢のごとく、指図に従わないものはありません」

しかし顔真卿は答えた。

「平原の兵は、新たに募集したばかりで、まだ訓練していないから、ここを自衛するだけでも不十分だと危ぶんでいる。どうして隣のことを構う余裕などあろう。しかし、もし、子《きみ》の要請を承知したとして、どうするつもりなのか」

真卿はいったんは拒絶したのである。これにたいして蕚はつぎのようにいった。

「清河が自分をつかわしたのは、決して兵力不足のためではありません。あなたの大義の心を知ろうと思ったからなのです」

顔真卿は、この言葉に感じいって、兵を与えようとした。しかし、周囲の者は、李萼が年少であるので不安がって反対したため、顔真卿はやむをえず断わらざるをえなかった。李萼は宿舎に帰るなり真卿に手紙を書いた。

「清河は孤立してはやっていけません。必ず何かとのつながりが必要なのです。もしあなたがわれわれの要求をいれないならば、われわれはあなたの西面の強敵となるが、後悔はされないでしょうな」

その語気は脅迫めいていた。真卿は、大いに驚いて、兵六千を与えた。こうして、平原と清河の軍事同盟の体制をつくりあげたのち、李萼は、河北と河南の戦況を説明して、戦略を披露した。これに従った顔真卿は、堂邑《どうゆう》（山東省）の戦いに勝利し、ついに魏郡（河北省）の奪回に成功した。この戦勝の直後に、郭子儀《かくしぎ》と李光弼《りこうひつ》とが河北にはいり、これらの自衛集団は、両将の軍隊と結合して、史思明にたいする勝利をかち得たのであった。しかし安禄山と史思明の反乱軍と、これら自衛集団との対抗は、そう簡単には終局をむかえず、周知のように、前後九年におよぶわけである。

ところで、平原と清河との軍事同盟に成功した李萼は、舞台の表面に出るのをきらい、姿を隠してしまう。しかし反乱が勃発してから半年たち、官軍側の軍需物資の供給源が枯《こ》渇《かつ》すると、李萼はふたたび平原の顔真卿の前に姿を現わした。真卿は待ちこがれていたとばかりに、軍資金の拈出《ねんしゅつ》策について相談をもちかけた。李萼は真卿と数日の間協議したあげく、取っておきの秘策を献じた。それは、景城郡の塩を確保して、沿河の地に専売場をおき、一定の価格をつけて、諸郡へ順次に輸送させようというのであった。この塩の官売法は見事に成功し、豊かな軍資をつくりあげることができた。

景城塩という名はあまり聞きなれないであろうが、後世に名高い長蘆《ちょうろ》塩のことである。堂邑での戦いのさいには、義兵をおこした北海（山東省）太守の賀蘭進明《がらんしんめい》が顔真卿と協力し、実際の働き以上の功績をかちとったのであるが、この賀蘭進明の部下に第五琦《だいごき》という人物がいた。かれは、顔真卿が行なった塩の官売を目撃し、この直後に、江淮《こうわい》地方の財源を確保するために玄宗から江淮租庸使《そようし》という大役に任命されるや、顔真卿にヒントを得て、江淮の海塩の専売をはじめた。ところが塩の専売を大規模にしようとすれば、塩鉄使の肩書きも必要となる。また租庸や塩の輸送のためには転運や館駅をも掌《つかさど》らなければならなくなり、乾元元年（七五八）三月には塩鉄使などの数多くの使職をかねるにいたった。専売制というものは、一地方にだけ長く施行することは無理なので、ついには全国的に塩の専売がはじめられることになったのである。

安禄山の反乱は、九年間におよぶ大反乱であった、というだけでは済まなかった。この反乱を契機に内地にも設置されるようになった節度使は、観察処置使をかねるにいたり、民政・財政・軍事を掌握する強大な地方権力が生まれるようになって、旧来の体制は完全にくずれ去った。とりわけ、乱の終末と同時に、安禄山、史思明の旧部将たちをそのまま残した盧龍・成徳・魏博の河北《かほく》にある有力な三つの藩鎮《はんちん》は、みずから官吏を任命し、中央に租税を送らず、唐朝がおわるまで自立態勢をつづけた。普通にこれを「河北の三鎮」という。

安史の乱の戦火は、許遠《きょえん》・張巡《ちょうじゅん》らが睢陽《すいよう》（河南省）を死守したことによって、財源地帯の江南にはおよばなかった。しかし、財源難に苦しんだ唐朝は、厖大《ぼうだい》な財源を主として江淮地方に求めることになり、このころ連年襲った飢饉と相まって、七六〇年以後、江淮各地に袁晁《えんちょう》らの反乱を誘発することになった。安史の乱やこれら江淮の反乱によって大きな打撃を受けた唐朝は、もはや租庸調《そようちょう》的な賦税体系を維持することは不可能になった。乱後における唐朝財政の復興は、第五琦から引き継いだ劉晏《りゅうあん》による専売法の改革、戸税・地税の拡大と、その結果である楊炎《ようえん》の両税法によって一応達成される。これらの変化は、中国史上において画期的な意味をもつことになり、安禄山が唐朝社会にのこした影響は、はかり知れぬほど巨大であったのである。

白楽天の塩商婦

塩池の作業。袋に詰めているところ

安禄山がのこした遺産は、たしかに、巨大であった。しばしば指摘されるように、藩鎮の跋扈《ばっこ》、租庸調制から両税法への転換が、唐代の中期以後の社会に与えた影響もはかり知れないが、これ以後の国家財政の観点からいえば、むしろ塩の専売法の開始が果たした役割こそ、それらに劣らないほど、重大であったと見るべきであろう。中国では広大な面積の割合に、海岸線がかぎられている。このような立地条件は、政府が塩の専売を実施するうえに便宜を与えた。塩がはじめて専売に付せられたのは、漢の武帝の時代であり、発案したのは、ときの大臣、桑弘羊《そうこうよう》であった。武帝は、外征や土木工事によって財政が窮迫したために、塩鉄の専売をはじめたのである。その後、塩の専売は、置廃つねならなかったのであるが、のちに馮道《ふうどう》が生を受けることになる景城の地の塩の官売がきっかけとなって、大々的に塩の専売が施行され、それ以来、今世紀にいたるまでおよそ千三百年にわたって継続実施された。

第五琦《だいごき》が全国的にはじめた塩の専売は、劉晏《りゅうあん》に受け継がれてますます成功し、七八〇年ころには、国家の総収入が千二百万貫であるのにたいし、塩鉄使管下の江淮《こうわい》地方の海塩の専売益金が六百余万貫と、国家財政の半ばを占める異常ともいえる事態が出現する。天宝・至徳年間（七四二～七五八）の専売実施以前には、塩価は毎斗（五斤）一〇銭であったが、実施後、七五八年には一一〇銭となり、七八八年には三一〇銭に高騰《こうとう》し、まもなく三七〇銭に暴騰している。衰亡しかけた唐王朝が、内憂外患にもかかわらず、なお一世紀半の命脈を保ちつづけたのは、塩利によって国家財政をささえた点が大きいのである。

塩の専売については二つの方法がある。一つは官が塩の生産場を管理し、塩を商人に売り渡すさいに専売税をかけ、売り渡し後は商人の自由にまかせる「通商法」とよばれるものであり、一つは、官が生産から消費者の手に渡るまでの全過程を管理する「榷塩法《かくえんほう》」とよばれるものである。第五琦が行なった塩法は榷塩法であったが、劉晏《りゅうあん》はこれを通商法に改め、塩の産地にだけ官吏をおき、それ以外は商人に塩を売り渡して自由に運搬させ販売させた。かくて塩の商人がはなばなしく活躍をはじめることになったのである。

唐代後半期の史料をひもとくと、当時の官僚の間に、いわゆる末業に従事する商人の増加について、しばしば論議がかわされているのを知ることができる。農業人口の減少、商人の増加という現象が、当時の趨勢《すうせい》であった。塩の専売制は、明らかにこの動きを促進した。財政収入の見地から、塩価はきわめて高く設定されていたが、この高価な塩を買わされる農民は、必ずしも現金をもっていたわけではなく、米穀その他の雑物と引き換えたり、あるいは前借りによって政府指定の塩商からこれを買い入れたのである。これら特権商人たる塩商となったのは、関東・江淮の在地土豪層であったといわれる。かれらは中央直属の塩籍に登録され、居住地の差役《さえき》を免ぜられたうえ、各地を自由に往来することを許された。かれらはその特権を利用して私塩（密売）を行ない、莫大な利潤をあげていた。

塩の商人の活躍のありさまは、当時の文人たちの詩文のうえにも、まま取りあげられている。八世紀末から九世紀はじめ、いわゆる中唐の時代の二人の大詩人、白居易《はくきょい》（七七二〜八四六）と韓愈《かんゆ》（七六八〜八二四）も、塩商に関する論議をのこしている。白楽天《はくらくてん》という名で古くからわが国に親しまれている白居易がもっとも自信をもっていたのは、「新楽府《しんがふ》」と名づける五十篇の詩である。その内容は、すべて当時の政治ないしは世相にたいする批評であり、諷刺《ふうし》であるが、そのなかに、〝塩商婦〟と題する一篇が収められている。

塩商婦

塩商《えんしょう》の婦《つま》

塩商婦
多金帛
不事田農与蚕績
南北東西不失家
風水為郷船為宅
本是揚州小家女
嫁得西江大商客
緑鬟溜去金釵多
皓腕肥来銀釧窄
前呼蒼頭後叱婢
問爾因何得如此
壻作塩商十五年
不属州県属天子
毎年塩利入官時
少入官家多入私
官家利薄私家厚

塩商《あき》んどの婦《つま》は
金と帛《きぬ》の多ければ
田農《づく》りも蚕《かいこ》かい績《いと》つむぐをも事《つと》めとせず
南し北し東し西して家を失わず
風と水とを郷《くに》と為し船を宅《いえ》と為す
本《も》と是れ揚州《ようしゅう》の小家の女《むすめ》
嫁し得たり西江の大商客
緑の鬟《まげ》は溜《つやや》かに去《た》れて金の釵《かざし》多く
皓《しろ》き腕は肥え来《きた》りて銀の釧窄《うでわきし》む
前には蒼頭のしもべを呼び後には婢《はしため》を叱る
爾《なんじ》に問わん何に因りて此《か》くの如きを得るやと
いわくわが壻《むこ》は塩の商《あき》んどと為りて十五年
州《しゅう》と県《けん》とには属せずして天子に属す
毎年塩の利を官に入るる時
少しを官家《かんか》に入れ多くを私《し》に入る
官家《かんか》への利は薄くし私家《しか》へは厚くす

塩鉄尚書遠不知
何況江頭魚米賤
紅鱠黄橙香稲飯
飽食濃粧倚柁楼
両朶紅顋花欲綻
塩商婦
有幸嫁塩商
終朝美飯食
終歳好衣裳
好衣美食来何処
亦須慚愧桑弘羊
桑弘羊
死已久
不独漢世今亦有

塩鉄の尚書《おとど》は遠ければ知らず
何んぞ況《いわ》んや江の頭《ほとり》にては魚も米も賤《やす》く
紅き鱠《さしみ》黄なる橙《だいだい》 香ぐわしき稲の飯
飽くまで食い濃く粧《よそお》いて柁楼《だろう》に倚《よ》れば
両朶《だ》の紅き顋《ほほ》に花は綻《ほころ》びんと欲す
なんじ塩の商《あき》んどの婦《つま》よ
幸有りて塩商《あき》んどに嫁《とつ》ぎ
終朝《しゅうちょう》の美《う》まき飯食
終歳の好き衣裳
好衣と美食は何の処より来たるや
亦た須《す》べからく桑弘羊《そうこうよう》に慚愧《ざんき》すべし
桑弘羊は
死すること已《すで》に久しきも
独り漢の世のみならず今も亦た有り
（吉川幸次郎訳）

ここで白居易は、徴兵されるや、わざと自分の腕を折り、戦地に赴き戦死するのを免れて幸せだという〝新豊の臂《うで》を折りし翁《おきな》〟や、働けど働けどわが暮らし楽にならずと嘆く〝売炭《ばいたん》の翁《おきな》〟とは反対に、白い手をしてぜいたくをする〝塩商《えんしよう》の婦《つま》〟を、そしっているのだが、かれの非難のいかんにかかわらず、塩商が、この時代の、「商人の雄」であったことは、まぎれもない事実だったのである。

茶の闇市

塩は人民の必需品であるうえに、富者も貧者も平等に一定量を消費しなければならない。その塩を国家の専売とし、原価に数十倍もする税を課して人民に売りつけようということ自体が、経済の常態を無視したものである以上、表面は厳重に取り締れても、いつかは統制の裏をくぐって密売買が行なわれる。この時代には、中央直属の塩籍に登録された塩商が、御用商人・特権商人の地位にありながら、むしろこれを利用しつつ、私塩を行ない、莫大な利潤をあげていたので、政府にとっては、始末の悪い事態が展開されていたわけである。

唐代後半期の江淮《こうわい》地方の社会経済状態を考えるには、李商隠《りしょういん》（八一二～八五八）とともに晩唐の詩壇を代表する詩人である杜牧《とぼく》（八〇三～八五二）の文章が、参考になる。杜牧は、多くの艶詩《えんし》をつくったことで有名であるが、決して頽廃《たいはい》的生活の讃美にすべてを忘れた人ではなかった。かれは、伝奇小説の影響を受けているとされ、そのためか、当時の社会の状態を彷彿《ほうふつ》させる文章を数多く残している。江淮の大都会たる杭州・揚州などについて一般的な評価を述べるとともに、商人の活躍するありさまをヴィヴィッドに描く。

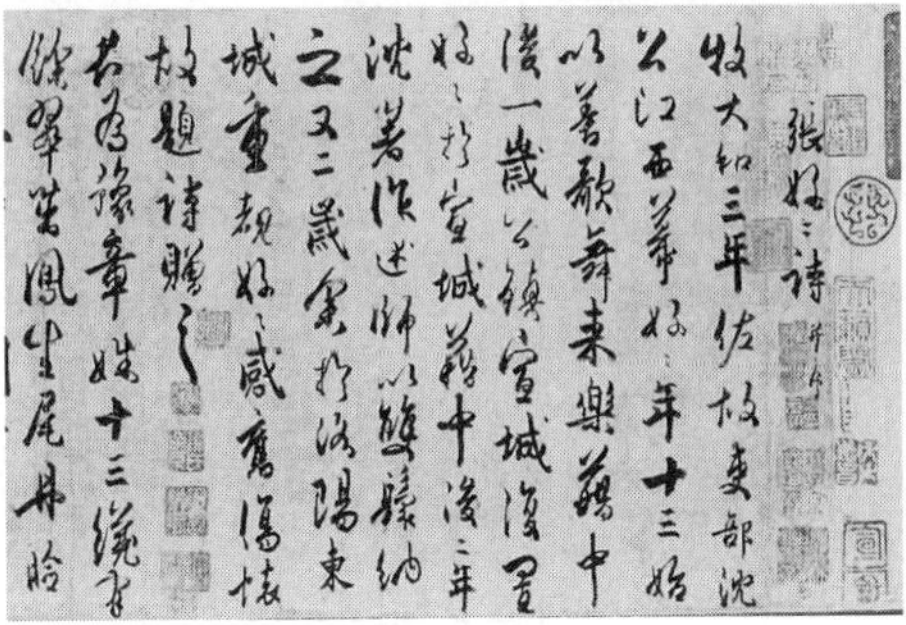
杜牧の筆跡

それによると、江淮の塩商の活動範囲は、江淮地方にとどまらず、全国的な規模をもっていた。「土塩商」と呼ばれたこれら在地の塩商たちは、私塩にもたずさわった。塩価が上がり、私塩がますます盛行するに従って、取締りもまたきびしくなり、取締りの役人が州県にみちみちるようになった。取締りの強化とともに、塩鉄監院の成績主義は、先に富裕強盛を誇った江淮の土塩商をさえ、破産流亡せざるをえない事態に追いこんだ。このきびしい条件のもとで、私塩の利潤を追求するためには、徒党を組み、武装をする必要が生じたのである。

杜牧が江淮地方に地方官として赴任していた八四〇年代のころには、税茶に関しても、同じような条件があった。茶は、六朝時代《りくちょう》にはおおむね江南地方に普及したが、飲茶の風習が華北におよび、茶が一般民衆の飲物となったのは、唐の玄宗時代、八世紀のはじめであった。有名な陸羽《りくう》の『茶経』が撰せられたのは七六〇年ころである。徳宗の建中年間（七八〇〜七八三）に茶がはじめて課税の対象となり、その後、長慶元年（八二一）および武宗の初年（八四〇）に増税が行なわれ、かくして私販がさかんにおこるにいたった。八四四年に池州（安徽《あんき》）刺史（州の長官）に赴任した杜牧が、揚子江の水路を利用してこの地方に活動していた群盗、いわゆる〝江賊《こうぞく》〟の実態を調査して、宰相の李徳裕《りとくゆう》に送った報告書によると、江賊と私茶との関係、江賊の草市《そうし》劫掠《ごうりゃく》の情況、江賊の根拠地と行動範囲などにわたって、興味ある記述が展開されている。

江賊の兵力は、船二、三艘、五十人、百人というところで、平時でも二、三十人を下らない。江賊の襲撃の対象は、江淮の草市《そうし》である。草市とは、当時新しく商業交易場としてクローズアップされつつあったもので、いずれも水ぎわにあった。そこで支配的な勢力を占めたのは、貴族ではなく、「富室大戸」と呼ばれた新興階級の者であり、商取引を行なっていた。賊は白昼に公然とこの草市にはいり、殺人と掠奪を働き、放火して去るが、小役人（胥吏《しょり》）のはげしい追及検束によって捕まるのは多く一般人であって、真の賊は十人に一人もいなかった。

かれらは掠奪によって得た異色の財物をもち、一般商人にまじって茶の産地にはいり、ひそかに茶と物物交換し、出でては武器をもって横行するが、鎮戍《ちんじゅ》の所由《しょゆ》のような小役人にはなかなか捕えがたく、たとえ捕えられても賊の疑いは受けず、ただ罪は私茶にとどまる。それゆえ「凡そ千万輩、尽く私茶を販す」といわれた。けだし茶は当時随一の商品生産物であり、その流行とともに、全国的な市場をもっていたので、高級絹織物や貴金属類は、都市においてではなく、茶山においてのみ消化しえたのであり、交換した茶は北方へ運ばれ、多大の利潤をあげることができた。ここに群盗と私茶との関係がかなり明瞭になっている。杜牧は私茶にのみ言及しているが、別の記録には「掠奪した物品を茶と塩に易《か》える」といい、私塩もまた関係していたのであり、一般民衆をひろくまきこんでいた点において、私塩は私茶にまさるものがあったと考えられる。

杜牧は、この江賊、茶賊の構成はつぎのようであるといっている。第一は北方の河南・淮南《わいなん》諸州の客商であって、かれらは江南の富を目あてに南下し、あるときは商取引をし、あるときは掠奪を行ない、それを茶に易《か》えて郷里にもち帰り、利をうる。第二はこれと連絡する江南現地の民衆で、かれらはすでに官吏の支配を受け付けない武装、自立した村落、すなわち「解放区」をもっていて、群盗の半ばはかれらが占める。第三は私商のために直接塩や茶を運搬する船頭や負担の類で、その生活を商人に依存し、かれらと密接な連絡をもっていたもので、劫掠《ごうりゃく》のさいには率先して武力を提供したものと考えられる。これによって唐末における武力的抵抗が、私塩や私茶の商人を中心として広範な民衆をふくんでいたことが明らかになる。私塩の商人であった王仙芝《おうせんし》・黄巣《こうそう》の反乱のはじまりにおいて、このような抵抗の伝統が受け継がれていたことを無視してはならないのである。

黄巣の反乱

安禄山の反乱のさいに結成された自衛集団については、先に河北の顔真卿《がんしんけい》を中心とするばあいを紹介したが、河南の徐《じょ》州付近にも同様な事態が展開されていた。徐州は、江淮《こうわい》より汴《べん》州へ至る漕運の要衝《ようしょう》に当たり、唐朝の財政上、重要な位置を有していた。安史の乱後、河北の三鎮《さんちん》が勢力をますにつれ、徐州が河北三鎮の一たる平盧軍に奪われて、江淮への脅威が増大するのをおそれた唐朝は、ここに強力な藩鎮を置いた。かくて、七八八年に徐《じょ》・泗《し》・濠《ごう》三州節度使が創建され、張建封《ちょうけんぽう》がこれに任命され、八〇七年には武寧軍《ぶねいぐん》という軍額が与えられるに至ったのである。いわゆる「唐室の中興」といわれた憲宗《けんそう》朝、元和年間には、河北・山東諸藩の半独立態勢は一時潰滅《かいめつ》したが、つぎの穆宗《ぼくそう》朝の初頭に、河北の三鎮では兵士の反乱が連鎖的におこり、唐朝の討伐軍を撃破して、「河朔《かさく》の旧事」の復活をかちとった。

節度使がなによりも頼りにするのはその武力であり、自己の直属部隊には高い俸給を払って優遇し、これを牙軍《がぐん》と呼んだ。牙《が》は役所を意味する官衙《かんが》の衙《が》と同じで、いつも節度使の官衙の近くに駐屯して護衛に当たっていたところからこの名称が生じた。しかしこの牙軍は必ずしも常に節度使に従順であったわけではない。もしも節度使のやり方が牙軍全体の利益にならないようなばあい、牙軍は節度使を殺したり脅迫して追い返したりしたのである。武寧軍もまた、河北の討伐に北上していたが、これをひきいる徐州の牙卒あがりの節度副使王智《おうち》興《こう》は、朝廷からの帰還命令をまたないで、徐州に帰還した。しかも徐州に到着するや、兵士たちの支持のもとに、自分を忌避《きひ》していた門閥官僚の節度使崔羣《さいぐん》を逆に追いだした。三鎮討伐のために、兵力と財力の枯渇していた朝廷は、長慶二年（八二二）、やむなく王智興に節度使を与えた。

　武寧軍内部に反中央の気運が支配し、これ以後、中央派遣の節度使たちと、この軍の兵士との間で、支配の強化をめぐって執拗《しつよう》な抗争が展開される。咸通《かんつう》三年（八六二）、中央派遣の節度使温璋《おんしょう》が、兵士たちによって追い出され、その後任に王式《おうしき》が任命されたことは、このような情勢に、一応の終止符をうつことになった。裘甫《きゆうほ》の乱（八五九～八六〇）鎮定に功のあった王式は、着任するや、王智興がつくって兇悍無《きようかんむ》比《ひ》といわれた銀刀都《ぎんとうと》らの牙兵三千余人の兵士を浙東にあった諸道の兵をもって殺してしまった。武寧軍は廃止され、残りの兵士たちは、近隣の藩鎮へ転属させられた。このようにして、武寧軍は、痕跡《こんせき》をとどめないほどに引き裂かれたのである。

しかし徐州の武寧軍を廃止した結果は、唐朝にたいして、二種の抵抗の力を生みだすことになった。一つは、殺戮《さつりく》をのがれて地方へ潜伏した兵士の集団であり、もう一つは、草《そう》賊《ぞく》＝群盗集団である。このような時期に、安南方面にたいする南詔《なんしょう》の侵寇が行なわれた。南詔というのは、雲南地方にあった国で、それまで唐に付属していたのである。兵力不足に悩んでいた唐朝は、もとの武寧軍の徐州と泗州において、群盗や亡命兵士だった三千人を召募して安南に派遣し、防衛に当たらせた。八六六年十月に、唐は安南の奪回に成功したが、防衛軍は、なお現地の駐屯を命ぜられた。

徐州から派遣された兵士のうち、八千人は別に桂州に屯戍《とんじゅ》していたが、三年一交代の約束が守られず、五年を経過した八六八年になっても故郷に帰されないうえに、さらに一年の延長が決定された。兵士たちの怒りは爆発し、徐州の盗賊あがりの将校たちは、都将を殺して糧料判官の龐勛《ほうくん》を推したて、掠奪をしながら北還を決行した。途中あまり抵抗も受けずに、徐州近くまできたころ、朝廷がかれらを討伐するという噂がたった。家族の顔をみたさに帰ってきたのに、故郷へ帰って討たれるくらいならばと、ついに乱をおこし、銀刀都らの亡命兵士や逃亡民が参加し、一年有余にわたる大乱に発展した。これが、いわゆる龐勛の乱（八六八～八六九）である。

唐朝は、新疆《しんきょう》地方の蛮族であったトルコ系沙陀《しゃだ》部族の朱邪赤心《しゅやせきしん》の援助により、ようやくのことで反乱を平定することができた。朱邪赤心はこの功により、唐室の李姓を賜わり李《り》国昌《こくしょう》と改名した。龐勛の反乱はおわったけれども、唐朝権力の受けた打撃は大きく、反乱軍の残党が群盗になり、徐泗《じょし》地方を中心に山東方面にひろがった。

黄巣像

龐勛の乱が鎮定されて五年余を経過した八七四年の年末から翌年にかけて、濮《ぼく》州では王《おう》仙芝《せんし》を中心とした数千人の反乱がおこり、曹《そう》州の黄巣《こうそう》がこれに呼応して旗上げした。濮州と曹州は、ともに徐泗地方に隣接する土地であって、王智興集団や龐勛集団に代表される「驕卒《きょうそつ》」の気風が濃厚に支配していた。そのうえ、王仙芝と黄巣の二人は、当時の記録に「塩賊」と書かれている塩の闇商人だった。先に見たように、塩商と群盗とは、表裏一体の関係にあった。黄巣の生家は塩商をいとなむ財産家

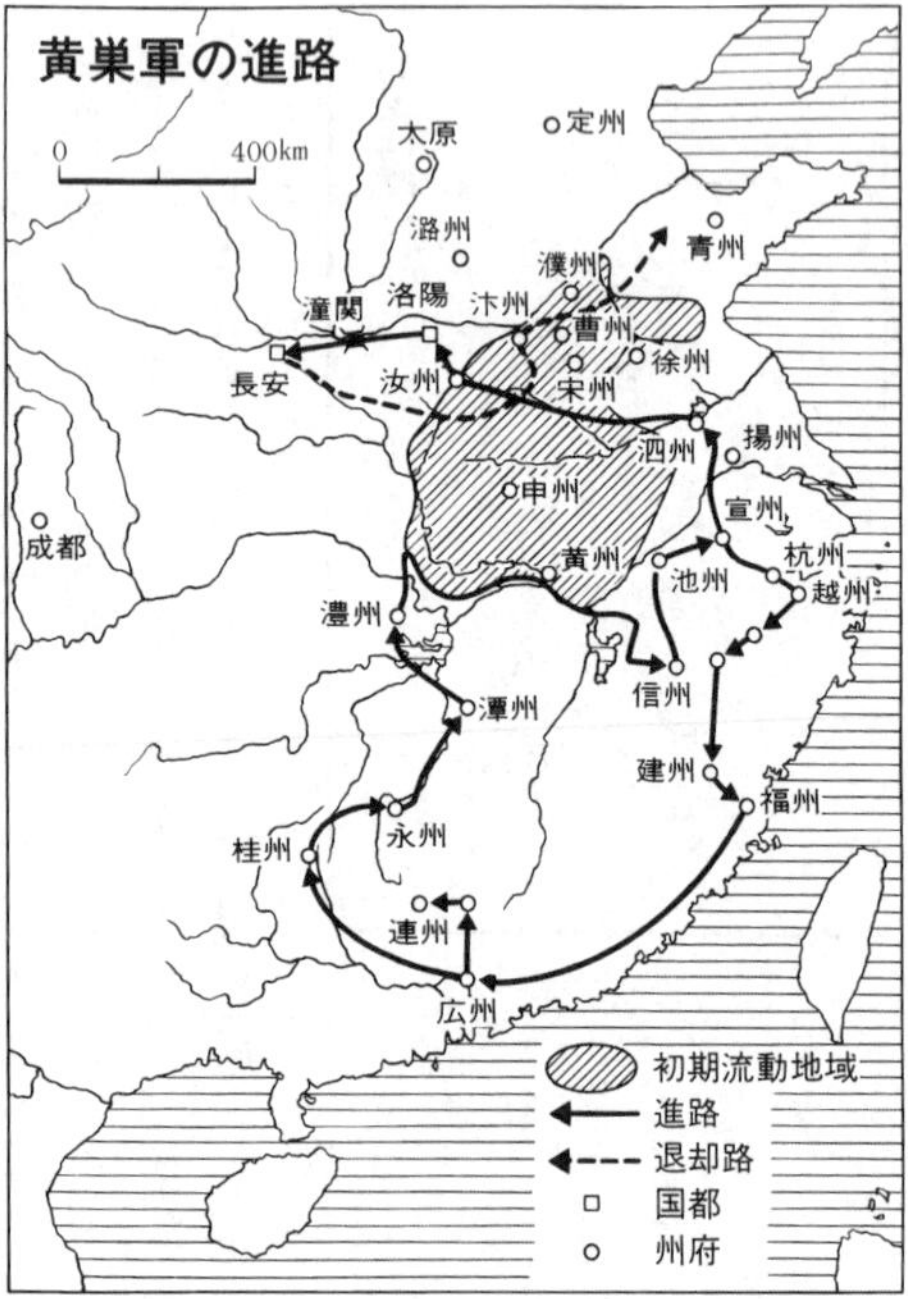

であり、黄巣は読書人としての教育を受け、何度も科挙の試験を受けたが、いつも落第したため、反政府的な不平家になり、塩の闇商人として、その頭梁株になっていたのである。

塩の密売は、大儲けができる代わりに、政府に知れたら大変きびしい刑罰に処せられるから、かれらは平素から仲間の団結を強化しておき、互いに縄張りをきめ、官憲から手入れがあっても武力で対抗することを辞さない。仲間の王仙芝がすでに公然と反乱をおこした以上、だまっていても、官憲の手がのびてくることは必定なので、黄巣も自己の徒党をひきいて反乱に加わった。かれらの行動はすこぶる流動的であった。当時の塩の闇商売は全国的に行なわれていたので、その販売網も全国的にひろまっており、つぎからつぎへと連絡が取られるようになっていたのである。

群盗から反乱への発展には、困窮のどん底にいた広範な農民の蜂起《ほうき》と結集があったことは、論をまたない。しかし、反乱の指導者が商業資本家であり、日ごろ各地を往来し、掠奪にも従事するかれらの生活様式が、このような乱の流動方式に適応していた点も注意すべきなのである。その意味で、この黄巣の反乱は群盗的掠奪方式を脱却してはいないのである。この反乱は十年（八七四〜八八四）にわたり、四川《しせん》を除く全中国をまきこみ、唐朝の支配機構を分断し、唐朝の官僚と化していた貴族層を没落させ、それ

長安に入城する黄巣

に代わる在地支配者の政権、唐末の群雄に道をひらいた。この黄巣の名は『五代史』と呼ばれた軍談によって宋代にも民衆の間に語り伝えられた。『水滸伝』のなかに、江州に流された宋江が潯陽楼に登って、

心在山東身在呉　心は山東にあり　身は呉にあり
飄蓬江海謾嗟吁　江海に飄蓬《ひょうほう》して　そぞろに嗟吁《なげ》く
他時若遂凌雲志　いつの時にか　もし雲を凌《しの》がん志を遂《と》げなば
敢笑黄巣不丈夫　あえて笑わん　黄巣は丈夫ならずと

という四句の詩を書きつづり、問題をおこすところがあるが、反逆者の伝統をうかがうに足りる。梁山泊《りょうざんぱく》も、黄巣が生まれ、反乱をおこした曹州の地であった。この黄巣の反乱がまだ鎮圧されない八八二年に、馮道《ふうどう》は景城の地に誕生したのである。

二　盧龍軍の劉守光

吟治圃の詩

馮道が歴史の舞台に登場するのは三十歳台になってからで、檜《ひのき》舞台ではなばなしく活躍をはじめるのは四十歳台以後のことである。かれが幼少年時代を過ごした当時の景城県は、いまの献県《けんけん》の地であって、乾隆《けんりゅう》二十六年（一七六一）に編纂された『献県志』によると、このあたりには馮家荘と呼ばれる聚落《しゅうらく》が五ヵ所あり、小馮家荘と呼ばれる聚落もみられ、おそらく馮道が子供の時代にも、この地方に、馮姓を名乗る家族がかなり存在していたと思われる。中小地主の家庭に育ったであろう馮道は、少年のころから純厚な性質で、勉強が何よりも好きであり、文章をつくるのが得意であった。粗末な衣服を身にまとうことも、まずい食物を口にすることも、恥ずかしいとは思わない。米を背負ったりして親の手助けをする時間をのぞけば、いつも本をひろげて読みふけり、ときのたつのも忘れるありさまで、大雪が積もって戸口《とぐち》をふさいでも、塵埃《じんあい》が坐っている席にいっぱいになっても、気にもとめないで一心不乱に書物を読み、諳誦していた。

このころかれがどのような書物を読み、どのような詩や文章をつくっていたか、なんらの記録も残っていない。しかし、先祖のなかに儒者になった者もいたということや、その後のかれが折にふれて引用する語句からみて、『詩経』や『易経』や『書経』、あるいは『論語』をテキストにしていたのであろう。かれが七歳のときにつくったという詩の一部が伝えられているので、紹介しておこう。

已落地花方遺掃　すでに地に落ちし花は　まさに掃《は》かしむべし
未経霜草莫教鋤　いまだ霜をへざるの草は　鋤《す》かしむなかれ

宋の陳輔之《ちんほし》は、この「吟治圃《ぎんちほ》」の詩を取り上げ、
「仁厚なる天性、生霊《いきもの》の性命《いのち》を全《まっと》うさせしこと、すでに此《ここ》に兆《きざ》せり」

という評語をつけている。

数え年七歳の幼い年頃だというのに、生命のあるものはどのようなものであっても尊重しなければならないことを意識し、どんなりっぱな花であろうと散って大地に落ちてしまったら掃いて捨ててもよいが、たとえ道ばたの雑草であろうと、生命が宿っているかぎりは、鋤《すき》で息の根をとめてはいけない、とうたった。三《み》つ子の魂《たましい》百まで、馮道は、この心

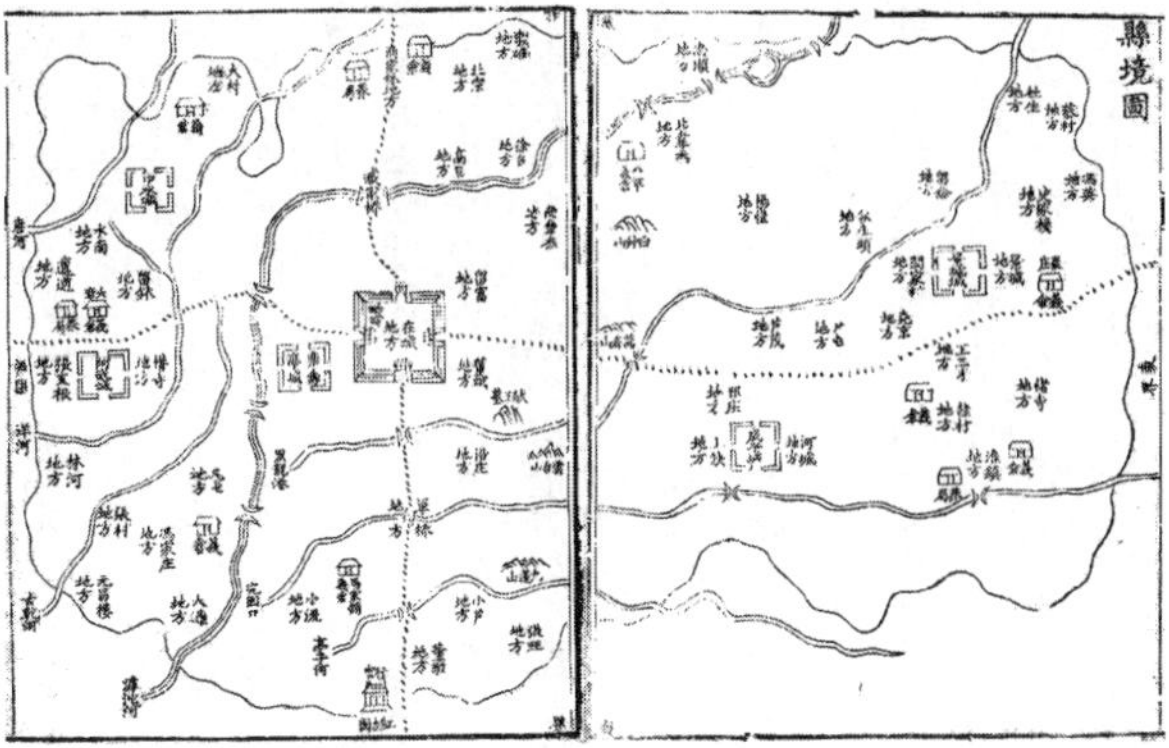

『献県志』の付図。図中左下に馮家庄の名がみえる

情を晩年まで保ちつづけた。この詩を紹介している『陳輔之詩話』は、完全な書物としては残っていないが、佚文《いつぶん》は宋の曽慥《そうそう》が好きな語句を多くの書から摘録してつくった『類説』の巻五七に収められて現在に伝わり、馮寇二公詩と題するこの一篇を、われわれは見ることができるのである。

盧龍軍の伝統

『新五代史』の馮道伝は、

「馮道、字《あざな》は可道《かどう》、瀛《えい》州景城の人なり。劉守光に事《つか》えて参軍たり」

と書きだしており、『旧五代史』には、

「天祐中、劉守光、署《しょ》して幽州の掾《えん》とな す」

と述べるように、両本伝ともに馮道が官界

に身を投じたのは、唐朝の最後の年号である天祐年間（九〇四〜九〇七）に、幽州節度使の劉守光の部下としてであったとしている。劉守光が節度使の任についたのは天祐四年（九〇七）のことであるから、その配下にはいったのは、早くとも、馮道二十六歳のときになる。誕生以後、少年時代を通じて、このときまで、かれが故郷を離れて遠方の地をさすらったという記録はない。瀛《えい》州も幽州盧龍《ろりゅう》軍節度使の管轄内であったから、かれが青春を盧龍軍節度使が支配していた地域で過ごしたことは確実である。このことは、かれのその後の人生にかなりな影響を及ぼしたに違いない。なぜなら、安禄山の反乱以後、唐朝の崩壊にいたる時期の盧龍軍の支配地域は、きわめて特色ある気風を涵養《かんよう》していたからである。

安禄山の乱は、唐の軍隊のなかの異民族分子の蜂起であり、一時は唐王朝の生命を脅かすかにみえた。それは最後には鎮定されたとはいえ、これだけの内乱であっただけに、あとにいろいろなシコリを残さずにはおかなかった。安禄山の反乱平定にさいしては、唐王朝の側には各地の自衛集団の活躍があり、郭子儀《かくしぎ》や李光弼《りこうひつ》らの名将がいて奮戦し、さらにウイグル族その他の外国軍の援助があずかって力があったが、最後に反乱軍の方が仲間割れして、その有力部隊が唐に帰順してきたことが決定的な敗因となった。

この帰順した軍隊の大将たちは、その功績によって河北地方の節度使に任命されると、そのまま土着して地方軍閥、藩鎮《はんちん》としての勢力を築きあげてしまい、唐朝側ではこれにたいして、うっかり手がだせぬようになった。有力な藩鎮が三ヵ所に生じたので、「河北の三鎮」と呼ぶ。すなわち魏《ぎ》博天雄《はくてんゆう》軍、恒冀《こうき》成徳軍、幽州盧龍軍の総称で、初代の田承嗣《でんしょうし》、

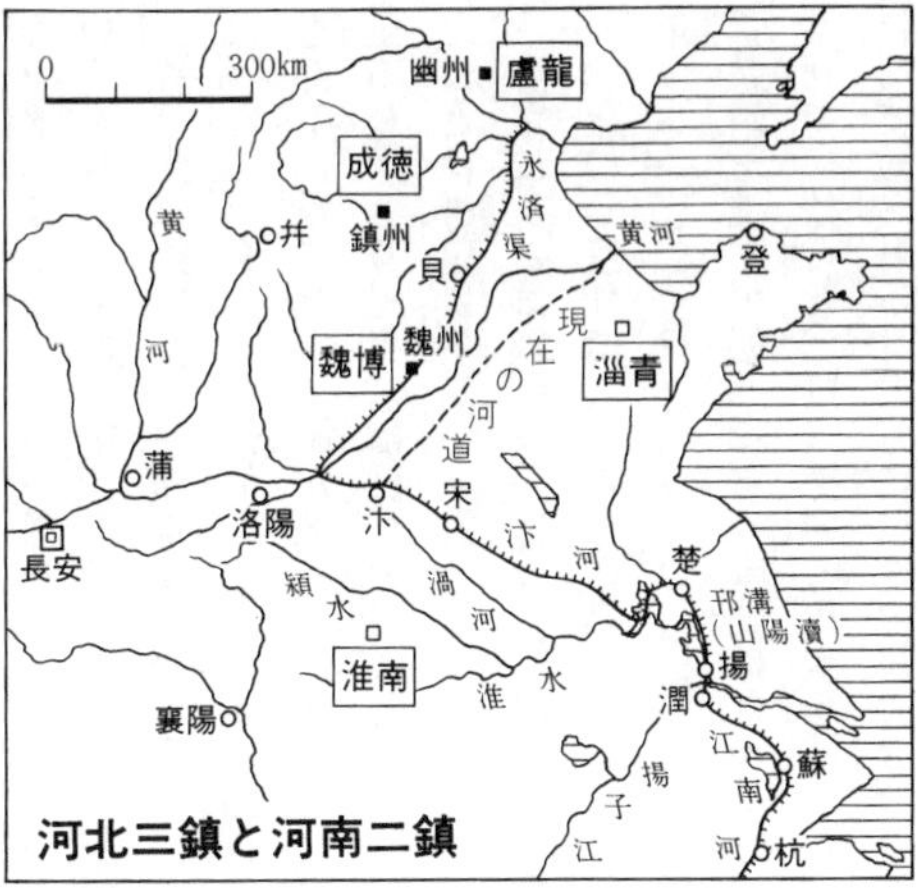

河北三鎮と河南二鎮

李《り》宝臣《ほうしん》、李《り》懐仙《かいせん》らはいずれも安禄山・史思明の部将であった。かれらは奚《けい》・契丹《きったん》・ウイグル諸民族を含む牙軍《がぐん》を中心に、みずから戸籍をおき、賦税を徴収しても中央に送らず、官吏の任免権を独占した。この三藩鎮は中唐以後の反乱の源となってつねに唐朝と対立し、唐朝はこの地域をほとんど支配できなかったが、そのなかでも、もっとも反唐朝の性格をおびていた藩鎮こそ幽州盧龍軍だったのである。

　幽州盧龍軍節度使は、史朝義の范陽節度使李懐仙が官軍に降って安堵《あんど》せられたもので、その領地にはしばしば変更があり、会《かい》

府《ふ》の幽州のほかに、莫《ばく》・平《へい》・薊《けい》・檀《たん》・営《えい》・涿《たく》・瀛《えい》などのおよそ十州を領していた。盧龍という軍号は、もと平盧節度使のなかの一軍鎮の名称であったが、平盧の領域が奚に没したため、幽州節度使が盧龍軍使をかねることとなり、その結果、盧龍が幽州節度使の軍号となったのである。李懐仙は七六八年に部将の朱希彩《しゅきさい》一味に弑《しい》せられ、七七二年には朱希彩も部下に殺され、朱泚《しゅせい》が推されて節度使となった。かれの後任は、弟の朱滔《しゅとう》であり、この兄弟が、七八三年には反軍の将として一時長安を占領し、徳宗《とくそう》が西のかた奉天に逃げだしたことは唐史に名高い。

憲宗による藩鎮抑圧策はついに河北の三鎮にも中央政府の威令をおよぼすにいたり、八一〇年に節度使であった父の劉済《りゅうさい》を毒殺してその位を襲《つ》いだ劉総が、穆宗《ぼくそう》の初年、長慶元年（八二一）二月には、その任に堪えず出家して僧になり、後任に宣武軍節度使であった張弘靖《ちょうこうせい》を推す事態となる。唐朝はさっそく三月には盧龍軍から瀛《えい》州と莫州の二州を割りださせて一鎮とし、巨大勢力の再現を防いだ。しかし唐朝にとってのこの大成功は、束《つか》の間にして破られる。七月には盧龍軍の分割に反対する軍人たちが、朱滔の孫にあたる朱克融《しゅこくゆう》を擁立して反起し、節度使の張弘靖を囚《とら》えた。唐朝はやむをえず朱克融を節度使に任じ、分割案を撤回しなければならなかった。

長慶元年に盧龍軍でおこったこの一連の事件のうちで、とくに注目に値するのは、新任の節度使張弘靖が軍人たちにいかなる事情で忌避されたかということである。

盧龍軍節度使に任命された張弘靖が、無事に幽州にはいることができたというので、穆《ぼく》宗《そう》がわざわざ紫《し》宸殿《しんでん》において朝賀を受けるほど、この赴任は唐朝にとってはこのうえなく喜ばしい出来事であった。しかし事実は、そう有頂天になれない状態だったのである。新しい節度使の張弘靖さまの入城だ、というので、幽州の人たちは、老いも若きも、男も女も、みな大路の両側にたって見物していた。それまでの河北の節度使たちは、どんなに暑かろうと寒かろうと、いつも軍人たちと平等の服装をし労働をして、権力を笠にきるような行動をつつしんでいた。にもかかわらず、張弘靖は、ものものしい行列をし、軍人たちに肩輿《けんよ》させて入城してきたのだ。見物していた幽州の人たちは一様に驚疑した。なんと怪《け》しからんことよ、威張りおって。それだけならまだ我慢はできる。張弘靖は、

「安禄山と史思明の反乱は、この幽州からはじまった。何をさておいても、まずこの風俗をあらためねばならぬ」

と、安禄山の墓を掘りだし、棺柩《ひつぎ》をこわしてしまったのだ。そのうえ、張弘靖の側近たちは、酒を飲んでは夜おそくまで街なかをうろつき、燈火をともし、軍人たちには、

「この天下太平の世のなかでは、おまえらがいくら強力な弓をひけても、少しの字を知っている者にもかなうまい」

とうそぶく始末。もともと幽州の治所である薊《けい》県城内はひろく軍人街をもって形成され、一般人も居住していたが、婦人や小童にいたるまで平生《へいぜい》から武技に習熟していた土地柄《がら》であった。

安禄山は唐朝にとっては反乱軍の大将だったかもしれないが、かれらには、われらが郷土の英雄であった。ついに、宿将の朱克融をかつぎだして、張弘靖を追いだしてしまった。これからあとの幽州の節度使は、朱克融―李載義―楊志誠―史元忠―張仲武―張直方―周綝《りん》―張允伸《いんしん》―張公素―李茂勲―李可挙―李全忠―李匡威《きょうい》―李匡籌《きょうちゅう》―劉仁恭《じんきょう》―劉守光とつぎつぎに実力ある部将の手に移っていった。これは、長慶元年（八二一）七月に都知兵馬使の王庭湊《おうていそう》が節度使の田弘正《でんこうせい》を自殺に追いこんで藩の全権を掌握した成徳軍で、その後およそ百年にわたって王氏の世襲がつづいたのと対照的であったが、自立の態勢を堅持した点では、なんらの相違もみられなかったのである。

盧龍軍のこのような動きにたいして、唐朝は強いて回収に努めることをしなかった。なぜなら、この回収には、軍事費および撫賞《ぶしょう》費をあわせると巨大な金額を必要とするにもかかわらず、いつ何時ふたたび離反するかもしれないから、有効であるとはかぎらない。そのうえ、盧龍軍の領域を回収すれば、勃興《ぼっこう》途上にある奚《けい》や契丹《きったん》と直接に境を接することになり、かれらの侵寇《しんこう》を防禦する責任を唐朝が引き受けねばならないが、盧龍軍の独立態勢をそのまま承認しておけば、かれらは全力をあげて外寇に当たり、唐朝は煩雑で困難な異民族制御の労を免れえたからである。このような献策をしたのは、八三一年当時に宰相であった牛僧孺《ぎゅうそうじゅ》であった。盧龍軍節度使が、独立的勢力を保持しながら、一貫した世襲がみられないで、実力ある武将の手にうつった一因は、この対奚・契丹防備の必要から、優秀な主帥《しゅすい》を絶えず有していなければならなかったことにあった。

盧龍軍の歴史をふりかえるに当たっては、会昌《かいしょう》の廃仏にふれる必要がある。会昌の廃仏とは、中国仏教史上行なわれた前後四回の廃仏、すなわち〝三武一宗の法難〟の第三回目のことで、唐の武宗の会昌五年(八四五)に断行された。廃棄した寺院は四千六百、小寺院、すなわち招提《しょうだい》・蘭若《らんにゃ》が四万あまり、還俗《げんぞく》した僧尼は二十六万人、奴婢《ぬひ》十五万人が没収されるといった大規模なものであった。この廃仏は全国的な規模で施行されたのであるが、盧龍軍をふくむ河北の四節度使の管内では、もともと仏法が敬重されていたからという理由のもとに、唐朝は干渉せず、寺院の廃棄も僧尼の還俗もみられず、以前と変わらぬ状態が維持された。このことは、当然のことに、他の地域からの僧尼の流入を招いた。とくに仏教信仰の一大中心であった五台山の僧侶の多数が、幽州にのがれて還俗し将兵になろうとしたのである。当時の五台山には、僧兵的な存在が広範にみられたのであり、五台山と盧龍軍との親密な関係を知ることができる。会昌の廃仏の推進者であった宰相の李徳裕《りとくゆう》は、この五台山の僧侶の幽州への逃亡を必死に阻止しようとしたが、必ずしも成功はしなかった。

唐朝後半期の中央政治は、いわゆる〝牛・李の党争〟に集約されるが、その一端は、盧龍軍にたいする先の牛僧孺の献策と、この李徳裕の動きのうちにみることができる。対藩鎮策としては、牛僧孺は和平共存論であり、李徳裕は強硬討伐論だったのである。

この会昌の廃仏にたまたま際会し、還俗をも余儀なくされたわが国からの入唐留学僧円《えん》仁《にん》は、当時の五台山の情勢をもっとも詳細に今日に伝えており、胡麻油を購入して五十頭の驢《ろ》にのせて帰山する五台山の僧侶たちに会ったことをかれの日記『入唐求法巡礼行記』に書きとめている。このころ五台山は特権を有して広く商業に従事し、巨利を博していた。油商人は塩や茶の商人と同じく特権的商人であって、五台山はまさに大規模な特権商人的性格を有していた。盧龍軍がこの五台山と結合したことはその宗教的権威をかりて人心収《じんしんしゅう》攬《らん》をはかるとともに、その商業的機能を利用して藩鎮の財政を豊かにすることに役立ったのである。

劉仁恭と劉守光

黄巣の反乱軍は中国を南北に渡り歩き、全土をその渦中にまきこんでいったが、河北には足を踏み入れなかったので、盧龍軍の境域は、この乱の影響を直接的に受けることはなかった。だが乱後の流動した社会状態は、この地域にも大小さまざまの波紋をおよぼさないわけにはいかなかった。

八九三年、節度使の李匡威《りきょうい》が弟の李匡籌《りきょうちゅう》に追われた混乱に乗じ、蔚《うつ》州の戍将《じゅしょう》であった劉仁恭《りゅうじんきょう》は、交替期を過ぎても帰還を命ぜられず憤怨《ふんえん》していた部下をひきいて幽州を襲った。このときは敗北を喫したが、河東の李克用《りこくよう》によって寿陽の鎮将に任じられた。鎮将というのは、節度使が自己の腹心を州県や関津険要などに派遣し、管内の鎮護・捕盗・訴訟・徴税を掌《つかさど》らせる軍将のことで、朝廷の任命にかかる刺史・県令を監督掣肘《せいちゅう》し、藩鎮勢力の拡大に大きな役割を果たしたのである。翌々八九五年には、李克用に従って李匡籌を破り、盧龍軍節度使に推された。しかし、それ以後の劉仁恭は、晋陽河東軍の李克用と汴《べん》州宣武軍の朱全忠《しゅぜんちゅう》との対立を巧みに利用し、そう李克用のいいなりにはならなかった。

劉仁恭は、朱全忠と李克用の両強豪の間を巧みに操縦しつつ、盧龍軍の自立の伝統をまもりつづけたが、もともとがぜいたく好みの性質であった。長年にわたる戦闘をくりかえしつつ、いつも気になるのは、頼りとする幽州城の固めがしっかりしていないことである。これでは、いつ生命を失うはめにならぬともかぎらない。不安な毎日を送るのにも限度があると考えた。そこで、幽州の西にあった大安山に館を建築し、

「この山は四面とも絶壁であるから、小人数で多数を制することができるぞ」

とたいそう自慢していた。その屋敷の壮麗なこと、帝王とみまごうばかり。美女を選んでそのなかに住まわせ、僧侶を招いて仏法を講じ、方士と丹薬をつくって不死の法を求めた。

また領内の銅銭を強制的に徴収し、大安山上に穴を掘って埋め、代わりに粘土で銭をつくってそれを通用させた。穴を掘った人夫は一人のこらず殺してしまったから、一般の者には埋めた場所はわからなかった。そのうえ、銅銭を流出させないために、江南の茶商が領内にはいるのを禁止し、山中の草の葉を茶に代えて売りだして暴利をむさぼったあげく、おこがましくも山の名を大恩山と呼びかえさえした。このころには、江南の茶商はこの河北の最北端にまで活躍の場をひろげていた。代用貨を民間に流通させて、正貨を政府の手に保有しておこうという政策は、五代列国の間にしばしば行なわれることになるが、その先鞭をつけたのが劉仁恭だったのである。

劉仁恭の愛妾に羅《ら》氏と呼ぶ美女がいたが、たまたま息子の守光がこれに通じてしまった。このことが露見するや、仁恭は守光を笞《むち》でうちすえ、勘当して追いだした。九〇七年四月、朱全忠《しゅぜんちゅう》の部将李思安《りしあん》が兵士をひきいて幽州城下に迫ったとき、仁恭は大安山にこもっていて、幽州の城中は備えがなく、いまにも落城しそうな気配が濃厚となった。このとき勘当されていた守光が、援軍をひきいて城中にはいり、必死に防戦に努めた結果、李思安の軍隊を敗退させることができた。

ここで劉守光は幽州節度使を自称し、部将の李小喜と元行欽《げんこうきん》に命じ、兵士をひきいて大安山を攻めさせた。仁恭は防戦に全力をそそいだが、ついに捕虜にされて幽州につれ戻され、別室に幽閉されてしまった。劉仁恭の側近の兵士たちから召使いにいたるまで、劉守光にもともと嫌われていた者は、みな殺された。ただ劉仁恭の有力な部将であった王思同と李承約は、それぞれ二千ないし三千の兵士をひきつれ、河東の李克用のもとにはしって河東軍に編入され、守光の弟の守奇ははじめ契《きっ》丹《たん》に逃げ、しばらくして李克用の所に身を寄せて、難をのがれた。守光が父の仁恭を幽閉したという知らせを聞いた兄の滄《そう》州節度使劉守文は、軍隊をひきいて守光を討ちにでた。勝負はなかなか決しないうちに、守文自身が元行欽に擒《とりこ》にされてしまい、滄州城は守光の手に落ち、守文は殺されてしまった。ここにおいて劉守光は滄州義昌軍節度使をもかね、名実かねそなえた盧

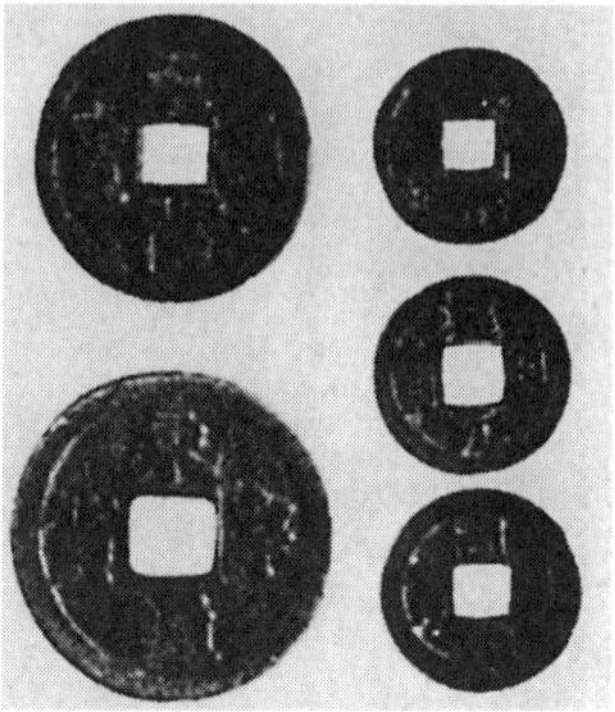

五代の銅銭

龍・義昌節度使としての地位を確立する。それは後梁の開平四年（九一〇）八月のことであった。

馮道、幽州参軍になる

劉仁恭が盧龍軍節度使に就任したのは、乾寧《けんねい》二年（八九五）であり、劉守光に幽閉されたのは天祐四年（九〇七）の四月であるから、馮道《ふうどう》は十四歳から二十六歳の青春の年月を劉仁恭時代に送ったことになる。この期間、かれは故郷の景城の地でのんびりと毎日を過ごしていたのであろうか、幽州にまで出向いていたのであろうか。新旧五代史の本伝の記述を額面どおりに受け取れば、劉守光が節度使になった九〇七年以後に、幽州の掾《えん》ないし参《さん》軍として劉守光の配下にはいったのが、官界へのはじめての登場ということになる。すなわち二十六歳以後になって、中央政界にではなく、盧龍軍という一藩鎮の下級文官としての生活をはじめたわけである。当時の一般のあり方からみて、この出発は遅すぎるとはいえない。

ところで、五代史はさておき、『遼史』の韓延徽《かんえんき》伝（巻七四）をみると、のちに契丹の太祖耶律阿保機《やりつあぼき》に重用された韓延徽は、はじめ幽州節度使の劉仁恭のお気に入りとなり、幽都府文学・平州録事参軍という役目につけられ、このとき馮道と一緒に祗候院《しこういん》にいたという。とすると、馮道はすでに劉仁恭時代に、その文学の才をもって韓延徽らとともに、劉仁恭の幕府にいたことになる。

武将の節度使と文人との結びつきは一見奇妙にみえるかもしれない。だが武将なるがゆえに、より切実に文筆の才を必要としたのである。唐代においては、幹部候補生たちの進むべきコースは、だいたい決まっていた。将来、宰相の座をしめるほどの人物なら、中央政府の下級官から出発するのが常であった。それも唐中期以前なら、家柄がものをいうばあいが多かったし、中期以後だと、科挙の進士試験に合格することが有利な条件であった。では、馮道の官界への出発が盧龍軍の幕府の下僚としてであったというのは、当時の一般的な社会風潮のなかではどのような意味をもったのであろうか。

唐初の官制は、律令体制の一環として唐令に記載されていて、中央官庁は三省六部と御《ぎょ》史《し》台《だい》・九寺・五監などから構成され、一方、地方官庁は代表的な州県制であって、全国は、およそ三五〇の州と一五五〇の県に分けられていた。これらの民政系統とは別に、兵制の方は、いわゆる府兵制であって、辺境の鎮戍《ちんじゅ》の兵も内地の府兵の交替勤務であった。

これら官制の構成員である官僚は、中国では秦漢以後、世襲ではなくなったのであり、多数の官員をどのようにして補充するかがいつの時代にも重要な問題であった。隋からは、試験による科挙制がはじまり、とりわけ進士試験の合格者が重んぜられるようになって、数十倍から百倍の競争率をほこっていた。この科挙は貴族層以外の者にも広く門戸を開いてはいた。しかし科挙は資格試験であったから、科挙に合格しても官職につけるとはかぎらず、すべての官吏は、中央の尚書省の手をへて任用され、文官に関しては吏部が、武官は兵部が直接に管轄した。吏部は文官の進退を掌《つかさど》るので、権限が重く、ここを中心にして官僚貴族制が維持されていた。だから、せっかく苦労を重ねて進士の試験に合格しても、貴族の牙城たる吏部の関門を通過するのは困難なのであった。

ところが八世紀のなかごろ、かの安禄山の反乱の前後の時期に、この官僚機構に大変な変革が生じてきた。社会全体の変動の波は、官僚機構を旧来のままに放置してはおかなかったのであって、令外《りようげ》の官《かん》ともいうべき天子直属の使職《ししよく》がぞくぞくと新設されるにいたった。軍事関係の節度使や財政関係の塩鉄使・度支使《たくしし》などがその代表であり、これらの使職は玄宗朝以後数えきれぬほど出現し、既成の官制と並立して行なわれながら、しだいに実権を握って、それまでの官職を有名無実化してしまった。これら多くの諸使の新設にともない、その下部機構に厖大な官僚をかかえるにいたったことこそ、唐代の官僚機構の全体系を揺りうごかす役割を果たしたのであった。なぜなら、これら体制外の存在であった使職の下僚は、中央の吏部の手を通さないで、長官である使が自分で選ぶこと、すなわち辟《へき》召《しよう》することになったからである。

もともと地方長官による辟召制は、隋の文帝のときに一度廃止されていたものが別の形で復活されたので、この結果、家柄は低く貴族でなくても、個人の実力で、諸使の下僚に辟召される道が開かれることになった。かくて、多数の科挙落第者が、使職の一たる節度使の幕僚や諸使の下僚として辟召されただけでなく、科挙合格者ですら、最初に正規の官職につかず、使職の辟召に応ずる者が多くなったのである。科挙試験には合格しても、吏部での選考にもれてしまう家柄の低い者が、藩鎮《はんちん》の幕僚としての道を選ぶようになった。使職の新設にともなって復活した辟召制によって進出したのは、既存の唐的官僚貴族層に対立するこれら新興地主層だったわけである。

　幽州盧龍軍節度使のばあいも、例外ではありえなかった。『唐宋八家文』におさめられている韓愈《かんゆ》の〝董邵南《とうしょうなん》を送る序〟に、

「燕趙《えんちょう》は古《いにしえ》より感慨悲歌《かんがいひか》の士《し》多《おお》しと称す。董生進士《とうせいしんじ》に挙げられて、連《しきり》に志を有司《ゆうし》に得ず。利器を懐抱《かいほう》して、鬱々《うつうつ》として茲《こ》の土に適《ゆ》く。吾れその必ず合うこと有らんことを知れり。董生勉《つと》めよや」

というのは、かつての燕趙の地、幽州節度使ないし成徳軍節度使の幕僚として出発しようとする科挙落第者の董邵南を激励する言葉である。この時期の藩鎮の跋扈《ばっこ》には、このような不遇の士が裏面で活躍しておこした可能性もあり、藩鎮の幕僚となるのは当時の士人

たちの常態でもあったのである。

だから馮道が、唐朝の終焉期《しゅうえんき》に、劉仁恭・守光父子の幕僚としての日々を送ったことは、名望の家柄でないかれにとって、ごくしぜんな成り行きであった。ただ、馮道が劉守光の下で任じられた幽州参軍という役目は、幕職官に相当するのではなく、その下の曹官であって、盧龍軍の管内には州県官と曹官以上が二百余名いたというから、馮道が占めたおおよその地位をおしはかることができよう。州の役所は六つの部局（六曹）に分かれ、おのおのの部局の長が参軍であって、掾《えん》とはその雅《が》号である。

馮道、獄につながる

盧龍・義昌両節度使をかねた劉守光は、後梁の太祖朱全忠から、すでに燕王の称号をも与えられていた。しかしかれの欲望は、果てしなかった。天子の位を夢みていたのである。乾化《けんか》元年（九一一）八月、劉守光は皇帝の称号を唱えようとした。将佐たちの多くが、それはいけないとひそかに考えていたので、守光は斧質《けいぐ》を庭において、

「敢えて諫める者は斬るぞ！」

と全員の反応をうかがった。このとき、かつて滄州の劉守文の下にいた孫鶴《そんかく》という人物は、必死になって即位をはばもうとしたが、守光はかれを八つ斬りにしたうえで皇帝の位

につき、国号を「大燕《たいえん》」と称し、年号を「応天」と改元した。

劉守光は大燕皇帝と自称したが、近隣の藩鎮がそれを承認したわけではなかった。河東太原に根拠をおく晋王李存勗《りそんきょく》は、太原少尹《しょういん》の李承勲を幽州に遣わし、隣藩としての礼をつくすふりをした。燕の接待係の者は、

「わが王は帝である。そなたは当然、臣と称して庭でまみえるべきだ」

という。承勲は、

「わたしは唐朝から太原少尹に任命されているのです。燕王はその境域内だけを臣とされたらいいので、他国の使者を臣とされるいわれはありませんぞ」

と反駁した。それを聞いた守光は激怒して捕えてしまい、数日たってから、

「わしの臣となるか」

と脅迫した。これにたいして承勲は、

「燕王がわが王を臣とさすことができましたなら、わたしもどうか臣にしてください。さもなければ死ぬばかりです」

と挑発的な言葉を吐いた。守光は、煮えたぎる腹立ちをおさえざるをえなかった。晋王を討伐するなんて芸当はいまのわが軍の実力からみて、まったく無理な話だ。しかし、西隣の易定《えきてい》の地を攻めることなら、成功を期すことができるはずだ、と守光は考えた。そこ

で僚属の武官と文官を一堂に集めて、易定の地、すなわち義武軍節度使の支配する中山地方の攻伐計画を提案した。この劉守光の計画に真っ向から反対した者こそ、幽州参軍の馮道だったのである。

劉守光は、馮道の反対意見には耳をかさず、かれを獄につないでしまい、二万の兵士をひきいて易定討伐の軍を進めた。義武軍節度使の王処直は晋《しん》に援軍を求めた。このとき、後梁の乾化《けんか》元年、大燕の応天元年（九一一）十一月、馮道は三十歳であった。これよりまる二年にわたって、劉守光の大燕と、易定の後楯たる李存勗の晋との間に、戦闘がはじまることになった。

三　宦官の張承業

朱全忠と李克用

黄巣《こうそう》の反乱が、かれ自身の死によって一応の終止符をうったのは、中和四年（八八四）であるが、この乱の前と後とでは、天下の形勢がすっかり変わっていた。それまでは名目的にでも、中央政府の命に従うことをよそおっていた地方の藩鎮が、新興の強力な軍閥政権にとって代わられ、かれらは中央の命令を受け付けなくなった。これらの軍閥のなかでも最も強力な兵力を擁し、同時に地の利を得ていたのが、汴《べん》州（河南省開封《かいほう》）の節度使となった朱温つまり朱全忠《しゆぜんちゆう》であった。

七世紀の初めに隋《ずい》の煬帝《ようだい》が大運河を開鑿《かいさく》して、黄河や揚子江を縦に貫いて連結し、中国の大部分をおおう運河網を完成してよりのちは、大運河の沿線が経済上にも軍事上にも重要な意義をもつようになり、その付近に新興都市が発達して繁栄をきわめた。なかでも目

朱全忠像。『残唐五代伝』より

ざましく発展したのが、黄河と大運河の交叉《こうさ》点に近い汴《べん》州であり、その地の節度使に任じられた朱全忠は、もと同輩であった黄巣の旧部下を招いて部下に加え、財力と武力をあわせ支配して、唐室を脅威するようになったのである。

　しかし、黄巣の乱の平定に朱全忠よりも大きな手柄を立てたのは、晋陽《しんよう》（山西省の中部）の節度使李克用《りこくよう》であった。トルコ系沙陀《しゃだ》部族出身のかれの軍隊はまだ中国化しきらずに、昔の遊牧民族の体制をそのまま維持して、戦争にはめっぽう強い。その軍装はすべて黒ずくめで、中国の軍隊はこれを鴉軍《あぐん》—カラス部隊—と称して敬遠し、姿を見かけると、戦わずに逃げだすほどであった。唐朝から出動を要請された李克用は、部下の精鋭一万七千騎をすぐって南に下り、長安の東に現われた。李克用はときに二十八歳、片目が小さいので独眼龍《どくがんりゅう》とあだなされた。かれは唐の諸軍の先鋒を引き受けて黄巣の軍を破り、中和三年（八八三）四月には長安を回復した。

長安を落ちのびた黄巣が、翌年六月、近親だけになって山中に迷いこんだ際、甥《おい》の林言は心変わりし、黄巣とその兄弟妻子を殺し、降参しようとした。しかし、途中で出会った沙陀《しゃだ》軍は、この林言をも殺して、全員の首を朝廷に献上した。こうして黄巣自身は平定されたが、かれが集めた厖大な軍隊は急には消滅するはずがない。これが諸方にちらばっていって各地にいろいろな波紋をまきおこすことになり、黄河流域から揚子江流域にかけて、至る所に軍閥が割拠し、兵と財とを私有して自己の地盤をかためだした。

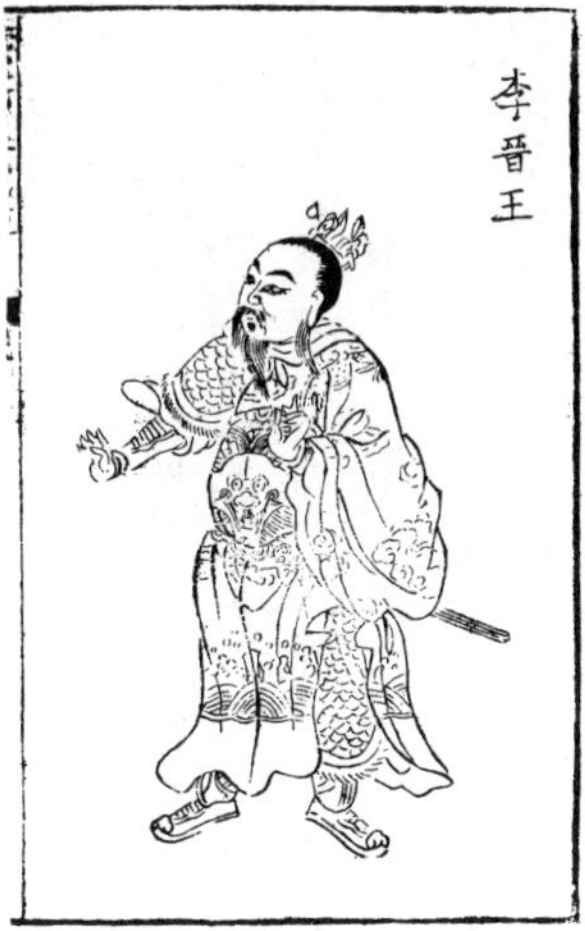

独眼龍とあだなされた李克用像

黄巣の乱の平定には、このように朱全忠よりも李克用の力がより発揮されたのであるが、乱がおわって外交的な手腕が要求される段になると、世なれぬ若輩の李克用は、老獪《ろうかい》な朱全忠の敵ではなかった。李克用は勝手な軍事行動をとったりした結果、いつのまにか朝敵という不利な立場に追いこまれてしまった。こういう好機会をのがすような朱全忠ではなく、朝廷の命を奉じて李克用の討伐を河北の藩鎮にまで呼びかけて包囲攻撃の体制を布いたので、李克用の軍は孤立の状態に陥った。

その間に朱全忠は唐朝にたいする簒奪《さんだつ》の準備を着々とおしすすめ、九〇七年に後梁《こうりょう》を建国し、国都を自分の本拠地であった汴州に定めた。大運河と黄河の合流点に近く、多数の軍隊を養うには恰好の土地だったからである。唐室の復興を標榜した後唐と後晋の初めのみが洛陽に都したのをのぞき、五代の期間、その国都はこの汴州開封《かいほう》にあったわけで、北宋もそれを継承して国都とした。

唐朝の滅亡は、中国の内外にわたって連鎖的な反応を与えるにいたった。国内の軍閥に、国外の異民族、これら機会をまっていた内外の割拠勢力は、争って自主独立を表面にうちだしてきた。北方ではモンゴル系の契丹《きったん》民族が酋長《しゅうちょう》の耶律阿保機《やりつあぼき》を中心に民族的な統一をなしとげ、遼国を形成した。これは当時の東アジアにおける最大の強国となった。中国の内部も、南と北とに大きく分裂した。このさい南北の境界線になったのは、秦嶺と淮水《わいすい》をむすぶ線であった。淮水以南には東方から数えて、呉《ご》・呉越《ごえつ》・荊南《けいなん》・楚《そ》の諸国が揚子江の中流、下流を占め、上流には蜀《しょく》があり、南方海岸には閩《びん》と南漢とがあった。いずれも唐末の混乱に乗じて、独立的政権を樹立した軍閥の首領である。このほかにも独立政権、半独立政権が生じて、全部を数えると十国になるので、後世の歴史にはしばしば五代十国と称せられる。

秦漢以後、中国では何度かにわたる分裂期・混乱期を送ったが、それらはいつのばあいにも北中国が分裂したのであって、南中国はいつも統一を保っていた。このときのように南中国に割拠政権が分立した時代はほかには見当たらない。その意味でも、この時代の南方諸国の歴史には興味をそそられるのであるが、それはさておき、これら南方諸国にたいし、華北の黄河流域の中原地帯の様子に注目しよう。

開封の鉄塔。正８角形、13層、高さ約50メートル。壁面は鉄褐色のタイルでできているので鉄塔と呼ばれる

唐朝が崩壊したあとの華北には、おおよそ三つの大勢力が鼎立していた。唐を奪った朱全忠の後梁はそのうちの一つにすぎない。ただし、後梁は唐の両都であった長安と洛陽を含み、新都の汴州開封府を中心にして、豊かな経済力を背景にしていたから、その武力は他にぬきんでていた。第二の勢力は、いわゆる河北三鎮の軍閥集団で、唐の

中期に政府を転覆させかけた反乱軍、安禄山の残党であって、河北省の中部にたてこもり、自立態勢を保ってきている。後梁にたいして表面は服従しているが、いつ反抗しないともかぎらない危険な存在であり、この集団の北部を占める盧龍軍の劉守光は、すでに自立を宣言して大燕《たいえん》と称していた。これよりもっと不気味な存在は、第三の山西省の晋陽を根拠とする沙陀部族の李氏政権、晋《しん》だったのである。これら華北の三大勢力のおのおのの消長が、そのまま後梁の歴史でもあった。この後梁の建国史のうえで逸することのできないのが、朱全忠による宦官《かんがん》殺害である。

　黄巣の乱のあと、汴州に根拠をかまえた朱全忠の威光は、はるか西の長安にある唐の朝廷を動かすに十分であった。僖宗《きそう》に代わって即位した昭宗《しょうそう》は、朝廷内部における軍隊と宦官の内紛を鎮めることができず、宰相崔胤《さいいん》の要請で朱全忠が乗りだしてやっと天子の位を保つことができたからである。そのさい、崔胤とはかった朱全忠は思いきって宦官七百余人を皆殺しにしてしまった。それまで宦官が権力を握っていた内諸司使はことごとく廃止され、その事務は正規の役所へ返された。天復《てんぷく》三年（九〇三）正月のことである。事のついでに朱全忠は、天子の近衛《このえ》兵《へい》で、これまで宦官が指揮してきた神策軍《しんさくぐん》という部隊を禁軍の六軍のなかに吸収させ、崔胤を総指揮官にした。だれが見ても、崔胤は朱全忠のカイライにすぎなかった。カイライに満足しておれば永らえることもできたであろうに、かれは自己の力量を過信し、六軍を強化しようとして大々的に募兵を行なった。危険を感じた朱全忠は、崔胤とその一党を殺して、みずから左右神策六軍の指揮権を握ってしまった。

朱全忠はこれより完全に唐朝の動向を左右するようになり、昭宗を脅迫して洛陽に移し、ついで昭宗を殺して哀帝をたてた。九〇五年六月に、三十余人の高官連が黄河に近い白馬駅で殺され、黄河の底に沈められた事件は、こうした情況のもとでおこったのである。かつて何回となく科挙の試験を受けたが、いつも落第ばかりさせられたことのある李振《りしん》という男が、朱全忠にたきつけ、

「この高官連は従来みずからを清流《せいりゅう》の名士だと自慢し、われわれを濁流《だくりゅう》と軽蔑してきましたから、こいつらを黄河の濁流へ投げこんでやりましょう」

とそそのかした。朱全忠も笑って賛成したのだという。ここまでくれば禅譲《ぜんじょう》革命はもう時間の問題である。天祐四年（九〇七）哀帝は位を朱全忠に禅《ゆず》り、ついで殺された。

唐の政治をみだしてきた宦官《かんがん》ではあったが、さてそれが朱全忠に皆殺しにされてみると、勢力の弱まったのは唐の天子自身であり、これに反してますます権威の増したのは朱全忠だということになる。二百年にわたる宦官の専横はおさまったが、同時に、唐の王朝も滅んでしまった。史書には、これを木に蠹《むし》あるにたとえ、「木を灼《や》いて蠹《むし》を攻む。蠹つきて木焚《や》く」としるしている。

河東監軍の張承業

天復《てんぷく》三年（九〇三）正月、朱全忠による宦官《かんがん》殺害によって、宮中にいた宦官も地方に出使していた宦官も、一網打尽に殺されたはずであった。ところが、地方の藩鎮《はんちん》に目付役として派遣されていた監軍使《かんぐんし》のうちの数人の者は、網の目をくぐって生き永らえていた。それらは、河東・幽州・広州・西川といった、いずれも朱全忠の抬頭をこころよからず感じていた藩鎮で、表向きは、代わりに他の囚人を斬って詔に応じたふりをし、ひそかに匿《かく》まったわけである。

河東監軍の張承業《ちょうしょうぎょう》はその一人であって、李克用の格別のはからいで、保護された。李克用がかれを殺さなかったのは、単に朱全忠にたいする敵愾心《てきがいしん》からだけではなく、これまでの二人の緊密な連帯感による。張承業が昭宗によって河東監軍に任命されたのは、乾寧《けんねい》二年（八九五）七月のことである。それ以前にも内供奉官としてしばしば克用への使者となっていたので、二人は節度使とその目付役という関係にはならず、張承業は、監軍使の本来の任務を忘れたかのごとく、誠実こめて主人にたいするつかえ方をしてきた。李克用の方も、信頼感をあらわにし、片腕のごとくに扱ってきた。

宦官を誅殺《ちゅうさつ》すべしとの詔書が河東に届いたとき、晋王を称していた李克用は、罪人を斬って詔に応ずる恰好をしたうえ、張承業を晋陽の斛律寺《こくりつじ》に匿《かく》まった。斛律寺というのは、北斉時代に斛律氏が栄華を誇ったときに建立《こんりゅう》した大寺である。承業が斛律寺に隠れていた期間はそう長くはなかった。朱全忠が昭宗を弑《しい》して哀帝を即位させたニュースが伝えられるや、李克用はふたたび張承業を監軍の地位に復帰させた。朱全忠がそんなに自分本位の行動をとりつづけているのに、そういちいち遠慮はしておれん、と考えたからである。九〇七年、朱全忠が唐を奪うと、真っ先に反対の態度を明らかにしたのは、いくぶん衰運に陥っていたとはいえ、なお軍閥間に重きをなしていた李克用であり、そのさいに克用がいちばん頼りにしたのが張承業なのであった。

周徳威像

朱全忠は昭宗を弑して哀帝を即位させるや、つぎには、劉守文《りゅうしゅぶん》が節度使であった滄州を併合するために軍隊を派遣した。そこで燕王の劉仁恭《りゅうじんきょう》はみずからも滄州救援軍を出すとともに、晋王の李克用に援軍を要請した。しかし李克用は、劉仁恭がそれまで反覆つねなく、都合のいいときだけ頭を下げてくるのを恨んでいたので、援軍の申し入れを拒絶しようとした。このとき、李克用の息子の李存勗《りそんきょく》は十五歳であったが、父を諫めて、

「われわれが失地を回復する絶好のチャンスです。いま天下の勢力は七、八割までが梁の朱全忠に帰服しています。強大をほこった魏博や鎮定も命に服しています。黄河より北で朱全忠の患となっているのはわが軍と劉仁恭だけです。もし燕と晋とが力をあわせるなら、梁にとっては禍《わざわい》となります。天下をおさめようとする者は小怨を顧みないものです。まして、かれはかつて我われを困らせたのに、我われがその危難を救えば、きっと恩義を感ずることでしょう。一挙両得というものです。このチャンスを見のがしてはなりません」

と説いた。李克用は、なるほど息子のいうのも道理だ、と、燕のために周徳威《しゅうとくい》と李嗣《りし》昭《しょう》を将として軍士をひきいさせ、滄州へは向かわず背後の潞《ろ》州をうち破らせた。やむなく梁は滄州の囲みをといて退却したので、李嗣昭を潞州留後の任につかせた。

朱全忠は唐を奪うや、この潞州を晋から取り返すために康懐貞《こうかいてい》を将として十万の大軍をくりだしてきた。昼となく夜となく潞州城を攻めたてるが、李嗣昭は城門を閉じて必死に防戦に努めたため、半月を過ぎても勝つことができない。李克用の方は、周徳威を総大将

に李嗣源《りしげん》以下の精鋭部隊をひきいて救援にかけつけさせた。朱全忠の方でも、康懐貞の攻めぶりに業を煮やして格下げし、あらたに亳《はく》州刺史の李思安を大将にして潞州に向かわせ、潞州城下に到着させた。城下に軍営を置こうとした矢先に、周徳威の先制攻撃を受け、千余人が斬首の目にあい、退却して郊外に重城をきずいて根拠地とした。この城は高い土塁をめぐらし、すこぶる堅固であって、糧米を輸入する夾道を東南の山から導き、梁軍には絶好の前線基地となったのである。この城を夾寨《きょうさい》と呼んだ。

潞州の守護を重大視した李克用は、鳳翔《ほうしょう》の李茂貞に救援軍の派遣を要請することにした。このとき使者の重任をおびたのが張承業であった。河東から西のかた鳳翔へ行く途中、河中は梁の境域であったから横切るわけにいかない。そこで離石から黄河を渡ることにしたが、ちょうど春氷がとけかけたころであったから、舟で渡ろうにも危険で渡れず、黄河の神に祈禱するばかりであった。その夜、夢の中で神人が現われ、

「なんじはただ渡ればよい。流氷のことは心配するな」

と告げた。はっと目がさめたとき、渡し場の官吏が、

「黄河の氷が張りました」

と報告してきた。これこそ河神のご加護であると、夜も明けぬうちに氷の上を踏んで渡ることができ、帰路もまた渡りおわると氷はとけだすという幸運にめぐまれて、使者の役

目を無事に果たした。帰ってみると、李克用は病の床に伏していた。頭に悪性腫瘍《しゅよう》、おそらくガンが発生して危篤状態に陥っていたのである。克用は枕もとに弟の克寧《こくねい》と張承業、大将の李存璋、呉珙《ごきょう》、掌書記（秘書長）の盧質《ろしつ》を呼び、息子の存勗《そんきょく》を後継ぎにする旨を告げ、

「この子、志気は遠大だ。必ずやわが大事を成就することができよう。なんじらは、よく教導してくれるように」

と後事を頼んだ。臨終の日の夕方には、とくに張承業だけを傍《かたわら》に呼びよせ、

「わが児《こ》は孤弱であるうえに、羣臣《ぐんしん》は縦横をきわめている。後事はそなたがよくはからってくれ」

と遺言した。最後に李存勗を側近く呼び、

「李嗣昭は潞州で包囲されていて、わしは顔をみることができない。わしの葬式がおわれば、周徳威らと協力して、なるたけ早く救い出してやってほしい」

といい、いいおわるや息を引き取った。このとき河東の軍隊の実権を握っていたのは李克寧であって、李存勗はまだ十七歳の年少ではあり、潞州での梁軍との戦いの最中という時期だったので、軍中に李存勗の晋王襲位を不安視する者もいた。李存勗は克寧に位をゆずろうとした。しかし克寧自身が、

「あなたは嗣子《しし》だし、そのうえ、先王の命がある。だれが敢えてそれに違《たが》えようか」

といい、また張承業が万事をとりはからって李存勗を晋王の位につけたのである。

ところで李克用は、当時いずれの軍閥にも流行した風習に従って、多くの義子《ぎし》をもっていた。かれが最後まで後梁の圧迫に対抗しおおせたのも、この義子たちの尽力によるところが多かった。李克用の義子は百余人におよぶといわれ、李嗣源・李嗣昭・李嗣本・李嗣恩・李存信・李存孝らが著名である。また李克用には義児《ぎじ》軍と称する部隊があり、それは義子によってひきいられたと考えられる。

義子とか仮子とかいう形態をとらないまでも、私的・個人的関係によって結ばれた腹心的兵力をおいて権力を強化することは、この時期の節度使の一般的な傾向であった。すでに唐の中期以後、節度使が仮子関係によって結ばれた集団的武力を身辺におくことは、かなりひろく行なわれていた。安禄山も〝曳落河《えいらくが》〟と称する数千人の養子部隊をもっていたという。ただ李克用のばあいに、多数の個々の義児たちが権力の中枢部を握るにいたったのが特徴的であった。

義子とか仮子のような個人的結合関係は、古今東西を問わず、その中心となる主将の他界によって、容易に解体しかねないもろさをもっている。李克用の集団においても、その弱点が克用の死によって暴露された。李存勗は晋王の位についたが、克用の義子たちの方が年長でもあり、兵権を握っていて、存勗の襲位をこころよく思わない者もいた。その一人、李存顥《りそんこう》は、軍民いっさいの権をゆだねられていた克寧にひそかに説き、

「兄の跡を弟が継ぐことは古来あること、叔父の身で姪《おい》を拝することはありますまい」

とクーデタを勧めた。克寧は言下に拒絶したが、妻の孟氏は男まさりの野心家であった。そこで義子たちは、それぞれ妻をつかわして孟氏に謀反するようにたきつけさせた。孟氏は、それはもっともだ、と、毎日夫の克寧に迫り、事は急を要すると説いた。はじめは全然その気のなかった克寧ではあったが、義子たちの言葉や妻の言を朝夕聞くうちに、晋王の位を取って代わろうと考えるようになり、その計画をたてはじめた。その機先を制して克寧と存顥を殺し、李克用の遺志をまもり通したのが、張承業だったのである。李存勗はこれ以後、張承業の尽力に感謝し、兄のように丁重に待遇した。

馮道、張承業を頼る

馮道《ふうどう》の反対意見に耳をかさず、獄にとじこめて、劉守光が易定《えきてい》地方の討伐に乗りだしたのは、九一一年十一月のことである。劉守光は、この出陣を甘く考え、すぐにも易定の合併に成功するつもりであった。しかしそう簡単に劉守光の思惑どおりに事がはこべば苦労はない。易定義武軍節度使の王処直が晋王の李存勗《りそんきょく》に救援を求めたことから、燕軍と晋軍

との正面衝突に発展していった。

晋の方では、この日のあらんことを予想して、張承業を中心におさおさ準備をおこたってはいなかった。三年まえに、李存勗は晋王の位を継ぐと、周徳威と李嗣源の両将とともに潞州に親征し、後梁軍を大破して李嗣昭の救援にも成功していた。だから全力を燕との戦いに注ぐことができる態勢にあった。ここで燕をうち破り、河北を手中にいれれば、きたるべき後梁との決戦に後顧の憂いなく戦うことができる。劉守光が二万の兵をひきいて易州の容城県を攻めるや、李存勗は周徳威を総大将に三万の兵をひきいてただちに燕の幽州を攻撃し、易定に出陣した兵力の分断をはかった。劉守光はおこがましくも後梁の朱全忠に救援を求めた。

天下の形勢は日々に変わり、軍閥間の離合集散めまぐるしく、ありあわせの理屈では説明はつかない時勢であった。朱全忠は救援軍を送ろうとしたが、このころ病気がちで床に伏せる日が多く、果たされない。劉守光は、燕きっての驍将《ぎょうしょう》、単廷珪《ぜんていけい》に精兵一万をひきいて出戦させ、幽州城の東南にあった龍頭岡《りゅうとうこう》で周徳威の軍と決戦させた。廷珪は、

「今日はきっと周徳威めを生擒《いけど》りにして献上します」

とみえをきって出陣して行った。戦場で周徳威の姿をみかけるや、馬上で槍をかかえ、猛スピードで追いかけた。いまにも徳威の背中に槍をつきたてようとしたとき、徳威はか

らだを倒してほこ先を避け、廷珪の後ろから棍棒でたたきつけた。不意をつかれた廷珪は馬からもんどりうって落ち、逆に生擒りにされてしまった。この戦いで燕軍の死者は三千人。大敗したうえに、単廷珪をとらえられ、燕軍は気を奪われてしまった。劉守光は、一方では、大将の元行欽《げんこうきん》に七千の騎馬を山北の地に牧馬し、山北の兵士を募って契丹からの援軍に呼応させせようとしたが、晋の李嗣源のために全滅させせられた。

晋王の李存勗は張承業を幽州につかわし、周徳威と軍事を議させた。戦闘が開始されてより一年半、いまや燕軍の敗北は時間の問題となった。劉守光は張承業のもとに使者を送り、城ごと降服することを申し入れたが、劉守光によるたびたびの背信行為に懲りた承業は許可を与えない。守光は五千の住人をつれて夜中に檀州《たん》へ脱出をはかったけれども、周徳威の軍に追われ、わずか百余騎の兵士と幽州に逃げ帰らざるをえなかった。こうしてもとの盧龍軍の領域はみな晋に編入されてしまい、守光ひとりで幽州城を孤守するありさまとなった。契丹に救援を求めても相手にされず、晋に降服したいといってても許してもらえない。ついに守光は城の上に登り、周徳威に向かって、

「晋王がこられるのをまって門を開き、降服しよう」

と叫んだ。

周徳威は使者をつかわし、事の次第を河東の李存勗に報告させた。そこで存勗は留守中

のいっさいの権限を監軍の張承業に与え、みずから幽州に向かい、幽囚中の父劉仁恭とその妻妾を擒《とりこ》にした。守光は妻子をつれて逃げてしまい、李存勗は大した抵抗もなく幽州城にはいった。時に乾化三年（九一三）十一月、守光の易定攻撃以来、ちょうど二年たっていた。潞州の夾寨《きょうさい》を破った功績で振武節度使に任じられていた周徳威は、この燕を平定した功績で、盧龍軍節度使に栄転した。幽州から逃亡した劉守光は、まもなく妻と三人の子供と一緒に逮捕された。

李存勗は掌書記《しょうしょき》の王緘《おうかん》にとくに露布《ろふ》を書くように命じた。王緘は故事を知らなかったので、布《あさ》の上に書いて人に曳《ひ》かせた。露布というのは、戦争に勝ったときに書いた捷状《しょうじょう》のことで、それを漆竿《しっかん》に立てて、天下の者に知らせることをいい、「露布」という言葉は、戦争に勝ったことを暴露して天下に布告する、という意味で、帛《きぬ》に書きこそすれ布《あさ》に書いたことはなかったのであった。李存勗は、劉仁恭父子をこの露布の下に手かせしてくりつけ、意気揚揚と晋陽へ凱旋し、まず劉守光を殺し、劉仁恭を先王李克用の墓のある代州へ連れて行き、その墓前で首をはねた。

劉守光の易定への出陣を諫めたために獄につながれた馮道は、いつのころかだれかに救いだされた。おそらく周徳威の軍隊のはげしい攻撃を受けて幽州城内が混乱したどさくさにまぎれて、かつての同僚の一人に助けだされたのであろう。劉守光の軍の敗北の色が濃

張承業像。『無双譜』より

くなったころ、馮道は晋の本拠地たる太原《たいげん》の地へのがれた。この馮道の才能を見いだし、河東節度使の巡官に採用したのは、ほかならぬ監軍使の張承業であった。馮道が河東節度巡官になった確かな年月を明示する史料はない。しかしおそらくは、李存勗が幽州へ向かうにさいして、張承業が留守中の全権を委任された時期、すなわち九一三年十一月から翌年の正月にかけてのころであったろう。とすれば、馮道が三十二歳か三十三歳のことになる。

張承業は馮道の文章と品行を高く買い、好待遇を与えた。馮道がこの時期にほかならぬ張承業というパトロンをもったことは、これ以後の政界への進出にはかり知れないほどの恩恵を得ることになるのであって、張承業との出会いは、かれの長い人生のうえでも記念すべきことであろう。性格は派手好みでなく、風采はあがらなかったにもかかわらず、その文筆の才と人柄を正当に評価されて、巡官の役ながら、重要な書類を起草する役割をになわされたのである。

　このとき太原に周玄豹《しゅうげんぴょう》という男がおり、人の人相をよくみると自慢していた。ある日、太原監軍特進の張承業は一席もうけてかれを招待し、居ならぶ僚佐たちの人相をつぎつぎにみさせた。承業は、玄豹に、

「馮巡官はどうだ？」

とたずねると、

「巡官はさざなみが水に浮ぶようなもので、幸いに特進《かっか》が文士を礼される秋《とき》にあっているが、官は百里の地に宰たる県令の地位を踰《こ》えることはありますまい」

と答えた。承業は、軽笑して、

「かれはすでに起居郎になっている。おまえはなんとあなどることよ」

といった。周玄豹には人物をみる目がなかったことになるが、このエピソードから、当時の馮道は、貧弱な印象しか他人に与えなかったことがわかる。馮道は、その後もこの周玄豹とは折合いが悪かったらしく、しばらくして、玄豹は張承業に、

「馮生は前途有望ではありません。重用しすぎなさるな」

と申し入れた。この話を聞いた河東記室《かとうきしつ》の盧質《ろしつ》は、

「わたしはかつて杜黄裳《とこうしょう》 司空の肖像画をみましたが、馮道の状貌《じょうぼう》はそれに驚くほど似て

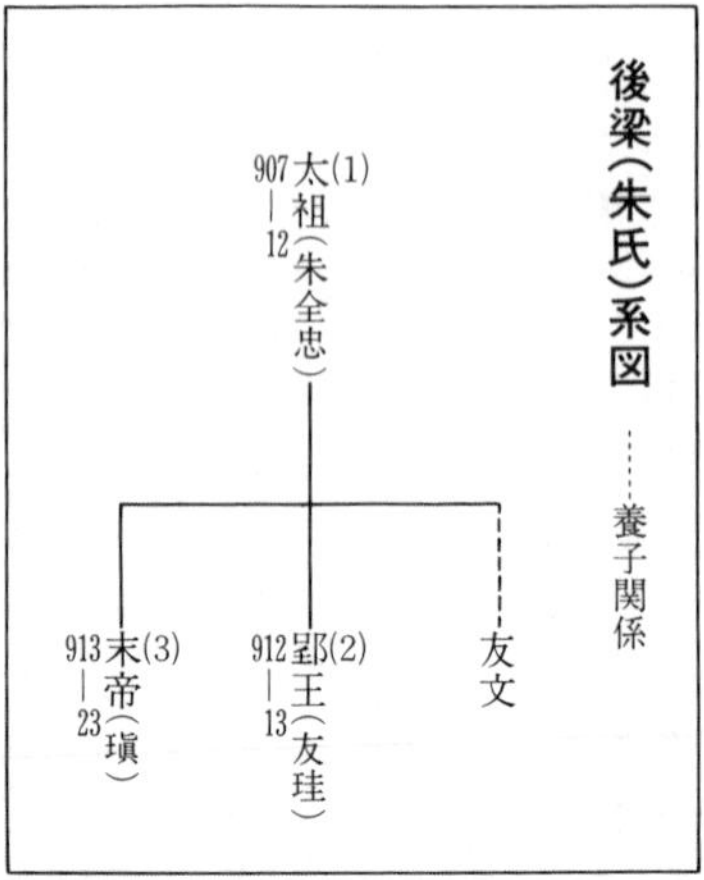

います。将来きっと大用に副《そ》うでしょう。玄豹の言葉は信用できません」

と、馮道を弁護したという。

この盧質は、李克用が病歿したおり、張承業とともに李存勗の擁立をはかった中心人物であって、記室というのは俗称で、正式には掌書記と呼んだ。魏晋南朝の貴族制はなやかなりしころ、公府や軍府の記室参軍は、文筆の才にすぐれた者が召されたので最も名誉ある地位とされたが、唐中期におかれた節度使のもとの掌書記も、その遺風を受け継ぎ、文筆の才ある文官が任じられた。

この盧質は、酒が何よりも好きで、酒を飲むと気宇壮大になり、あるとき晋王李存勗の弟たちを豚や犬呼ばわりし、晋王に忌避されてあやうく命を失うはめになるが、張承業のとりなしで免れたことがある。のちに李存勗が即位して後唐《こうとう》の荘宗《そうそう》となり、大臣に取り立てようとしたとき、踈逸《そいつ》な性格だから責任ある地位にはつきたくないと、固辞した人物が盧質であった。馮道は、文書を掌《つかさど》る一文官として、この上司である盧質にたいして尊敬の念をもちつづけた。

馮道は、張承業と盧質のあたたかい庇護のもとに、河東節度巡官としての生活をおよそ五年間つづけた。三十三歳から三十八歳のころである。この期間、馮道のつかえる晋王李存勗は、後梁との間に、黄河をはさんでいつ果てるともしれない血みどろの戦いをつづけていた。李存勗は、晋王襲位のすぐ後で、後梁の軍隊を、潞州の夾寨で大敗させたが、この敗北の知らせを聞いた太祖の朱全忠は、嘆いて、

「子を生まば、まさに李亜子《りあし》のごとくなるべし。わが児は豚犬のみ」

といったという。亜子とは存勗の小名である。

その朱全忠はかねて荒淫であって、いつも諸子の妻を徴して入侍させていた。晩年に、義子の友文の妻を寵愛し、友文を後継ぎにしようとした。これを察した実子の友珪《ゆうけい》は、たまたま病の床にあった朱全忠を弑して自立し、弟の友貞に命じて友文を殺させた。これは乾化二年（九一二）六月の出来事で、朱全忠は唐を滅ぼしてから六年の間、天子の地位にあったことになる。中原《ちゆうげん》地方で正統の天子を称したものの、その領域はきわめて小さく、いまの河南、山東と陝西の一小部分を有したにすぎなかった。朱全忠は武将にたいして、きわめて苛酷な処置をとった。軍令に違反したとか、軍政がおさまらないとか、馬がやせたとかの理由で殺された宿将は、数知れないほどである。晋との戦況がおもわしくなくな

ると、朱全忠の苛酷さは一層はげしくなっていった。そのうえに女性関係から家族間に離反するものがでて、その一生を終えた。

朱全忠を殺した実子の朱友珪は、翌年の二月には弟の朱友貞によって誅殺《ちゅうさつ》された。友貞は即位して末帝と称し、名を瑱《てん》と改めるが、この末帝と晋の李存勗との間に、戦いがつづけられたわけである。この両軍の交戦のうち、九一八年の胡柳陂《こりゅうひ》における激闘は、とくに注目されねばならない。

胡柳の役

九一八年八月、晋王李《り》存勗《そんきょく》は、周徳威・李存審・李嗣源・王処直の四人にそれぞれ数万の歩騎をひきいさせ、奚《けい》・契丹《きったん》・室韋《しつい》・吐《と》谷渾《よくこん》の外人部隊をも投じて、一挙に勝敗を決しようと、魏州をへて濮州に向かった。ここで後梁の大将、賀《が》瓌《かい》・謝彦章《しゃげんしょう》のひきいる梁軍と対決したのである。晋軍が駐屯した麻《ま》家《か》渡《と》と梁軍が陣取った行台村とは、わずか五キロの距離しかなかったが、百日にわたる攻撃を加えても、梁軍の堅壁をぬくことができなかった。ここを打ち破らないかぎり、梁都の汴《べん》州を衝《つ》くことはできない。

たまたま梁将の賀瓌と謝彦章の間で仲間割れし、彦章および濮州刺史の孟審澄と別将の侯温裕が謀反したという理由で殺されてしまった。かれらはいずれも騎将としては梁軍を代表する人物だったので、梁軍の弱体化は免れなかった。李存勗はこの好機をとらえ、軍中の老弱の兵士を魏州に帰し、精鋭をすぐって汴州への行動を開始した。十万の軍を号したが、あらたに魏博の白丁《はくてい》三万人を従軍させ、営柵《えいさく》の仕事にあてたから、前進するごとに、営柵がたちどころに完成したのである。西に移動すると、それにつれて賀瓌のひきいる梁軍も西に移った。

かくて濮州の西の胡柳陂《こりゅうひ》において、十二月二十四日の夜明けから一大決戦が開始された。まず魏博の銀槍都《ぎんそうと》の勇敢な兵士をひきいた晋王が斬りまくり、ために後梁の王彦章《おうげんしょう》の軍がまず敗走して西にのがれた。ところが、陣の西にいた晋の輜重隊《しちょうたい》が梁の敗走兵の旗幟《きし》をみて、梁軍の攻撃と勘ちがいしたから大変な騒ぎになった。輜重車が幽州からきていた兵士の陣地に逃げこみ、そこにいた兵士たちが混乱に陥ったのである。幽州兵をひきいていた周徳威は統制することができずに戦死し、輜重とともに行動していた魏博節

王彦章像

度副使の王緘《おうかん》もまた死んでしまった。

梁軍の威勢はかくて一時さかんになったが、晋王が高丘に拠って散兵を収めるにつれ、正午ごろになるとふたたび晋軍が優勢を占めるようになった。この胡柳陂の中に土山があり、梁軍の賀瓌が兵士をひきいてこの山に拠っていた。晋王は将士たちに、

「今日この山を得た者が勝だ。おまえたちと一緒にこれを奪い取ろう」

といい、ただちに騎兵をひきい、先頭になって登っていった。李従珂《りじゅうか》は銀槍都の大将王《おう》建及《けんきゅう》とともに歩兵をひきいて従い、この土山を奪い、夕方には李嗣昭と王建及が騎兵を駆って梁軍を破った。晋軍が形のうえでは勝利したとはいえ、この日の戦いで両軍はともに三分の二の士卒を戦死させ、その後しばらくは双方とも戦気をうしなってしまった。

この日の戦闘は、晋国のその後に幾多の影響をもたらした。これまで晋王李存勗のために武勲をたてつづけてきた周徳威が戦死した。徳威とともに、戦闘のさいに李存勗がもっとも頼りにしてきた李嗣源との間柄が気まずくなるきっかけも、この日の戦いにあった。前王李克用の義子の一人であった李嗣源は、戦闘の最中、養子の李従珂とはぐれてしまった。晋軍がどんどん敗退してくるし、晋王の所在がわからず、どうしたものかと途方に暮れていた。そのときだれかが、

「王はすでに北のかた黄河を渡られました」

といったので、李嗣源はついに氷の上を北に渡り、相州に行こうとした。この日、李従珂の方は晋王に従って土山を奪い、後半戦には功績をあげていたのである。

翌日、晋王は勝に乗じて濮陽城に進撃してここを占拠した。晋軍の戦勝を知った李嗣源は、ふたたび濮陽にやってきて晋王に面会した。晋王は不機嫌な顔をあらわにして、

「そなたは、わたしが死んだと思ったのか。黄河を渡ってどこへ行ってきたのだ」

と責める。李嗣源は頓首して罪を詫びるばかりであった。たまたま養子の李従珂が殊勲をたてたから、罰として大鍾《しょう》になみなみとついだ酒を飲みほすことで許された。しかし、これ以後、晋王は李嗣源をすこし冷遇しはじめたのである。

胡柳での戦闘で、王緘《おうかん》が戦死した結果、晋王は有能な書記官を一人失ったことになる。翌九一九年七月、本拠の晋陽に帰った晋王はさっそく掌書記の補充を行なった。この王緘の後任に任命されたのが馮道《ふうどう》であった。

馮道は、張承業の推薦でいったんは覇府《はふ》従事《じゆうじ》になったのだが、すぐに河東節度掌書記にあらためられたのである。このとき馮道は三十八歳であった。河北を併合したあとでもあり、公文書の往来は以前に数倍する頻繁さを加えたが、それらすべてを馮道にまかせたのである。

掌書記になりたての馮道が、まず当面したのは、つぎのような出来事であった。梁軍と

のはげしい攻防をくりかえす毎日を送っていた晋王李存勗《りそんきょく》は、甘苦をともにする諸将たちを、食事ごとに呼びよせて一緒に食事をとることにしていたが、しだいに陪食《ばいしょく》する人数がふえてきた。そこで軍政責任者である中門使の郭崇韜《かくすうとう》が、陪食者《ばいしょくしゃ》の人数をへらしてほしいと請うた。それを聞いた晋王は、大いに怒り、

「孤《わたし》が生命を投げだしてくれる者のために食卓を設けることさえ、わが自由にならない。河北の三鎮は、それぞれに一人を選んで主帥《しゅすい》とし、孤は太原に帰り、賢者のために路を避けたい」

といい、ただちに馮道を呼びよせ、文書を起草して衆に示すように命じた。

馮道は手に筆を握りしめるだけで、なかなか書こうとしない。晋王は顔色を厳しくし、早くせよと催促する。馮道はおもむろに立ちあがり、

「わたしが掌《つかさど》っています筆と硯は、必ずや職務に供しましょう。しかし今や大王はしきりに大功をたて、河南の梁を平らげて天下を定めんばかりです。崇韜が諫めたことは、大過とはいえず、大王は拒否されれば、それで済むことです。どうしてそのことで遠近を驚動される必要がありましょうか。敵国にもし聞こえたならば、大王の君臣が不和であると思うでしょう。この点を熟慮してくだされば幸甚です」

と答えた。ちょうどそのとき崇韜がはいってきて詫びをいったので、晋王も前言を取り

消した。この就任早々の馮道の処置を聞いて、人々はその肝《きも》っ玉の大きいのに感服したという。

旧友の龍敏《りゅうびん》が馮道を頼って太原にやってきたのは、このころのことであった。龍敏は馮道より四歳年少で、若いころから儒学を学び、地方の小役人にもなり、幽州時代から馮道と仲が良かった。劉守光が父の仁恭をとらえたとき、かれは滄州に行き、ついで後梁の領地へはいったが、同郷の周知裕がしばしば仕官のために骨を折ってくれたにもかかわらず不調におわり、街なかを乞食になってぶらぶらすること数年、晋王李存勗が魏博を平定した後で、旧友の馮道が河東の掌書記になったことを聞くや、ひそかにかれを頼って太原に現われたのである。

落ちぶれはてた姿の龍敏をみた馮道は、何もいわずに自分の屋敷に客人として寝食させた。馮道が龍敏を引き取った噂をいちはやく耳にした監軍の張承業は、

「あなたの家に客人があるという話だが、一緒に連れてこられては」

と、馮道にいう。馮道がかれをともなって張承業をたずねると、承業はすぐに監軍巡官に辟召《へきしょう》し、文書係を担当させた。朝夕の食物の心配をしつづけてきた龍敏にとって、この好意は、言葉では表現しつくせないものであった。これ以後、龍敏は官僚として順調なコースを歩みつづけえたのである。

四　父の死

李存勗の即位

馮道《ふうどう》が河東節度掌書記のポストを得た前後数年の時期は、晋王《しんおう》李《り》存勗《そんきょく》のひきいる晋軍と後梁《こうりょう》末帝《まってい》のひきいる梁軍との決戦が、もっとも緊迫した様相を呈していたときであった。しかもその戦況は刻一刻と晋軍に有利な方向へ展開されていた。このような長期戦を勝ちぬくには、すぐれた戦闘能力と豊かな軍資金がまずもって不可欠である。晋軍の戦闘能力の増大の面で画期的な出来事は、魏博天雄軍《ぎはくてんゆう》の銀槍效節軍《ぎんそうこうせつ》が李存勗の親軍に編入されたことである。

魏博天雄軍は、幽州盧龍軍とともに河北三鎮の一つであり、唐末の変動期には、朱全忠勢力の前にまったく無力となったが、五代になると、ふたたび重鎮として立ち現われてきた。強兵の伝統と富の蓄積とを利用し、この地に拠って強力な分権勢力をつくろうとしたのが楊師《ようし》厚《こう》であった。かれは朱全忠の末年に北面都招討使の地位にあり、魏州に駐屯して李存勗の軍と対戦していたが、九一二年に朱全忠が殺された混乱に乗じ、牙将《がしょう》らを殺し、羅《ら》周翰《しゅうかん》を追放して天雄軍節度使の地位を認められた。師厚は数千人の勇士をすぐって銀槍効節軍を置き、その給与を厚くして、かつての牙軍の状態を復活させた。

　後梁の末帝はその勢いをおそれて、九一五年に師厚が死ぬと宮中で賀を受けたというほどで、租《そ》庸使《ようし》の趙巌《ちょうがん》たちはこの機会に魏博を二つの藩鎮に分割しようとし、かえって兵士の反乱を誘発して晋の李存勗政権に投降せしめるにいたった。これよりその兵は李存勗の親軍に編入されて帳前《ちょうぜん》銀槍軍と呼ばれ、後梁攻撃に中心となって活躍したのである。先の胡柳《こりゅう》の役《えき》で李存勗がひきいたのも銀槍都であったし、銀槍大将の王建及《おうけんきゅう》は目ざましい活躍をした。たんに銀槍都が活躍しただけではなく、李存勗は後梁攻撃の作戦中心地を魏州に置くことにしたのである。

　馮道を掌書記に任命すると、李存勗はまた魏州に行き、そこに腰をすえて、澶《せん》州にある黄河の渡し場、徳勝渡《とくしょうと》の北の徳勝北城の拡修工事の采配をふるい、かつまた後梁の軍との小ぜりあいを連日つづけた。のちに後晋《こうしん》・後漢《こうかん》の高祖になる石敬瑭《せきけいとう》と劉知遠《りゅうちえん》も、このとき李存勗の配下にいて梁軍との戦闘に参加していた。徳勝城の修復もできあがり、後梁との決戦に勝利しうると確信した李存勗は、晋王の位にあきたらず、天子の位につこうとした。

梁軍と戦う劉知遠

その話を晋陽で耳にした張承業はちょうど病床にあったにもかかわらず、肩輿《けんよ》させて魏州までやってき、きつく諫めて、

「わが王は代々唐室に忠であり、その患難を救ってきました。だから老奴《わたし》が三十余年の間、王のために財賦をかき集め、兵馬を召補してきたのです。逆賊を滅ぼし、本朝の宗社を復することのみを誓ってきました。いま河北ははじめて定まったとはいえ、朱氏は依然として存在していますのに、王はあわただしく大位につこうとされますのは、ことにこれまで征伐してきた本意ではありません。天下のものはみな解体してしまうではありませんか。王はどうしてまず朱氏を滅ぼして列聖の深き讎《あだ》に復《むく》い、その後で唐の遺族を求めてこれをたて、南のかた呉を取り、西のかた蜀を取り、宇内《うだい》を汎掃《しんそう》して、合して一家となされないのでしょうか。その暁には、

高祖や太宗がふたたび生まれられたとしても、だれが敢えて王の上に位するでしょうか。譲るのが久しければ久しいほど、うることはいよいよ堅くなります。老奴《わたし》の志《こころざし》はほかでもありません。先王の大恩を受けておりますから、王のために万年の基礎をたてたいだけなのです」

と申し述べた。これにたいして晋王は、

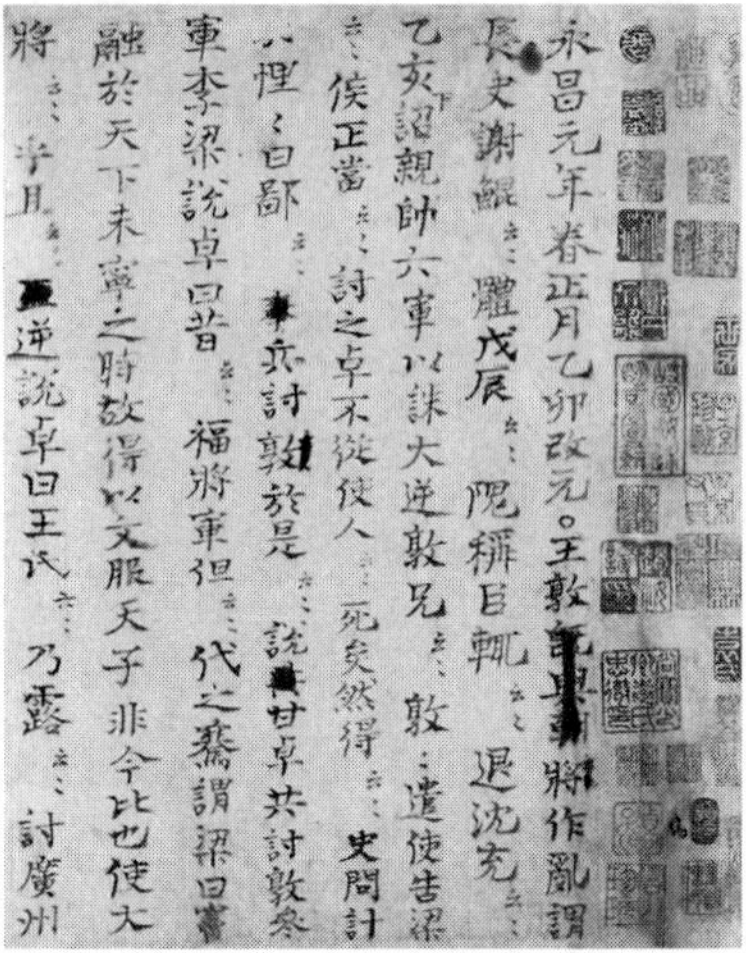

司馬光『資治通鑑』の草稿

「これは余の希望ではないのだ。群下の意志をどうすることもできないではないか」

と答えた。承業はどうしても聞きいれられる余地のないことを知るや、慟哭《どうこく》して、

「諸侯が血戦してきたのは、もともと唐家のためでした。いま王がみずからこれを取られるとは、老奴を誤またせられました」

といい、すぐに肩輿《けんよ》してもらって、

晋陽へ帰っていった。病気はますます重くなり、翌九二三年十一月、七十七歳の高齢で亡くなった。

宦官《かんがん》の横暴にたいしてきびしい批判の言葉をはき、朱全忠による宦官殺害の記事のあとに、宦官の弊害について論じている『資治通鑑《しじつがん》』の著者、司馬光も、この張承業の唐朝への忠誠心には絶讃を惜しまない。かれの死によって馮道は最大のパトロンを失ったことになる。

荘宗李存勗像

馮道もすでに四十一歳、自分の行動には全責任をもたねばならぬ年齢になっていた。張承業の生存中は、天子の位につくのをためらっていた晋王李存勗も、承業が憂《うれ》いのうちに他界すると、だれにはばかることもなく、着々と即位の準備をはじめた。五代の節度使のなかには天子になる者がかなりいたが、それらのばあい、節度使の武官・文官の幕僚たちが政府の高官に昇格するケースが多かった。五代における節度使の幕僚は、いわば陰の内閣《シャドー・キャビネット》を構成していたわけである。

李存勗はまず河東《かとう》・魏博《ぎはく》・易定《えきてい》・鎮冀《ちんき》の四鎮の判官のなかから唐朝の貴族の家柄の者を

選んで宰相に任命しようとした。第一の候補者にあげられたのは河東節度判官の盧質《ろしつ》であったが、かれは固辞し、代わりに義武節度判官の豆盧革《とうろかく》と河東観察判官の盧程《ろてい》を推薦した。九二三年四月二十五日、ついに李存勗は天子の位についた。これが後唐の荘宗《そうそう》であり、国号を大唐と称し、改元して同光元年とした。この日、豆盧革と盧程の二人を宰相にし、中門使の郭崇韜《かくすうとう》と昭義監軍使の張居翰《ちょうきょかん》の二人を枢密使《すうみつし》に任じて軍政の最高責任者とした。ちなみに、当時の宰相とは、宰相会議のメンバーのことで、一人のときもあったが、通常は複数おかれた。枢密使は唐代では宦官が任ぜられていたが、このとき士人の郭崇韜を任用したことにより、枢密使の地位は宰相に匹敵するほどに向上しだした。宰相と枢密使につぐ文官の重職、翰林《かんりん》学士筆頭の承旨《しょうし》には、宰相を辞退した盧質が兵部尚書の肩書きをともなって任命され、同時に河東掌書記であった馮道が戸部侍郎の肩書きで翰林学士に任ぜられたのである。

翰林学士馮道

翰林学士《かんりんがくし》というのは、制誥《せいこう》を掌《つかさど》る官であるが、中書舎人《ちゅうしょしゃじん》・知制誥《ちせいこう》が内閣を通して天子の命令を書くのにたいし、これは天子からのじきじきの命令を書く役である。三省六部制のわく外にある令外《りょうげ》の官の一つであるが、天子の私人として天子の詔勅を起草する文筆に長じた文士であったので、しぜんに天子の顧問に預かることになってきていた。翰林学士になると、つぎに宰相の地位を占める例が多かった。

馮道と同時に翰林学士に任命され、筆頭格の承旨《しょうし》の位置を占めた盧質は、李存勗《りそんきょく》の晋王襲位のさいに張承業とともに擁立した功績者で、宰相の地位を約束されながら固辞した人物であること、また馮道を巡官時代から引きたててくれた恩人の一人でもあることは、すでに述べた。馮道は自分より十五歳も年長者である盧質にたいしては、文官の先輩として敬意をはらいつづけた。のち四年、後唐の明宗が即位して、盧質が学士承旨をやめて同州節度使にいわば左遷されたとき、宰相の座にあった馮道は餞別《せんべつ》の詩を送った。その警句に

　視草北来唐学士　草《そう》をみんと北よりきたる　唐の学士

　擁旌西去漢将軍　旌《はた》をとりて西に去りし　漢の将軍

とうたい、漢の武帝のときの名将、霍去病《かくきょへい》と並列するほどの評価を与えたので、当時の儒者たちは名誉なことであるといったという。

後唐の荘宗《そうそう》として皇帝の位についた李存勗は、大々的に宿願の後梁討伐を再開した。荘宗は魏州を興唐府東京とし、太原府を西京としていたが、後梁との決戦は、東京の南の澶《せん》州につくった徳勝寨《とくしょうさい》を根拠としてはじめられた。はじめ徳勝守備の責任者になった朱守殷《しゅしゅいん》は後梁軍の大将王彦章《おうげんしょう》の攻撃の前にほんろうされ、徳勝北城を放棄するはめにもなるが、

やがて李嗣源の大活躍によって後梁の首都、大梁（汴《べん》州）を攻めおとすことができた。それは同光元年（九二三）十月九日、荘宗が即位してから五ヵ月半ののちのことであった。

この日、李嗣源以下に迎えられて大梁城にはいった荘宗は、手放しの喜びようで、嗣源の衣服をつかみ、頭をそれにうずめるようにして、

「わたしが天下を取れたのは、あなたがた父子の功績だ。天下はあなたと共有しよう」

と、最上級の感謝の言葉をならべたのであった。荘宗は、後梁の末帝の行方をさがさせたが、ほどなく首級を届ける者がいた。朱全忠が唐を簒奪《さんだつ》してから十六年、後梁朝はついに最後の日を迎えたわけである。

朱全忠の後梁《こうりょう》王朝は、清流（貴族）出身の高官連中を黄河の濁流に投げこむことから出発したが、後梁王朝において旧貴族階級が一掃されてしまったと即断してはならない。禅譲《ぜんじょう》という形

開封の龍亭。宮城の遺跡とつたえられる

式を取って、前代の王朝政治をひきついだ以上、少数にせよ、前朝の旧臣が残らないわけにはいかなかったし、むしろ王朝政治の形式を整えるためには、積極的にかれらの一部を残す必要もあった。

禅譲の儀式を施行したのは『新五代史』の「唐六臣伝」に載せられた面々であったし、後梁朝の宰相の大部分は旧貴族によって占められ、かれらと朱全忠の旧幕臣たちとは厳密に区別されていた。先に貴族階級を猛烈に排撃した朱全忠の意識は、他面ではこのような現われ方をしているのである。しかしこうした区別をしたうえで、実権を与えられたのは私臣の側であって、宰相はただ位にあるだけで、軍士との交際も禁じられていた。すなわち二重構造が存在していた。やがて新興の文臣たちが旧貴族に代わって宰相の地位まで掌握するようになるのは、つぎの後唐《こうとう》の明宗朝あたりをまたなければならなかった。その意味でも、朱全忠政権はたぶんに過渡的な性格をおびていたのである。

後唐が後梁をたおした最後の決戦にさいしては、馮道も従軍して前線に行き、徳勝寨で軍人たちと起居をともにした。かれはもともと性格は派手でなく、倹約するのを当然のことと考え、翰林学士という、文官として名誉ある地位についていても誇らしげに振舞うわけでもなかった。茅《かや》ぶきの庵《いおり》をつくり、牀席《しょうせき》を設けないで、芻藁《わら》の上に寝るだけで、俸禄も召使いたちに分けてしまい、食べたり飲んだりするときにも、食器を共同で使って、平気な顔をしていた。晋軍の諸将は勝手に住民を掠奪して奴隷にし、ときには文官の馮道にも分捕った婦女を贈り物にする者があったが、馮道は黙ってそれを受け取り、保護を加えて親のもとへ送り帰してやったという。

荘宗李存勗は、先代以来の宿望を達して後梁を滅ぼすと、後梁の政策をまったく改めて唐の旧に復し、都も開封《かいほう》から洛陽へうつした。洛陽は唐代の東都である。唐の西京長安はあまりに遠くて不便すぎるから、せめて東都だけでも復活しようとしたのである。しかし洛陽は水運の便が悪くて、すぐ近くにある開封にははるかに及ばない。以前ならこういう地形の堅固な所が国都に適していたが、だんだん時代が変わって、大量の兵力を動かさなければならなくなると、交通に不便な場所はもう国都にむかなくなっていた。それを敢えてしたところに、荘宗の時代錯誤があった。

荘宗は十月九日に大梁城にはいり、十一月に洛陽に遷都したが、大梁城にはいった直後、馮道に中書舎人の肩書きを与えた。これは内閣をへた表向きの制誥《せいこう》を掌《つかさど》る官職である。新しい肩書きを加えられてから数日しかたたないある日、思いがけず、「父死す」の知らせを受けた。

幼い日に母を失っていた馮道は、父の安否はいつも気になってはいた。故郷を遠く離れた土地で、訃報《ふほう》に接した馮道は、すでにとっぷりと日は暮れていたが、ただちにおよそ五百キロも離れた瀛州景城県に向かって徒歩で出発した。夜空に輝く星を目あてに、北の方へ歩いた。召使いが後から衣類をいれた袋をもって追いかけていったという。唐代の盛時までは夜行の禁があり、日没以後に城門をでることなど不可能であったが、戦乱のつづいた唐末からは、そのようなきびしい規制もいつしかなくなっていたのである。

中書舎人・翰林学士の官職を解任してもらい、景城の地に帰った馮道は、父のために三年の喪《も》に服した。たとえ官職についていようと、両親の死にさいしては、足かけ三年、二十五ヵ月ないし二十七ヵ月の喪に服するのが、前後の時代を通じた慣わしになっていたからである。

馮道が喪に服していた期間に、景城の地に飢饉が襲った。かれは俸禄の余分を郷里の人たちにばらまいて難儀を救った。中央政府の高官の身であったのに、蓬茨《ほうし》でつくった家屋に住み、畑にでて耕し、みずから薪を背負って運びもした。田畑を荒廃させて耕さない者や耕す能力のない者がいると、馮道は夜中にそっと行って代わりに耕してやった。耕してもらった人が、あとで恥ずかしく思い礼にやってきても、別に得意顔をしなかった。その地方の役人たちが、中央政府の要人であった馮道に敬意を表し、粟や絹を贈っても、受け取りはしなかった。

この当時、北の契丹がようやく勢力を拡大しつつあった。かねて馮道の名声を聞いていたかれらは、かれが景城の地に帰っていることを知るや、誘拐《ゆうかい》に乗りだしてきたが、たまたま辺境の防備がしっかりしていたために、連れだされないですんだという。このような毎日で、服喪のおわる同光三年（九二五）十月までのまる二年間、かれは景城の地を離れることはなかった。四十二歳から四十四歳にかけての時期である。

李嗣昭の財力

唐朝の崩壊から後唐朝の成立までの十六年の間、黄河をはさんで北の晋と南の梁とが血みどろの戦いを行なったのであったが、最初は晋の旗色が悪くみえたにもかかわらず、しだいにその勢力を盛り返して、最後に勝利の栄冠は晋王李存勗《りそんきょく》の頭上に輝いた。この勝利の秘密はどこに求めるべきであろうか。戦闘能力の増大の面で魏博天雄軍の銀槍效節軍が李存勗の親軍に編入されたことが画期的な出来事であること、李克用の義子たち、李嗣源や李嗣昭らが目ざましい活躍をしたことはすでに述べた。つぎには、このような長期戦を勝ちぬくのに不可欠な軍資金がいかにして調達されたのかをみなければなるまい。ところで、史書には、晋王李克用・存勗の二代、つねに後梁と戦って困難な場面を切りぬけえたのは、李嗣昭の個人的な財力の後援があったからだ、と書かれている。晋陽の李氏については宮崎市定氏が「五代史上の軍閥資本家」で論じられているので、その所説を祖述することによって、李嗣昭の周辺に目を向けておこう。

李嗣昭は氏素性もはっきりしない。李克用が狩猟にでて山間の民家にいたったとき、たまたまその家に男児が生まれたので買い取って帰り、弟の李克柔に養育させたのが李嗣昭であるという。身の丈は低かったが、胆勇《たんゆう》は人に過ぎ、しばしば戦功をたてて李克用に寵愛された。だから彼は李克柔の義子というよりは、李克用の義子といった方が適当であろう。

かつて朱全忠の軍が破竹の勢いで山西に侵入し、李克用の根拠地である太原《たいげん》を囲んだとき、部下の将校のある者は北のかた雲州に走らんといい、ある者は遠く契丹にのがれて再挙をはかろうなどの意見をだしたが、李嗣昭はあくまで太原固守を主張して譲らず、ゲリラ戦術を用いて敵を悩まし、ようやく侵入軍を撃退することができた。唐の天復元年（九〇一）のことである。李克用の末年、李嗣昭が潞州の確保に懸命に努めたことは前述した。克用は臨終の床で、嗣昭に会えないのを痛恨事《つうこんじ》としていた。九一八年の胡柳《こりゅう》の役《えき》における土山の奪取のさい、殊勲をあげたのも、李嗣昭の軍と銀槍軍だったのである。

李嗣昭の妻の楊氏は、殊に蓄財に妙を得て、家財は百万もあった。李嗣昭が李存勗を助けて後梁と困難な戦争をつづけえたのは、その家財によるところが多かったというから、晋国を維持して後梁に当たらせたのは、一婦人楊氏の働きにあるといっても過言ではない。

ところで、後梁との戦いにしばしば殊勲をあげた嗣昭ではあったが、最後の勝利を自分の目でみることはできなかった。北方の鎮州にいた張処瑾《ちょうしょきん》が契丹と結んで自立しようとし、その奪取に向かった潞州昭義節度使の李嗣昭は、九二二年四月、矢が命中して戦死したからである。

晋王李存勗は、嗣昭の諸子たちに遺体を護衛して晋陽に帰葬するように命じたが、子供の李継能は命令に従わず、父の牙将数千をひきい、遺体を擁して潞州に帰ってしまった。

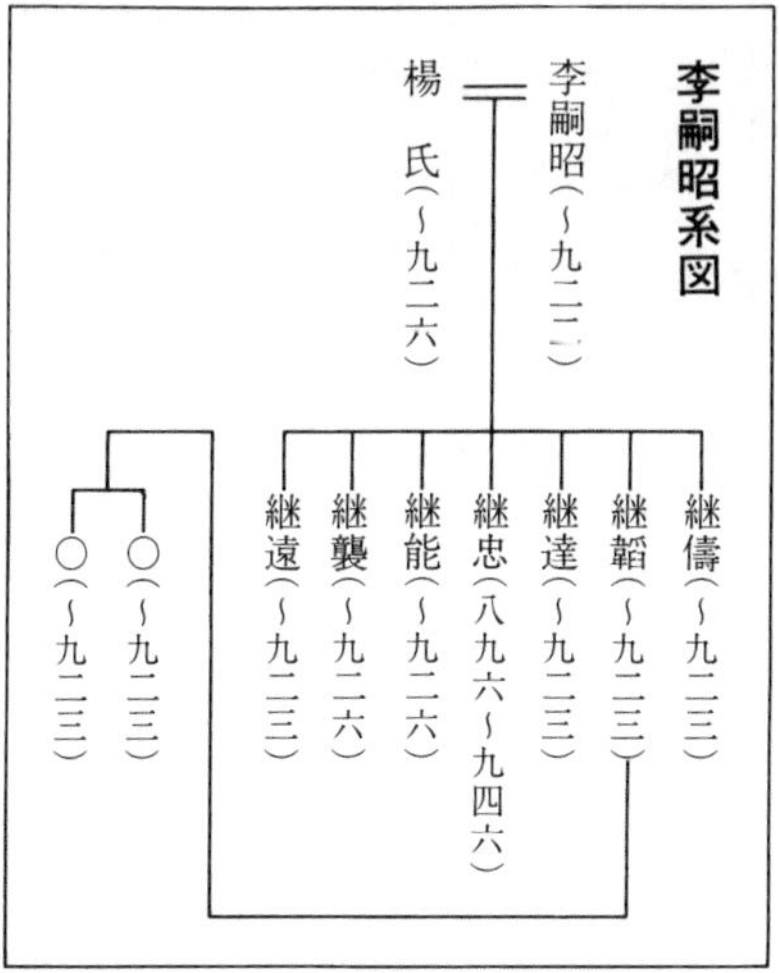

李嗣昭には七人の息子がいた。長男の継儔《けいちゅう》以下、継韜《けいとう》・継達・継忠・継能・継襲・継遠でいずれも楊氏が生んだのであった。嗣昭が死ぬと、第二子の継韜が兄の継儔をおしのけて家督を相続した。かれは父のあとを受けて昭義軍留後となり、父の部下の軍隊をも掌握したが、なぜか突如として敵国の

後梁に款《よしみ》を通じ、末弟の継遠も行動をともにした。九二三年三月のことである。後梁の末帝は大いに喜んで継韜の降を受け、かれに同中書門下平章事、すなわち宰相の地位を与えた。継韜は二心なきを明らかにするため、その二子を後梁に送って人質とした。継韜は金銭をばらまいて勇士を募集した。のちに後周の太祖になる郭威《かくい》も、応募者の一人であった。

ところが、継韜が梁にくだってわずか七ヵ月しかたたない九二三年十月、晋王李存勗は梁の都の開封を陥れ、後梁の末帝は自殺して国は滅んでしまった。継韜は去就に迷って、北方の契丹に走ろうかとさえ考えたが、母の楊氏の忠言に従って、後唐に帰順する決心をした。母の楊氏はこれまでも引き続き太原にあって蓄財に余念なかったが、このとき、愛子の急を聞いて、銀四十万両とそれにつりあう物資を持参し、継韜と一緒に新しく都になった洛陽にいき、天子側近の宦官《かんがん》・伶人《れいじん》を買収し、後宮にも運動して詫びをいれた。荘宗も大赦令を天下に発布した後ではあり、李継韜の罪を許すことに同意した。実はこのとき荘宗も、後梁の討滅に戦功をたてた部下の将士にたいし、恩賞を与える財源がないのに困っていた。李継韜が帰順してきたのを幸い、穏便にまとまった金を取ることができれば、むしろその方が得策だと考えたらしい。荘宗は継韜の助命は許したが、身柄を都に軟禁して警戒を加え、かれの部下のいる潞州へも、母楊氏のいる太原へも帰さなかった。

ところで、潞州に立て籠っていた弟の継遠は、はじめから帰順に賛成しなかったので、ひそかに継韜と気脈を通じ、故意に軍中にクーデタをおこさせ、荘宗がその鎮撫のために、継韜を将として差し向けるように計画をたてた。しかし途中で発覚し、継韜・継遠の兄弟は逮捕され、先に後梁に人質となっていた継韜の二子とともに、みな死刑に処せられた。

二兄李《り》継韜《けいとう》と末弟李《り》継遠《けいえん》の兄弟が殺されたあと、逆に長兄の李《り》継儔《けいちゅう》が家督を相続した。かれは性格が弱かったため、先に弟に幽閉されて、継《つ》ぐのが当然であった家督を奪われたほどであったが、相続者になると、急に勢いづき、継韜の個人的財産をことごとく侵奪したうえ、妻妾までも強占し、なおも隠匿《いんとく》した財産がないかと探しまわった。あまりのことにみかねた弟の継達が、喪服《もふく》のまま数百騎の兵士をひきいて乱入し、継儔を殺した上で自殺した。九二三年十二月のことであり、継韜が梁にくだってから、わずか九ヵ月しかたっていなかった。母楊氏はまだ健在であったが、息子たちはこのように互いに殺し合ったあげく、あとには継忠・継能・継襲だけが生き残った。

三年後の九二六年、母楊氏が歿すると、相州刺史の任にあった継能は喪に服するという名目で、太原に馳せ帰って資産目録を調査し、母の会計係の婢を責めて金銀の所在を吐かせようとし、ついにこの婢を笞《むち》うって死なせてしまった。家人が政府に告訴し、そのうえ、継能と継襲は謀反を計画していると告げたので、二人は捕えられて誅殺された。

かくて七人の兄弟のうち、病身の継忠ただ一人だけがかえって生き残り、莫大な遺産を

太原にある晋祠の聖母殿

独占して相続できたのである。この継忠については後章でふたたび取り上げることにして、それでは李嗣昭夫妻の蓄財はどうして可能であったかという課題になる。それはやはりかれらが根拠地とした晋陽《しんよう》という土地のせいだといえるであろう。

　五代のうち、後唐・後晋・後漢の三王朝はいずれも晋陽を根拠地として興った。後漢が中央で滅んで以後も、その一族はここに立て籠って北漢という独立国を形成し、宋が天下を統一したときに最後まで残ったのはこの北漢であった。これは、唐末にこの土地に侵入定着した沙《しゃ》陀《だ》部族の勇敢な気風が保存されたこととともに、かれらを動かすにたる財力がこの地に存在したことも認めなければならない。

　晋陽は州名では并《へい》州、郡名は太原である。この付近は古来、鉄の産地であり、唐代からすでに刃物が名産として知られ、并州の鋏《はさみ》はとくに全国的な名声を博していた。この地方は同時に良質の石炭をも産するので、このころから石炭を用いて鉄を精錬していたのかもしれない。いずれにせよ群雄割拠の時代になると、鉄産を確保することは軍閥にとって最後的な強みであるとともに、平時にはそれを販売すれば巨大な利益をあげることができる。

そのほかにこの付近には全国的な特産品として明礬《みようばん》がある。これは獣皮をなめすために不可欠の物資で、乱世になればなるほど値うちのでる商品である。李嗣昭夫妻はおそらく、このような重要商品をおさえて、ときにはそれを闇売りなどして財産をためこんだらしい。また山西省の北部には銀を産したのであって、李嗣昭夫妻の蓄財の一手段として、銀山の経営があったかもしれない。とにかく、李氏が多量の銀塊《ぎんかい》を所有していたことは事実なのである。

史書には、李嗣昭の妻楊氏は投機ないしは貿易によって莫大な富をなしたとあり、時あたかも契丹の隆盛につれて、契丹を顧客とする国際貿易において山西省は絶好の地位を占めていたから、この国際貿易に楊氏の経済的活動が密接な関係をもっていたと考えて大過はあるまい。このようにして貯えられた財産が、いったん国家の危急存亡のさいには、頽《たい》勢《せい》を挽回する起死回生の役に立ったのであり、また神通力をもった魔物のように、つぎつぎに社会上に波瀾をまきおこし、家庭内に悲劇を生みつづけていったのである。

鄴都の変

かつての魏博の銀槍效節軍の勇悍《ゆうかん》無敵の働きによって後梁を滅ぼすという宿望をなしとげた後唐の荘宗は、後梁を滅ぼして華北の統一に成功するや、これらの武人たちに権力が移るのを警戒し、もっぱら側近の宦官や伶人《れいじん》を重用したため、軍士との対立をきたし、荘宗政治に破綻《はたん》をもたらした。唐朝末期の朱全忠による宦官殺害によって、それまで宦官が占めていた内諸司使は、士人にとって代わられていたのであるが、荘宗はふたたび宦官を重用して政治の世界にひきいれた。とくに諸道の藩鎮に目付役として派遣された監軍使《かんぐんし》は、とみに権限を強化し、軍府の政が宦官の監軍使の意向で左右されることが多くなった。このため諸道の藩鎮では監軍使の横暴、ひいては荘宗の政治にたいしてこころよく思わない者がふえつつあった。

また後梁を平定した翌年、九二四年二月、荘宗は南郊をまつる儀式を行なった際、その儀式に要した費用に、郭崇韜《かくすうとう》は軍士たちへの恩賞用の十万緡《びん》を転用したので、荘宗は晋陽の李継韜《りけいとう》の私第《してい》から没収した数十万緡を取り寄せて軍士たちに論功行賞を行なった。しかしこれは永年にわたる戦功の報奨にしては十分な額ではなかった。一般の軍士たちはみな不満をいだきはじめた。

このころ、中国では芝居が流行していたが、荘宗は生まれつき音楽に堪能《かんのう》であり、みずから芝居をするのが好きで、いつも伶人＝俳優たちと戯れ興じていた。洛陽に都して以後は、権力が臣下の手に移るのを極度に警戒し、俳優や宦官の言葉を信じて、宿将を遠ざけようと心がけた。後梁討滅に手柄をたてた李嗣源や帳前銀槍軍にたいしても、厚遇を与えるどころか、冷ややかに遇するだけであった。それでいて、お気に入りの俳優には刺史の官職をさずけ、お世辞をいってもらって悦にいっていた。俳優たちはわがもの顔に宮中に出入りし、縉紳《しんしん》たちを侮弄《ぶろう》していた。だから李嗣昭の妻楊氏も、俳優や宦官を買収することによっていったんは李継韜の助命に成功したのであった。

荘宗が伶人とあそぶ図。『帝鑑図説』より

　荘宗は銀槍效節都の八千人近くの軍士を親軍にくりいれ、後梁を滅ぼした暁には、恩賞を存分にやると約束していた。開封を占拠してから恩賞を与えたが、功績の割には賞賜は十分でなく、軍士たちは怨望しはじめた。二年のちの同光三年（九二五）には大飢饉がおこり、民衆の流亡する者多く、租税も集まらなかった。国都の洛陽の倉庫は空っぽになって、軍士たちに供給する粟米もなかった。財政責任者の租庸使《そようし》の孔謙《こうけん》は、洛陽城の東門にでて、諸州から送られてくる漕運を遠望し、漕運船が到着するのを待ち受け、すぐさま軍士たちの手に引き渡すというせっぱつまった行動をとらざるをえなくなった。軍士たちは食糧の入手に困り、妻を年期奉公にだしたり子供を売ったりする者さえでる始末で、老弱の者は食べ物をあさりに田畑にで、そこで群をなして餓死するという悲惨な光景があちこちに展開されていた。それにもかかわらず、荘宗は相変わらず狩猟にふけっていたのである。

一方、銀槍軍の一部は、楊仁晸《ようじんせい》の指揮のもとに瓦橋関《がきょうかん》に送られて北辺の防備にあてられていた。年をこえ、同光四年（九二六）二月、交替のために鄴都《ぎょうと》（魏州）に帰ろうとしたが、荘宗は帰るのを許さず、途中の貝州に駐屯するように命じた。たまたま権臣の郭崇韜が殺されて、その報道が、荘宗が弑されたという流言《りゅうげん》とともに東方にもたらされるや、貝州の駐屯軍が乱をおこし、效節指揮使の趙在礼《ちょうざいれい》を擁して鄴都に帰り、各地にもこれに応ずる勢力が多かった。

この討伐に向けられた李紹栄のはかばかしくない戦績に業を煮やした荘宗は、みずから鄴都に親征するといいだした。しかし宰相も枢密使も、京師《けいし》は国の根本であるから天子は軽動されるべきでないと、異口同音に反対した。荘宗が、

「諸将のうちにこの任務にたえる者はいない」

というと、

「李嗣源がもっとも勲旧《くんきゅう》です」

とみながいう。荘宗は、先の胡柳《こりゅう》の役《えき》以来、内心は嗣源を嫌っていたので、

「わたしは嗣源を手放すのが惜しい。宿衛にとどまらせておきたいのだ」

といったが、一同が、

「他の者にはこの大役は勤まりません」

というので、ついに李嗣源に親軍をひきいて鄴都を討伐するように命じた。

三月六日に鄴都に到着した李嗣源は、城の西南方面に軍営を置き、八日には、明朝早々に城を攻めるよう軍令をだした。この日の夜、部下の兵士がクーデタをおこし、大いに譟《さわ》いで軍営を焼いた。李嗣源が叱ってその理由を問うと、それに答えて、

「将士は主上に従うこと十年、百戦して天下をうることができたのです。にもかかわらず主上は将士を恤《あわれ》まれず、貝州の戍卒《じゅそつ》が帰りたいと思っても許されません。わたしたちは謀反しようという気持は全然ありません。ただ死を畏れるだけなのです。いまから城中と

勢力をあわせようと思います。どうか主上は河南の帝とし、令公《あなた》が河北の帝になって軍民の主になってください」

といい、白刃を抜き李嗣源を擁して城中にはいった。さすがの李嗣源もほどこすべき術《すべ》がなかった。

ひきいてきた親軍の中核はかつての銀槍都の兵士であり、城内の兵士もかつての銀槍都の一部であったから、血は水よりも濃く、意気投合するのも早かった。李嗣源は一計を案じて、いったんは城外にで、相州までやってきて、やむをえなかった理由を荘宗に弁明しようと努力したが、先に鄴都討伐の責任者の地位を免ぜられた李紹栄が衛州にがんばって、

「李嗣源はすでに叛き、賊と合同しています」

と上奏するばかりか、嗣源が荘宗あてに送った弁明の手紙などを、いつも途中で取り上げてしまった。嗣源はそのためにますます疑懼《ぎく》するが、どうしようもない。

このとき女婿《むすめむこ》の石敬瑭《せきけいとう》は、

「いったい大事は果決《かけつ》すれば成功し、猶予すれば失敗します。上将が叛卒と一緒に賊城にはいり、後日に無事であるということがありえましょうか。大梁（開封）は天下の大都会です。わたくしに三百騎をさずけてまずそこを占拠させてください。もし幸いにもそこを取得できましたなら、公は大軍をひきいてただちに進軍してください。そうしてこそ自

全することができます」

といい、突騎指揮使の康義誠も、

「主上は無道ですから、軍人も民衆もみな怨怒《えんど》しています。公は衆に従われれば生き、節を守られれば死なねばなりますまい」

といった。やむなく李嗣源は安重誨《あんじゅうかい》に命じて軍隊を集合させ、軍勢をととのえ、石敬瑭を前鋒とし、養子の李従珂《りじゅうか》を殿《しんがり》とし、大梁に向かって南下した。

李嗣源の進軍を聞いた荘宗は虎牢関《ころうかん》の東に行ってみずから招撫しようとし、洛陽を出発して東に向かった。三月二十六日、荘宗は大梁まであと数十里という万勝鎮まできたとき、李嗣源がすでに大梁に拠り、諸軍が離反したことを聞いた。真っ青な顔色をし、嘆じて、

「吾、済《な》らず」

といい、ただちに軍隊を洛陽に引き返すように命じた。俳優で親軍の将になっていた男が、兵士をひきいて、洛陽に帰りついた荘宗を弑した。四月一日のことである。享年四十二。在位わずかに三年、鷹坊《ようぼう》の人が楽器を集め、死体を覆うて焚いた。

李嗣源は荘宗の死を聞いて慟哭《どうこく》し、ついで洛陽にはいった。かれにはもともと天子になる野心はなかった。蜀の征伐にでかけていた荘宗の嫡子《ちゃくし》、魏王李継岌《りけいきゅう》の帰京をまち、鎮州の藩鎮として北に帰ろうとするが、百官が三たび嗣源に監国の地位に即《つ》くことを請うたの

で、ついにそれに従った。まず中門使の安重誨を枢密使に昇格させ、また諸道の監軍使を廃止し、荘宗が宦官のために国を滅ぼしたとして、諸道に命じて宦官を一人残らず殺させた。李継岌が蜀から帰る途中に荘宗の死を聞いて自殺したので、李嗣源は天子の位に即いた。これが後唐の明宗《めいそう》であり、天成と改元した。年齢はすでに六十一歳になっていた。

後梁の滅亡も荘宗の没落も、ともに魏博の銀槍軍の関与するところであった。このような状態であったから、明宗は乱の首謀者たちを他に転出させたのち、魏州の兵三千五百人を契丹防衛のため蘆台《ろだい》（河北省青県）に派遣し、その兵が反乱をおこしたのに乗じて、魏州にある乱兵の家族およそ一万余人をことごとく斬に処してしまった。永済渠《えいさいきょ》はこのために真っ赤になったという。明宗が即位してわずか一年しかたたない天成二年（九二七）四月のことである。魏博の軍士とその家族は大規模な殺戮《さつりく》をこうむったが、魏博そのものの重要性は一向に減ぜず、これ以後も、歴代の皇子や重臣がこの地の長官として赴任したのである。

五　宰相

物と競うなし

郷里の景城の地で父の喪に服していた馮道《ふうどう》は、喪があけるや、同光三年（九二五）十月十七日に荘宗によって、停職前と同じく、戸部侍郎の肩書きで翰林学士に任命された。その通知を受け取った馮道は故郷をあとにして都の洛陽に向かったが、汴《べん》州までやってきたとき、鄴都《ぎょうと》の趙在礼《ちょうざいれい》の乱を鎮圧すべき任務をおびた李嗣源《りしげん》が逆に魏州（鄴都）から軍隊を擁して京師《けいし》をも攻めおとさんばかりの勢いで汴州に南下してくる、という情報が伝えられた。このとき、汴州の知事であった孔循《こうじゅん》は、しばらく汴州に滞留して様子をみてはどうか、と勧めたにもかかわらず、馮道は、

「わたしは詔を奉じて朝廷に赴《ゆ》くのです。勝手に留まることなどできません」

といい、いそいで京師に向けて出発した。洛陽に到着はしたけれども、おそらく荘宗に

「清明上河図」の一部分。
宋代開封城の城門を描いたもの

拝謁《はいえつ》の機会のないまま、荘宗は弑《しい》され、明《めい》宗《そう》が即位したのである。

汴州に留まって様子をみるように勧めた孔循は、馮道を送りだしたあと、かれ自身どう行動したものかと思案した。北からは李嗣源が軍隊をひきいて南下してくるというし、西の洛陽からは荘宗みずからが虎牢《ころう》関《かん》を越えてくるという。孔循は洞《ほら》が峠《とうげ》をきめることにし、州城の北門に李嗣源を迎えさせ、西門に荘宗を迎えさせた。迎えいれるための宴会準備やご馳走は、両方とも寸分たがわぬようにし、歓迎の使者には、先に到着した方を城内に迎えるように、と命じておいた。李嗣源の方が一足《ひとあし》先に到着したので、すました顔をして丁重に城内に迎えいれたのであった。

この汴州への先陣争いは、この歴史劇の圧巻であったが、李嗣源は即位するに先だち、この日の孔循の行動を恩にきて、安重誨《あんじゆうかい》とともに枢密使《すうみつし》に昇格させた。このときもし、孔循が李嗣源の入城を拒んでいたならば、こうもスムーズに天子の位に即《つ》くことはなかったであろうから、この恩遇もごく当たり前のことであったかもしれない。

馮道は荘宗によって翰林学士に復職する命を受けて洛陽に辿《たど》りついたのに、荘宗に謁見の機会もなく、そのまま明宗李嗣源のもとにつかえることになった。父の死がもたらした二年間の中央政界との隔絶状態も、その後のかれの政治生活にマイナスにはならなかったと思われる。明宗の翰林学士としての生活をはじめたが、即位直後の明宗の方は、馮道が翰林学士になっていることを知らなかった。しかしかねてから馮道の人となりを知っていて、信頼しうる人物であるとの印象を深くしていたので、枢密使の安重誨に、

「先帝のときの馮道郎中はどこにおるのか」

とたずねた。重誨が、

「最近に翰林学士に任命されています」

と答えると、明宗は、

「この人を朕《ちん》はかねてから諳悉《あんしつ》しているが、これこそ宰相にうってつけだ」

といって、馮道を重用する意向を示した。

明宗が馮道の近況を知らなかったのも無理のないことであった。荘宗が在位していた最

近の二年間を遠く故郷で過ごしていて、中央政界からは忘れ去られた存在になっていたのであるから。軍隊の指揮者としては勇名をはせた明宗ではあるが、漢字を読む段になると頼りなかった。そこで四方からの上奏文は、みな枢密使の安重誨に読ませたが、かれも故事や典拠のある文句が書かれていると、正確な意味を読み取ることはできなかった。そこで孔循が献議し、唐代の侍読《じとく》の号に倣《なら》って文学に明るい臣を選んで共同で天子の顧問の任を果たすことにし、五月二十日に端明殿学士という官職を新設して、翰林学士の馮道と趙《ちょう》鳳《ほう》の二人が抜擢《ばってき》された。そして十月二十七日には、馮道の肩書きの戸部侍郎が兵部侍郎に一級だけ昇格した。端明殿学士の職の方はそのままであった。

人あるいはこの昇格を訝《いぶか》しく思うかもしれない。なるほど、唐代における尚書省六部の序列は、普通には、吏・戸・礼・兵・刑・工というが、実際には、工部→礼部→刑部→戸部→兵部→吏部の順序で昇進したのであり、馮道が戸部侍郎から兵部侍郎になったのは、明らかに栄転なのである。新設された端明殿学士は、副宰相格の地位にあたるが、端明殿学士馮道は、翌天成二年（九二七）正月には正式の宰相に抜擢されることになる。

明宗が即位して以来、朝廷でもっとも発言力の強かったのは枢密使の安重誨であり、その安重誨が政策の施行や会議の運営面でつねに意見を求めたのは、孔循であった。孔循は若いころから汴州で育ち、後梁の太祖朱全忠の幕下におり、唐末には宣徽《せんき》副使や枢密《すうみつ》副使を経歴して故事にも通じ、朝士の人物評価にも明るかったから、その手腕を安重誨に買われていた。荘宗時代の宰相であった豆盧革と韋説《いえつ》の二人が、その前年七月に明宗によって左遷させられていたから、鄭珏《ていかく》と任圜《じんかん》のほかに、宰相を補充することが安重誨と孔循、それに鄭珏と任圜の四人の間で話題にのぼりつつあった。

孔循は、河南の汴州で過ごし、後梁につかえていたことから、河北出身者が宰相になるのを好まなかった。前年五月に鄭珏を宰相候補に推薦して功を奏した孔循は、今度は太常《たいじょう》卿《けい》の崔協《さいきょう》を推薦した。任圜は御史大夫の李琪《りき》を取りたてるのを希望した。ところが鄭珏はかねてから李琪をにくんでいたので、その意向を聞いた孔循は李琪の採用を阻止しようとし、安重誨に、李琪は文学の才はあるが人格は清廉ではない、と吹きこんでおいた。

ある日、明宗は、この四人を集めて銓衡《せんこう》会議を開き、だれを宰相にしたらいいと思うか、と諮問《しもん》した。はじめに安重誨が崔協の名をあげた。すると任圜は、真っ向から反対した。

「重誨どのは朝中の人物についてまだ詳しくご存じないから、他の人の宣伝にごまかされておられるのです。崔協は名族の家柄ですが文字をほとんど知っていません。世間では没字《ぼつじ》碑《ひ》（字の書いていない石碑）と呼んでさえいるのです。臣《わたし》が不学で宰相の地位を忝くしているうえに、どうして崔協をつけ加えて、天下の笑い草にすることができましょうか」

この議論のやりとりを聞いていた明宗は、

「宰相は重任であるから、おまえたちはより一層、慎重に審議するように。ところで、わたしは河東にいたとき易州刺史の韋粛《いしゅくし》を識っているが、粛は名家の子であると世間でいっていたうえに、わたしを接待するのも丁重であったから、この地位につけたらどうであろうか。粛がもしだめなら、馮書記は先朝の判官で、多才博学ぶりと、物と競うことのない性格をみてきたし、長者であるという評判もあることだから、宰相にしたらいいと思っている」

と自分の意見をだした。馮書記というのは馮道のことである。

議論は決着をみないままにまず明宗が退席し、重誨らは中興殿の廊下で休憩していた。その前を、孔循は挨拶もしないで、

「天下のこと一に任圜《じんかん》、二にも任圜。圜は何者ぞ。崔協が急死したというならまだしも、死なないかぎりは、かれを宰相にするのが当然だ」

とわめいて通りすぎ、それから数日の間、病気だといって、朝廷に顔をださなかった。

安重誨は二人だけのときに、

「いまは人材に乏しいから、崔協をしばらく員数に加えてもいいではなかろうか」

と任圜にもちかけたが、かれは承服せず、

「明公《あなた》が李琪《りき》を捨てて崔協を宰相にされるのは、蘇合《そごう》の丸《がん》（西域渡来の貴重な丸薬）を捨

てて蛣蜣《きつきよう》の転《てん》（糞虫のころがす泥のかたまり）を取るようなものですよ」

と答えた。一方の孔循は安重誨と同職であり、毎日、李琪をそしって、崔協をほめたたえていた。安重誨が任圜の意見に賛成しなかったのは、任圜が宰相就任以後、判三司（財政長官）をも兼ねてめきめきと業績をあげるのを、うとましく思っていたからでもあった。

かくして正月十一日、端明殿学士の馮道と崔協の二人が宰相の座に加えられた。宰相候補者を推薦した四人は、いずれも馮道を候補者にあげたのではなかった。明宗自身の指名によって宰相になることができたのである。その明宗ですら、韋粛の方をまず推したので、馮道はダークホース的な存在にすぎなかった。それは、唐末以来、貴族制は崩壊の一途をたどってきたが、このころまで、宰相だけはやはり貴族の家柄の者でなければならない、という風潮が支配的だったからである。候補にあげられた崔協は清河の崔氏、李琪は太原の李氏であり、韋粛もおそらくは京兆《けいちよう》の韋氏であったと思われる。だからなんらの誇りうべき家柄をもたない馮道が、崔協とともに宰相の位に即くことができたのは、もっぱら明宗のお声がかりによるのであり、異例のことであった。

明宗が敢えて馮道を宰相候補者にあげた言葉をみればわかるように、その理由は二つあった。一つは、かれの博学多才ぶりである。当時、名族の家柄を笠にきる者も、貴族として当然に要求される文学の教養をもたないばあいが多いにもかかわらず、青年時代から文筆の臣として劉守光につかえ、李存勗《りそんきょく》のもとでの掌書記、翰林学士をりっぱに勤めあげた馮道は、れっきとした儒臣としての貫禄を備えていた。もう一つの理由、それは馮道が物と競うことのない性格の持主である、ということであった。万事なにごとにおいても他人と競争し、他人をおしのけて自分の我を通そうとしない馮道の性格に明宗は共鳴を感じたのであった。このような人物は、とくに乱世においては、希有《けう》の得がたい存在であった。決して無理をせず、物と競うことをしない、というのは、実は明宗自身の生活のモットーだった。馮道は、かれの性格の最大の理解者によって、宰相の座に引き上げてもらう僥倖《しあわせ》を得たのである。

戦乱がつづき、藩鎮をひとまわり大きくしただけのような当時の朝廷における文官の宰相は高等書記官的な地位にすぎなくなっていたという一面はあるにしても、表面的には唐朝貴族政治の復興を標榜《ひょうぼう》した後唐朝で宰相の地位を占めた馮道は、唐朝の遺風たる貴族主義を克服しなければならなかった。文臣としての才能をうたわれながらも、門閥関係における支持者をもたなかったかれが、一度は経験せねばならなかった試練であろう。

兎園冊

天成二年（九二七）一月十一日、端明殿学士・朝議大夫・守尚書兵部侍郎・上柱国・賜《し》

紫金魚袋《しきんぎよたい》の馮道を正議大夫・中書侍郎・平章事とし、集賢殿学士にあてる、という制がだされた。馮道は宰相になった。四十六歳であった。『冊府元亀』(巻七四)に収録されているこのときの制には、

「温恭にして君子の儒たり、愨厚《かくこう》にして大臣の体あり。故に龍に従いて契会《けいかい》し、馬に倚《よ》りて詞を摛《つく》りてより、首《はじ》めに先朝に賛し、紹《つ》いで丕業《ひぎよう》を隆《さかん》にす。善をなして伐《ほこ》らず、能ありて矜《ほこ》らず、廉貧を守りては則ち縕袍《うんぽう》を恥ずるなく、慎審を持しては則ち温樹を言うなし。予が嗣を纂《つ》ぎてより、爾《なんじ》が違を弼《ただ》すに頼る。爰《ここ》に精しく禁林(翰林)に選び、乃ち特に秘殿(端明殿)に遷す。いよいよ規誡を陳べ、しばしば論思をつくす。まったく正直にして倫《たぐい》なく、諒《まこと》に真純にして匹《たぐい》なし」

といい、明宗が宰相に抜擢したのは、とくに馮道の人柄が気に入ったからであることを、はっきりと示している。同時に宰相に任じた崔協にたいしては、おなじ制の中に、

「礼楽を生知に稟《う》け、詩書を時習に博《ひろ》くす。輝華は世に継《つ》ぎ、荀《じゆん》・陳《ちん》を鄙《ひ》とすべく、清貴は家に伝え、固《もと》より王・謝を超ゆ」

といい、清河の崔氏が、名族中の名族であり、潁川《えいせん》の荀《じゆん》氏や陳氏はいうに及ばず、琅邪《ろうや》の王氏や陳郡の謝氏をさえ凌駕《りようが》する清流貴族であることを強調しているのと比較したとき、門閥出身でない馮道を宰相にするのが異例であることは明らかであろう。家柄によらず、

いわば本人の実力のみを頼りとする新官僚の馮道の宰相就任にたいして、貴族出身を自称する旧官僚たちは、明らかな反撥的態度を示したのであった。

馮道が家柄を誇る旧官僚から嫌がらせを受けたのは、この宰相就任のときが最初ではなかった。九一九年、馮道が李存勗《りそんきょく》によって河東掌書記のポストを得たときにも、家柄が低いという理由で、反対する動きがあったのである。胡柳の役で王緘《おうかん》を失った李存勗は、太原に帰るや、その後任を補充すべく、ある日、部下を一堂に集めて宴会の酒盛りを開いた。李存勗はかたわらにいた監軍の張承業に、

「わたしはいま卮《さかずき》の酒でもって、この会の出席者のうちから一人の書記を辟召《へきしょう》しよう」

といい、卮をかかげて巡官の馮道につごうとした。馮道は、この任用は席次にあいませんといい、酒を受けずに辞退した。李存勗は、

「謙遜《けんそん》してはいけない。あなた以上の者はいないのだ」

といい、掌書記に就任させたのである。

馮道を採用したのは、張承業の推薦に多くを負っていると考えられるが、実はこのときの部下の序列からいえば、推官の盧程が掌書記に昇格するのが当然の人事だったのであり、盧程自身もそのつもりでいた。かれは名族の出身であることをいつも自慢していたけれども、才能はなく、何をやらしても一人前の職務を果たすことはできない人間で、虚栄と格

式にとりつかれた男であった。馮道が自分を追いこして掌書記になり文翰《ぶんかん》を掌るというので、憤懣やるかたなく、会う人ごとに、

「主上は人物を重んぜられず、田里児《いなかもの》をわたしの上におらしめられる」

と不平をもらした。人物とは何を意味するのか。別の記録では、

「人を用いるに門閥を以てせずして、田舎児《いなかもの》を先にされるとは」

とあり、この場合の人物とは、門閥のことなのである。この盧程は、李存勗が即位するや、その門閥のゆえをもって、豆盧革とともに最初の宰相に任じられ、面目を保つことになるが、かれらは単にその家系を誇って武将を蔑視《べっし》するだけで、かえって武将たちの離反を招いたにすぎなかった。

掌書記の就任にたいしてさえ、嫌がらせを受けた馮道のことであるから、宰相になるとなれば、文句のでない方が不思議なのかもしれない。新しく宰相になった馮道は、たまに儒者をだす程度の中小地主の家に育ち、顔つきといい、立居振舞いといい、洗練されたところがなく、いかにも田舎者まるだしだったから、士人を自認する官僚たちは、宰相就任のニュースを聞いてひそかに冷笑していた。

宰相としてはじめて入朝した日のこと、馮道が月華門を通って宮中に向かう後ろから、吏部侍郎の劉岳と工部侍郎の任贊《じんさん》の二人が肩をならべて話しながら進んでいた。ところが

馮道は、歩きながら何回となく後ろをふりむく。それを見た任贊が、

「新相がふりかえるのはなぜだろう」

というと、劉岳は、

「きっと『兎園冊《とえんさつ》』をもってくるのを忘れたんだろう」

と答えたという。『兎園冊』というのは、北方の農村の寺子屋あたりで教科書として使われ、農夫や牧童が諳誦《あんしょう》していたといわれる書物のことで、馮道の教養の低さをあざけったわけである。この話を伝え聞いた馮道は、別に恥ずかしがりもせず、任贊らに、

「『兎園冊』はみな名儒が集められたもので、わたしはこれを諳誦できますよ。しかし中朝の士子こそ、『文場秀句』だけをみて科挙試験の準備をし、みな公卿の位に即いているが、なんと浅狭なことでしょう」

と開きなおったという。しかしやはり腹にすえかねたのであろう。劉岳を秘書監に、任贊を散騎常侍に左遷したのであった。

『兎園冊』そのものは、

「（南朝の）徐《じょ》（陵）・庾《ゆ》（信）の文体で書かれ、鄙朴《ひぼく》なものではなかったけれども、家ごとに一本を所蔵していたから、軽蔑する人が多かった」

と宋初の孫憲の『北夢瑣言《ほくぼうさげん》』（巻一九）にいう。この書物は『兎園策』『兎園策府』『兎

園冊府』とも称された。南宋の王応麟の『困学紀聞』（巻一四）に、

「『兎園冊府』三十巻。唐の蔣王惲《しょうおううん》が僚佐の杜嗣先に、科挙試験の模擬問題をつくり、質問と解答例を書き、経史の古典を引用し、注釈をつくらせたもの。惲《うん》は太宗の子であるから梁王の兎園という言葉を用いて書物の題目とした。馮道の兎園冊はこれをいうのである」

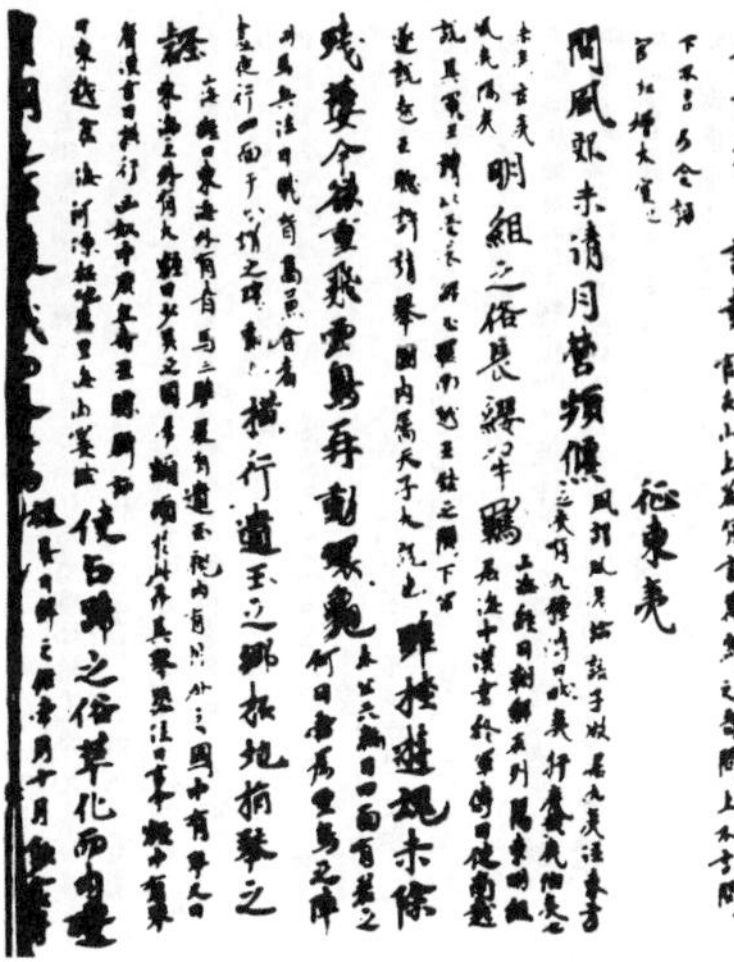

『兎園策府』スタイン1086号

と書かれていて、七世紀後半に編集されたことがわかる。藤原佐世《すけよ》の『日本国見在書目録』惣集家の条に『兎園策』（九巻）として見えているから、わが国にも早くから伝来されていたことを知りうるが、現在では中国にも日本にも佚亡《いつぼう》して残っていないのである。

ところが、幸いなことに、今世紀の初頭に敦煌《とんこう》で発見された古写本のなかに、この『兎園策府』が四点ふ

『兎園策府』スタイン614号

くまれており、いずれも不完全ながら、『兎園策府』の実物をみることができるようになった。四点の敦煌写本は、ペリオ収集二五七三号、スタイン収集六一四・一〇八六・一七二二号である。序文の部の十五行を遺存しているペリオ収集本は、かつて那波利貞氏によって紹介され、きわめて幼稚な通俗童蒙書であり、宰相馮道の無学を証するに足る、とされたが、実は『兎園策府』の原形をもっとも忠実に伝えるのは、スタイン一〇八六号なのである。図版からもわかるように、これは、先の『北夢瑣言』および『困学紀聞』の解説と寸分たがわぬ内容を示している。問（質問）と対（解答）からなる駢儷体《べんれいたい》の本文と、経史の典拠を示した双行の注釈からなりたっていて、本来は単なる通俗童蒙書でなかったことがわかる。

しかしながら、この『兎園策府』が文章の学習書として郷学や私塾においてひろく使用され、通俗童蒙書としての役割を果たしたことも確かである。それを明瞭に示すのが、スタイン六一四号と一七二二号の両写本である。これらは、双行の注釈をまったく省いてしまい、本文だけを木製のペンで写しており、とくに六一四号は手習い用に書いた跡が歴然としている。また四点のいずれもが、巻一の写本であることも、手本として最初の部分だけを写し、途中でやめてしまったことを意味していると考えられる。

馮道と『兎園冊』とのエピソードは、名門意識の旧官僚が、田舎者あがりの宰相出現にたいする嫉妬と嘲弄を、いまに伝えるものであるが、その『兎園冊』を敦煌出土の古写本として見ることができ、エピソードを身近なものとして感じることができるようになったわけである。

例と時

家柄に頼らず個人の才覚で宰相の座を占めた馮道は、自分と同じような立場の人間、すなわち門閥をもたないけれども文才があり、博い知識をもつ者たちはみな登用させ、唐末以来の貴族でも軽佻浮薄《けいちょうふはく》な者が高官につかないように抑圧した。

唐末の黄巣の大乱を過ぎるころになると、唐代の貴族たちはあらかた没落しつつあった。あいつぐ戦乱による被害、軍閥の跋扈《ばっこ》による貴族たちの没落ということとともに、朱全忠によって国都が長安から汴《べん》州開封にうつったことが、衰えつつある貴族たちに最後の打撃を与えたのであった。なぜならば、唐代の貴族はおおむね官僚貴族に化しており、中央政府に勢力を有してはいても、地方に大土地を所有する者は稀で、大部分は国都の長安付近に集まり、耕地よりもむしろ碾磑《てんがい》（水力利用の製粉用石臼）のような特殊な利権を獲得して経済的基礎としていた。寺院や貴族たちが碾磑の経営で莫大な収益をあげていたことは、わが国の太宰府観世音寺の境内に碾磑の両輪が残存し、奈良の東大寺の転害門の転害という言葉が碾磑の訛《なま》ったものであることからも、その一端は察しえよう。

だから国都の移転によって長安の繁華が奪われると、貴族たちはその生活手段を失って、経済的にも窮乏に陥った。唐代まで行なわれた売婚、すなわち貴族が低い家柄の者と財産を目当てに結婚したこと、から一歩進んで、系図を売買するようになった。貴族は衣食の資に窮してその唯一の誇りである系図を、新勢力家である武人や富豪に売りわたすことを余儀なくされた。荘宗時代に活躍した郭崇韜《かくすうとう》もこれを買った一人であるらしく、郭子儀の四世の孫であると名乗り、貴族政治の復興を主張した。そのとき朝廷の宰相に用いるために唐代の公卿《こうけい》旧家を探したが、衰亡してほとんど見当たらず、みずから旧家を名乗る者は真偽が定かでなかったのである。ようやくにして豆盧革や盧程を得て宰相としたが、かれらは家系を誇って武将たちを蔑視するだけで、評判を悪くする一方であった。

異なった二国の歴史発展の相において、安易な比較をすることは、いましめなければならないけれども、唐末の黄巣の反乱から五代の分裂時代を、わが国の歴史にかんがみると、十五世紀におよそ十一年にわたった応仁の大乱が占める歴史的位置に対応することができる。応仁の乱の果たした歴史的役割をわが国の学界で最初に高く評価したのは、中国史家の内藤虎次郎氏であった。氏は、応仁の大乱について、次のような見解を述べた（「応仁の乱に就て」）。

「応仁の乱以後、百年ばかりの間というものは、日本全体の身代《しんだい》の入れかわりである。それ以前にあった多数の家はほとんどことごとく潰《つぶ》れて、それから以後今日まで継続している家はことごとく新しく興った家である。したがって今日の日本を知るために日本の歴史を研究するには、古代の歴史を研究する必要はほとんどなく、応仁の乱以後の歴史を知っておったらそれで十分である。足軽が乱妨《らんぼう》し跋扈したことを、一条禅閤兼良《かねら》という人は、『さもこそ下剋上の世ならめ』と嘆いているが、この下剋上という言葉を、足利の下に細川・畠山の管領が跋扈しており、その細川の下に三好、三好の下に松永が跋扈するというふうに、下の者が順順に上を抑えつけていくのを下剋上と考える人もいるが、かれが感じた下剋上はそんななまぬるいものではない。世の中を一時に暗黒にしてしまおうというほどの時代を直接に見て感じた下剋上であるから、最下級の者があらゆる古来の秩序を破壊する、もっと烈しい現象を、もっともっと深刻に考えて下剋上といったのである。この応仁の乱の前後はたんに足軽が跋扈して暴力をふるうというばかりでなく、思想のうえにおいても、その他すべての知識、趣味において、今まで貴族階級の占有であったものが、一般に民衆にひろがるという傾きをもってきたのであって、これが日本歴史の変りめである」

応仁の乱の西軍の総大将として知られた山名宗全が、乱のころのある日、大臣の公卿《くぎよう》と話をしていた。大臣の話をひととおり聞きおえたとき宗全はいった。

「あなたのいわれることはよくわかった。いちおうもっともです。だが、あなたがなにかにつけて先例をひきあいにだされた点はよろしくない。今後は〝例〟という言葉をすべて〝時〟という文字にかえるつもりになってください。もちろんこの宗全とても、世の中のことが多くは先例をふんで行なわれるぐらいは知っております。しかしよく考え考えてみれば、例といっても、その時のことが例になるにすぎないのです。いちいち〝先例〟にばかりかかずらって、〝時〟、つまり現在の時勢を見失うのはよろしくない。そんなことだから、公家《くげ》衆は世の進運におくれて武家に恥ずかしめられるようなことになったのです。もし例ということをそんなにいうなら、だいいち、この宗全のごとき匹夫《ひっぷ》がどうしてあなたのような高貴の人と同輩顔して話などできましょうか。こんなことはいったいいつの世の例ですか、これこそ今の時の勢いにほかならないのでしょう」

これは『塵塚物語《ちりづか》』に収められているエピソードであり、いまでは日本史の概説書などで、この時代の雰囲気を語るときに、よく使われているが、この乱の歴史的意義を述べるためにに、はじめてこのエピソードを紹介されたのも内藤氏であった。氏が応仁の大乱を貴族制の没落期と認定するとき、黄巣の乱以後五代に至る中国史上の貴族制の崩壊期を念頭においていたことは、たしかである。〝時〟と〝例〟の話は、生涯をひたすら実力で生きぬいた宗全の人物をいかにも彷彿《ほうふつ》させるエピソードであるが、武人と文人とのちがいはあれ、個人の才覚で宰相になった馮道が、同列の家柄を笠にきる旧官僚たちに、この〝時〟と〝例〟の話とそっくりおなじ内容の言葉を吐いた、と仮定してみても、不似合であるとは思えないのである。

聶夷中の社会詩

馮道《ふうどう》は明宗が死ぬ長興四年（九三三）十一月まで、ずっと宰相の座にあった。四十六歳から五十二歳にかけての時期である。この期間は、戦乱の絶え間がなかった五代のなかではもっとも小康をたもったうえに、豊作の年がつづいた。史書には、

「天成・長興の間、歳ごとにしばしば豊熟にして、中国に事なし」

と記されている。この明宗朝の中央政府において、前半は枢密使の安重誨《あんじゅうかい》がもっとも実権を握っていたが、後半は馮道が勢力をのばしていった。すなわち、宰相就任以後、朝廷内に着々と勢力を増して、名実ともなった宰相に成長していった。

六十歳の坂をこした老齢で、はじめて天子の座についた武人あがりの明宗は、政治のあらゆる事柄について、謙虚に臣下の意見に耳をかたむけた。何事にも程度をすぎた無茶なことは避ける性格ではあったが、いざというばあいには、果断に行動する実行力をかね備えていたからこそ、五代には珍しい平穏無事な日がつづいたのであった。魏博の銀槍軍は、かれの天子即位までは、もっとも強力な後ろ楯であったが、禍根を残すと見るや、電光石火の早わざで全滅させた手腕はまさに非凡なものであった。

その明宗が見込んだとおり、馮道を宰相に抜擢したことは成功で、その博覧強記ぶりと、物と争うことのない性格とは、年がたつにつれて真価を発揮した。明宗は、何か考えに窮したときには、よく馮道を相談相手に選んだが、得る回答は穏当なことが多く、ますます信頼の度をたかめるのであった。はじめは成上り者の宰相、田舎者の宰相と、軽蔑の目を向けていた連中も、日がたつにつれて、馮道の教養がなみの凡庸なものでないことを、知らされざるをえなかった。

後梁朝で太祖のときに翰林学士、末帝のときに宰相を勤めた李琪《りき》という人物は、文章を書くことにかけては第一人者であると自他ともにゆるしていた。だからこそ、先に任圜《じんかん》がかれを宰相候補に推薦したわけである。契丹にくみして中山地方で反乱をおこした王都を明宗が破り、洛陽に帰ってきたとき、李琪はその戦勝を賀する表を得意の名文でつづりたてまつった。その文中に「真定の逆城を復す」とあるのをみた馮道は、

「先ごろ収復したのは定州であって、真定ではない」

といって李琪を非難した。まさにそのとおりなのであって、李琪は文章を飾ることには意を用いるが、地理にくらかったので失敗したのである。

その点、馮道はオールラウンド型であった。長興元年（九三〇）四月二十五日、百寮は明宗に徽号《きごう》（功徳を頌する美号）をたてまつった。その文章は馮道が自分で筆をとったが、渾然《こんぜん》として流俗の文体ではなかったから、百官はみな感服したという。この文章は『旧五代史』（巻四二）の「明宗本紀」に収められている。このときの馮道の肩書きは、

「金紫光禄大夫・守尚書左僕射・兼門下侍郎・同中書門下平章事・充太微宮使・弘文館大学士・上柱国・始平郡開国侯・食邑一千五百戸・食実封《しょくじつぽう》一百戸」

であった。また篇詠にすぐれていて、筆を取れば則ち成る、といわれ、言葉が典麗であるうえに、古道の意味を含んでいたので、できあがると遠近の者がつぎつぎに伝写していった。かくて馮道の文才の底しれぬことが知れわたり、百官たちも、うっかりできないぞ

と戒めあい、綱紀が粛正されていったのである。

明宗はしばしば馮道を召して天下の経営についての意見を徴しているが、そのうちのいくつかを紹介してみよう。馮道が宰相になった天成二年の十二月には、

「先皇帝の末年には軍民を撫《あわれ》まずして、声楽に惑われ、ついに人をして怨ませ、あやうく偉業を墜《お》とされんばかりになりました。陛下はみずから人望を受けられ、軍民は恵愛し、藩鎮は入覲し、まことに魚と水の間柄になり、豊作となっていますのも、淳化《じゅんか》のなせるところです。さらにつつしまれて安に居りて危を思い、今日の状態を維持してください」

と上奏した。明宗はそのとおりだと答えた。

それから二年のちの秋のある日、明宗と馮道は、毎年の穀物の豊作と天下太平ぶりを語りあっていた。そのとき馮道は、つぎのような話をした。

「わたしはいつも心に留めていることがあります。むかし河東掌書記だったころ、中山地方に使者として行き、井陘《せいけい》の険路を通りましたときには、馬がつまずきはせぬかと心配し、慎重にたづなを握りましたから無事に通り過ぎることができました。ところが、平地にでて安心し、たづなを放していると、見事に落馬し、あやうく生命《いのち》をおとすところでした。わたしが述べましたことはちっぽけなことですが、大きなことに喩《たと》えることができま

す。陛下は、太平であり豊作であるからといって、逸楽にふけられませんように。いましめ、つつしまれることが、わたしの希望です」

『徒然草』第一〇九段の「高名《こうみよう》の木登り」の教訓を連想する人もいるだろう。安におりて危を忘れず、とは『易経《えききよう》』の繫辞《けいじ》の教えである。

この二つの言葉だけをみれば、理想主義者ならだれでも口にしそうなことだと片付けることもできよう。しかし馮道の馮道たる所以《ゆえん》は、単に一人の天子の行動を正常な状態におくことを希望したのではなく、人民の大多数を占める農民の気持を代弁し、それを天子の面前においても堂々と主張するという泥くささを濃厚にもちつづけた点にあったのである。

ある日、明宗は、

「今年は豊作だが、百姓は済《す》くわれているのであろうか」

井陘

と問うと、馮道はつぎのように答えた。

「農家は、凶年には穀価が上がりすぎて餓死し、豊年には穀価が下がりすぎて傷つきます。豊凶ともにみな病するというのは、農家のばあいにはぴったり当てはまります。これは常理です。わたしは近代の挙子《きょし》の聶夷中《しょういちゅう》の〝田家を傷《いた》む詩〟を諳記しています。その詩には、

二月売新絲　　二月にはまだできぬ生絲をかたに金をかり
五月糶秋穀　　五月には秋とれる穀物を先売りする
医得眼下瘡　　眼前の瘡《きず》の痛みはとれたが
剜却心頭肉　　代わりに心臓の肉を剜《えぐ》ることになる
我願君王心　　われ願わくは君王の心
化作光明燭　　化して光明の燭となりて
不照綺羅筵　　綺羅《きら》びやかな酒宴の座を照さず
偏照逃亡屋　　農民の逃亡したあとの空屋を照し恵みたまえ
　　　　　　　　　　　　　　　　　　　（宮崎市定訳）

とあります。言葉は鄙俚《げひん》ですが、田家の心情をいいつくしています。農は四民のうちではもっとも勤苦《きんく》なのです。人主たるもの十分に承知されねばなりません」

聞きおえた明宗は、

「この詩、はなはだ好し」

といい、ただちに左右の者に命じて書き写させ、それ以後、ときどきこの詩を口ずさんだ。馮道の発言は、いつも簡潔ながら正鵠《せいこく》を射ており、常人のおよぶところではなかったというが、明君としてのほまれ高い明宗を相手としたからこそ、馮道は懸命に農民の辛苦を知らしめようと努めたともいえよう。

だが、それにしても、馮道の献じた詩が、聶夷中の〝田家を傷む詩〟であったということは、注目に値する。聶夷中は晩唐の詩人の一人であり、八三七年に生まれ、おそらく後梁の初年に死んだとされている。晩唐の詩壇を代表するのは、李商隠《りしょういん》と杜牧《とぼく》であるが、この二人とは別に、晩唐には社会詩人とも呼ぶべき詩人たちの存在が、とくに新中国になってから、注目されるようになった。その一人がこの聶夷中であり、ほかに皮日休《ひじつきゅう》と杜荀鶴《とじゅんかく》の名があげられる。李商隠と杜牧が、唯美主義的な傾向をもち、詩の格調は極度に繊細化され、内容にローマン的、ときには頽廃的な色彩が濃厚になるのにたいして、かれらは、黄巣の反乱の前後の時期に、杜甫や白居易の現実主義の伝統を継承し、詩の思想内容に重点をおいて、浅近な言葉と現実の主題を用いて、当時のきびしい社会矛盾をあばきだして、統治階級に抗議したとされる。

聶夷中の〝田家を傷む詩〟はその代表的なものであり、現代中国の文学史家は、この詩の後半の四句は、君王にたいする幻想を表わしてはいるけれども、意図するところは、暗君にたいする諷刺と教訓である、と論じている。たしかに、汗水たらして農耕にはげんでも借金に追われ、夜逃げしなければやっていけない農民の哀しみを、切々とうたった聶夷中、その詩を農民に代わって天子の耳にいれる宰相馮道に共感を感じる人も多いことだろう。

あるとき、水運の軍将が臨河県で一つの玉盃を手にいれた。その玉盃には銘文があり、「伝国宝万歳盃」の六字がしるされていたから、明宗はすこぶるこれを愛蔵し、自慢げに馮道にみせた。ところが馮道はほめるどころか、

「これは前世の有形の宝にすぎません。王者にはもとより無形の宝があります」

といいきった。明宗がその説明を求めると、

「仁義というのが帝王の宝です。だから、『大宝を位《くらい》と曰う。何を以てか位《くらい》を守る。曰く仁』というのです」

と答えた。大宝うんぬんというのは、『易経』の繋辞《けいじ》の言葉であり、聖人の大きな宝は天子の位であり、それを守るためには仁愛の徳が必要であるという意味である。明宗は武人あがりで、その言葉の意味がわからなかった。馮道が退席したあとで、侍臣を呼んでその意味を解釈させ、ようやく納得して、玉盃に有頂天になったわが身を反省するのであっ

た。

このように、馮道を全面的に信頼し、かれのいうことには、いつも従った明宗が、一度だけ拒否したことがある。それは長興元年（九三〇）四月に安重誨《あんじゅうかい》の意を受けた馮道が、趙鳳とともに、李従珂《りじゅうか》、のちの末帝に加罪することを上奏したときであった。つぎに安重誨の周辺に目を向けてみよう。

安重誨の専権

明宗が即位して以来、朝廷で権力をふるったのは、宰相たちではなく、枢密使の安重誨であった。馮道は、明宗に個人的にはもっとも信頼されてはいたが、政策の決定などの重大な案件を独断で専行することなどできず、それは安重誨のひとり舞台なのであった。たとえ宰相であれ、自分より大きい権限を握ることを重誨は望まなかった。馮道が宰相になったあの銓衡会議で、李琪《りき》を推さないで崔協を支持したのも、有能なるがゆえに、けむたく思っていた宰相の任圜《じんかん》が李琪を推し、お気に入りの孔循が崔協を推したからでもあるが、崔協が無能で御しやすいと考えたからにほかならなかった。

崔協は、名族の家柄を鼻にかけてはいたが、没字碑《ぼつじひ》のニックネームどおり、その無教養ぶりは徹底していた。ある日、明宗は宰相の馮道に、

「盧質はちかごろ酒を飲んでおるかい」

とたずねた。盧質は、酒の席では何をいいだすかわからないからという理由で、宰相になるのを辞退したあの人物である。馮道は、

「かれはこの間、私の家にやってきて、大盃に数杯飲みましたから、わたしは、度を過ごさないようにいいました。何事も酒とおなじで、程度が過ぎると患《わざわい》が生じます」

と答え、かれ一流の中庸の哲学に話をもっていった。ちなみに馮道がつくった二日酔いの薬、爽団《ハッキリ》の製造法が『清異録』に紹介されている。このとき崔協は強引にその席に割りこんできて、

「わたしは、『食医心鏡』に、酒はきわめて好《よ》く、薬餌《くすり》を使わないで、十分に心神を安んじさせることができる、と書いてあるということを聞いています」

といった。近くにいた人はその浅薄さにあきれ返り、思わず失笑したという。なぜなら『食医心鏡』というのは、民間に流布していた家庭向き医方書であったからである。

こんな調子であったから、安重誨にとって崔協などはじめから問題にする必要を感じなかった。馮道は公の席ではおとなしく、自説を強引に主張したりはしない。もう一人の宰相鄭珏《ていかく》は、安重誨の片腕的存在である孔循が推薦した人物だから、安重誨に刃向かったりなどしない。宰相のなかで目障りなのは、任圜《じんかん》ただ一人だ。まずかれを片付けなければな

らぬ、と考えた。

任圜はせっかちな性格であり、思っていることをずけずけいうので、宮人たちに嫌われていた。それを知った安重誨は、宮人とくんで任圜を宰相の座からひきずりおろし、あげくの果てには、殺してしまった。そのきっかけは、これまで戸部から発行されていた使臣にたいするパスポートを枢密院から発行するように変更したい、という安重誨の意見に、任圜が頑強に反対したことにある。結局、安重誨の思惑どおりになり、九二七年十月、任圜は平然と死についた。

任圜を片付けてホッとした枢密使の安重誨は、まもなく、思いもかけない伏兵に出会った。それはかれと同職の枢密使である孔循であった。これまでもっとも信頼していた男であり、孔循のいうことなら、何事であれ、聞きいれていた。かつて、明宗は皇子のために重誨の女《むすめ》を娶《めと》りたいという意向を示し、重誨は孔循に相談した。すると孔循は、

「あなたは近密の職におられるのですから、皇子と結婚されてはいけません」

と答えたので、重誨はその言葉を額面どおりに受け取り、明宗にことわりの返事をした。ところがどうだろう。孔循はひそかに人を介して自分の女《むすめ》を皇子のだれかに妻《めあわ》せたいと申しでたので、明宗は宋王従厚のために循の女を娶ることを承知したのである。この婚約を聞き知った重誨は、かんかんに怒り、孔循を忠武軍節度使兼東都留守として中央から追い

だした。この措置には、皇子と結婚するものは近密の職、すなわち枢密使に任じるべきではない、という大義名分があった。安重誨は、孔循の性格をみそこなっていた、と地団駄ふんでくやしがった。

だが、孔循はもともと狡佞《こうねい》な性格のもち主だったのである。荘宗朝の末期に汴《べん》州の知事として取った行動ひとつを取ってみても、かれが隅におけない人物であることは容易にわかるはずなのだ。そのような性格を見抜けないで、これまで重用してきたのは、むしろ安重誨の落度《おちど》なのだ。このようにして安重誨は孔循とたもとをわかつにいたった。

これとほぼ時を同じくして明宗の安重誨にたいする信頼感が薄れはじめた。それは、秦州節度使の華温琪《かおんき》と成徳節度使の王建立を重用しようとしたのを、重誨が拒んだからであった。たまたま宰相の鄭珏が辞任したので、王建立がその後任を命じられた。安重誨は明宗の信頼感がやや薄らいだと感じると、以前にもまして、自己の勢力の拡大と維持に執心した。皇子の李従璨《りじゅうさん》が、自分の意にしばしば逆らうとみるや、明宗の留守中に酒に酔って天子の御座にのぼったことをあばいて誅殺させた。宰相の崔協が死ぬと、自分の息のかかった端明殿学士の趙鳳《ちょうほう》を後任に送りこんだ。

明宗が、トルコ語に堪能《かんのう》であった康福という人物を、便殿にまねいて時事を問い、康福がトルコ語で答えるのを知るや、慶福を呼びだし、「でたらめなことを上奏すると、生命はないと思え」と脅迫した。恐れた康福が外任《がいにん》を求めるや、ただちに、トルコ語に通じた人物でないと勤まらないという理由をつけて、西北辺境の朔方河西節度使として中央から追いだした。明宗はほかの鎮にかえるように安重誨にいったが、

「すでに辞令がでていますから」

といって受け付けない。明宗はやむをえず、康福に、

「重誨が承知しない。朕の意向ではないのだぞ」

といって慰めざるをえなかったのである。この康福についての話は、トルコ系の沙陀族《しゃだ》出身の明宗が、トルコ語を忘れ去ってはいないこと、安重誨の存在がしだいにうとましくなりつつあったことを示している。

ところで、明宗が即位する以前に鎮州にいたとき、李従珂と安重誨が酒を飲んではげしく口喧嘩をし、ついに従珂が重誨を殴りつけ、重誨は逃げだしたことがあった。酔いが醒めてから後悔し、従珂はあやまったが、重誨は、それ以来、大いに含むところがあった。重誨が枢密使になって権勢をふるうにつれ、皇子の李従栄や李従厚をはじめ、みな敬意を表してくれている。しかし従珂は知らん顔をしていた。

長興元年（九三〇）四月、従珂は河中節度使の任にあり、都を離れていた。重誨はしばしば明宗に従珂の悪口をいったけれども、聞きいれてもらえない。そこで天子の命令だと

いつわり、河中牙内指揮使の楊彦温《ようげんおん》に従珂を追いださせた。四月五日のことであった。従珂が城外から帰ってくると、彦温が兵士をひきつれて城門を閉じ、城内にはいるのを拒んだ。従珂が部下の者に門をたたかせて、

「わしはお前を厚遇していたのに、なぜこんなことをするのか」

と詰問させると、

「彦温《わたし》は敢えて恩にそむこうとは思いません。枢密院の宣に従うだけなのです。どうか公が入朝して訴えてください」

と答える。そこで従珂は城内にはいらず、使者を派遣して明宗に事態を報告させた。

使者の説明を聞いた明宗は、重誨に、

「彦温はなぜこのような言葉をはいたのか」

と問うと、

「これは姦人《かんじん》の妄言《もうげん》にすぎません。すみやかに討伐せねばなりません」

と答える。明宗はこの返答に疑問をいだき、彦温からじかに事情を説明させることを望み、討伐に向かった索自通《さくじつう》らに、ぜひ彦温を生擒《いけど》りしてくるようにと厳命した。しかし安重誨の指示を受けたかれらは、河中城で彦温を斬殺し、滅口をはかったのである。

一方、重誨にしてやられたことを知った従珂は洛陽にきて、明宗に事情を説明したが、

清化里の自宅で蟄居《ちつきょ》を命じられた。十九日、彦温の首級が献上された。明宗は生擒りにしなかったというのですこぶる立腹した。この日、安重誨は馮道らに、

「河中節度使は守備をしくじった。節度使のとがめは、法律ではどうすべきなのか」

とほのめかした。翌日、宰相の馮道と趙鳳《ちょうほう》の二人が上奏し、法典どおりに従珂に罪を加えるように、と述べた。明宗は不機嫌そうな顔色をみせた。趙鳳は、これまで節度使の責任を問うてきたのは、藩帥を激励するためなのですから、とかさねて加罪を求めた。明宗は、

「わが児は姦党のために危地におとされ、まだ曲直は不明である。お前たちはどうしてこういう発言をするのか。かれを生かしておきたくないのか。みんなお前たちの意向ではあるまい」

といった。二人は惶恐《こうきょう》して退席した。

数日のちに、趙鳳は重誨の意向を受けて、また同じ意見を述べた。明宗は返事をしない。翌日、しびれをきらした重誨はみずから上言した。明宗は、

「朕がむかし下級武官で家が貧しかったとき、この小児が馬糞をひろいあつめて生活のたしにしてくれたから、今日天子となることができたのだ。庇《かば》わないわけにいくまい。卿はどう処置したらいいというのか」

と激しく聞きかえした。重誨は、

「陛下父子の間に、臣《わたし》は何もいうことはありません。陛下ご自身でお裁きください」

と答えた。明宗は、最後にこういった。

「私第《してい》で閑居させておけばいいだろう。もうこれ以上なにもいうな」

おさまらないのは重誨である。従珂の後任として河中節度使になった索自通に、武器や甲冑を提出させ、従珂が私造したものだといわせたが、明宗が寵愛する王徳妃が、従珂を保護するのに努めたから、従珂は生命《いのち》をとりとめたのであった。

この事件以後、安重誨の専権をにくむ者がふえだした。王徳妃と武徳使の孟漢瓊《もうかんけい》がしばしば重誨を明宗の前でそしるようになった。武徳使とは、官僚と軍人の行動を監視する役目の宦官である。重誨はようやく不安感をおぼえだし、枢密使の職を離れて一節度使として余生を送りたいと、明宗に願った。明宗は慰留に努めた。代わりの人物はいないではないか、と。しかし重誨の辞意は固かった。ついに明宗は孟漢瓊を中書につかわして重誨のことを審議させた。最初に発言したのは馮道であった。

「諸公がほんとうに安重誨どのを愛されるのなら、枢密使の任務を解くのがいいのではあるまいか」

その言葉を聞くや、趙鳳は、

「公は失言なされた」

といい、大臣を軽がろしく動かすべきでないことを上奏したのであった。長興元年(九三〇)九月のことである。このときは、范延光を枢密使に加え、安重誨はそのまま留任した。

しかし、蜀の征伐に向かった石敬瑭の戦績がかんばしくないのをみた重誨が、その監督として蜀に向かったことはかれの立場を弱める以外の何物でもなかった。石敬瑭をはじめ、前線の者が一様に重誨を忌避したのである。詔書がおりて都に呼びもどされた。いそいで東に向けて出発したが、途中まできたとき、枢密使から護国節度使に左遷された。九三一年二月のことである。翌月、明宗は李従珂を召し、涙をながして、

「重誨の考えどおりにしていれば、おまえはわしをみることはなかったのだぞ」

といい、左衛大将軍の職につけた。五月にはついに、重誨は異志をいだいている、として殺された。

あれほど権勢をほしいままにした安重誨も、姿を消すときがきた。重誨が剛愎から罪を得たのに懲りて、枢密使の范延光と趙延寿は、政事のことにあまり口出ししなくなった。宦官の孟漢瓊《もうかんけい》と淑妃《しゅくひ》に昇格した王徳妃とが宮中で権勢をふるいはじめた。宰相の馮道にとっては、重誨の専制時代に比べると、かなり気楽な雰囲気になっていた。重誨の権勢がど

んなに強力であっても、その傘下にはいって頤使《いし》されはしなかった。趙鳳のように権力者にべったりと密着するようなことはなかった。だからといって、ことさらに反抗したのではない。重誨にほのめかされると、従珂に加罪することを明宗に上言したのである。

しかし、おそらくは、このときの馮道の発言は、奥歯に物のはさまったような感じを明宗に与えたのであろう。かれの本心ではなく、仕方なく重誨の意向に従っていることを、明宗は言外に知った。平常は馮道のいうことなら、いつも穏当な意見として採用する明宗が、このときだけきつく拒絶した理由は、そう考えるのが妥当だと思える。なぜなら、この事件以後も、明宗の馮道にたいする信頼感は微動だにしていないからである。官界全体の雰囲気の把握には、人一倍たけていた馮道は、重誨の枢密使罷免の口火を切って、その後の情勢転換への道を開いたわけである。

安重誨の失脚以後、馮道は名実ともなった宰相の座を確保した。この年、長興二年、馮道の故郷の郷里の名称を変更する詔がだされた。瀛《えい》州景城県の生まれ故郷の家が所属する来蘇郷は元輔郷に、朝漢里は孝行里にと名称が変えられた。名誉なことであった。

馮道がのこした文化的業績として、後世から高く評価されている印版九経《きゅうけい》を刊行する事業がはじめられたのは長興三年（九三二）二月のことである。そのころ儒学の経典は、印刷されないで、手から手へと筆写されていたので、書き誤りがそのまま流布《るふ》する嫌いがあった。その状態を嘆いた馮道は、正しいテキストを一般に提供するのが、なににもまして緊急必要であると考え、同列の李愚《りぐ》とともに学官の田敏らに委託して、唐の都長安に鄭覃《ていたん》によって彫られた開成石経を底本に、能書の人をまねいて楷書させ、彫板印刷して売りださせようとした。この事業は、これ以後二十一年かかって完成されることになる。

六　後唐末帝への勧進

明宗の死

明宗が天子として華北を統治した九二六年から九三三年にいたる八年間は、五代には珍しくかなり平穏な年月がつづいた。馮道《ふうどう》は、はじめて宰相を拝してからすでに七年目を迎えていた。だが、いつまでもそう安穏な生活がつづこうはずはなかった。長興四年五月、明宗が中風で倒れたことは、皇太子の任命が行なわれていなかったことから、中央政界に風波をおこさざるをえなくした。中風で倒れた明宗は、翌日には意識を回復したが、政務を取れない日が一月ばかりつづき、思惑をこめた臣下の動きもみられるようになった。

ふたたび政務を取りはじめた明宗は、ある日、宰相たちに、地方の州鎮から螟蝗《めいこう》の害があり、民力はなお貧しいと上奏してくるが、将来どうすれば救えるだろうか、とたずねた。馮道は、

「天災が流行するのは、古今を通じて免れないことです。陛下が臨御されてから八年になりますが、七年は豊作でした。今年は聖躬《せいきゅう》が調和をたがえ、微災《びさい》がおこりました。だから四海九州の民の消長は陛下一人の運につながっていることがわかります。たまに小飢饉があったからとて、聖慮をわずらわすほどのことではありません。それよりも陛下が健康であることの方が、万民の関心事なのです。どうか寝食の間にも調衛《ちょうえい》に心がけてください」

といい、ちょうど明宗の前におかれていた果物を指さして、

「もし桃をたべて健康をそこなえば、翌日に李をみてもいましめるようになさってください。礼（『礼記』礼運）にも、飲食と男女は、人の大欲が存するところ、とあります。陛下、この点を十分にお考えください」

といった。明宗は、避暑のために九曲池に行幸し、高い楼にのぼったとき中風になったのだが、馮道はそのことを直接にはいわず、他事にかこつけて悟らせようとしたのであった。しかし、みながみな馮道のように、明宗の健康回復をのみ希望していたわけではなく、つぎの天子のもとで重職にありつこうと動きはじめる者もいたのである。

このとき、明宗の皇子には、秦王従栄と宋王従厚らがおり、明宗が即位するまでに武勲をあげた大将に、養子の潞王従珂と女婿の石敬瑭がいた。明宗は即位以来、兄の秦王従栄

よりも弟の宋王従厚の方を重用した。従栄は文人気取りで詩をつくるのが好きで、賦詩に巧みでない僚属をしりぞけるといった振舞いをするので、生粋の武人あがりの明宗にとっては、安心して万事をまかす気になれなかったからである。従栄のやり方は、荘宗そっくりで、肝心の軍士たちの離反を呼ぶであろうことは火をみるより明らかであると考えたのである。しかし、従栄にしてみれば、何事も弟の従厚にくらべて冷遇されるのは堪えがたく、ことごとに、反抗の態度をみせてきた。幼児のころから親しんできた安重誨にたいしてだけは、畏敬《いけい》の念をもちつづけたが、重誨が死ぬと、枢密使の范延光や趙延寿をも軽蔑していた。石敬瑭の妻は、従栄と母を異にしていたので、かねてから憎しみあい、従栄が中央の軍隊の責任者に任命されると、石敬瑭は地方にでて摩擦をさけようとした。ただ弟の従厚だけは、なにごとにも兄をたてるように行動したので、二人の間の嫌隙《けんげき》は表面にでることはなかったのである。

明宗が中風になると、この従栄を中心に渦がまきおこった。このとき従栄は、近衛軍の責任者の重職についていた。八月には、従栄を皇太子にされるべし、という上奏を何沢という男がした。従栄が天子になった暁には、高官に取りたててもらえるであろうことを期待したのである。上奏文をみた明宗は、引退すべき時期がきたことを察して、涙をこぼした。しかし、この上奏文は受理されなかった。皇太子になることは、兵権を奪われることを意味するとして、従栄自身が就任を欲しなかったからである。やがて天下兵馬大元帥に任命され、宰相よりも地位は高いことにされた。従栄による謀反が近づいたことを感じた枢密使たちは、地方にでて禍をさけようとしはじめた。范延光と趙延寿の枢密使辞任を明宗は思いとどまらせようとしたが無駄であった。

十一月十六日、明宗は雪の中を士和亭に行幸して傷寒（寒さからくる重い熱病）になり、翌日には危篤状態に陥った。従栄が病室を見舞ったときには意識不明で、そとにでたとき、宮中でみなが大声で泣くのを聞き、明宗がすでに死んだものと考えた。ところが、その日の夕方、明宗は意識を回復したのである。従栄はそんなこととは露知らず、二日後の二十日、兵士一千人をひきいて興聖宮にはいり、即位の用意をしようとした。はじめは謀議に協力すると約束しておきながら寝返った者もおり、宮門を破ることができないままに、誅殺されてしまった。従栄が謀反をおこし、誅殺されたことを聞いた明宗は、意識を失ったり回復したりすること数回、病状はふたたび悪化した。翌日、馮道は群臣をひきつれて雍和殿の明宗を見舞った。明宗はつぶやいた。

「わが家事がこんなことになってしまい、おまえたちをみるのが恥ずかしい」

それを聞いた百官は、目に涙を浮かべた。

天雄軍節度使として魏州に出鎮していた宋王従厚を都に呼びもどす一方、従栄の官属た

後唐明宗が香を焚いて天に祈る図

ちの罪が執政の間で討議された。馮道は、乱の首謀者三人をのぞいて、他の者には寛大な措置を取ることを主張し、とくに判官の任贊《じんさん》と王居敏を死刑から救った。この任贊は、馮道が宰相になりたてのとき、『兎園冊《とえんさつ》』をタネにして田舎者と揶揄《やゆ》した張本人であったが、死に直面したいま、その田舎者宰相によって生命を救われたのである。二日後の十一月二十六日、明宗は病歿した。享年六十八であった。『資治通鑑』には、

「帝は性、猜忌《さいき》せず。物と競うなし。登極の年すでに六十を踰《こ》ゆ。毎夕、宮中において香を焚《た》き天に祝《つ》げていわく、『それがしは胡人、乱によって衆の推すところとなる。ねがわくは天はやく聖人を生み、生民の主となされよ』と。位に在り年穀しばしば豊か

にして兵革もちいること罕《まれ》なり。五代に校《くら》べて、ほぼ小康たり」と書かれている。物と競うことのない性格、それが馮道との永年にわたる親愛な君臣関係をなりたたせたのであろう。

また今日的な尺度で、明宗時代の史的位置を考えると、のちの後周の世宗とともに、五代において君主権力の集権化のはかられた時期である、ということができる。北宋時代における大蔵大臣ともいうべき三司使が成立したのは、長興元年（九三〇）八月であった。唐中期以後、節度使による自由裁量にまかされていた下僚の採用のうち、上層部の副使や判官の任命を中央からするようになったのも、後唐の荘宗から明宗にかけての時期であった。分裂に分裂をつづけてきた社会が、統一に向かう徴候を示す第一のステップがふみだされた時期ともいえよう。馮道はその時期に宰相としての日々を送っていたことになる。

事はまさに実を務むべし

長興四年（九三三）十二月一日、宋王従厚が二十歳の若さで即位した。後唐の閔帝《びんてい》である。この後唐第三代目の天子のもとで、馮道はひきつづき宰相の地位を占めたとはいえ、政治の実権を握ったのは、枢密使の朱弘昭と馮贇《ふういん》の二人であった。ところが、明宗が死んでみると、若いころから明宗のもとで征伐に従事し、功名をあげてきた潞王従珂《じゅうか》と石敬瑭の二人はともに衆心を得ており、朱弘昭と馮贇の位望は、二人にくらべると桁《けた》はずれに低かった。このとき李従珂は鳳翔《ほうしょう》節度使、石敬瑭は河東節度使として出鎮し、隠然たる勢力をほこっていたので、それを忌んだ朱弘昭と馮贇らは、李従珂と石敬瑭の藩鎮をうつそうとした。李従珂の将佐たちはみな、「鎮を離るれば、必ず全《まった》き理なし」という意見を述べた。そこで命をこばみ、檄《げき》を隣道にとばし、都にはいって君側を清めるといって、兵士をひきつれて東に向かい、応順元年（九三四）三月二十七日には、洛陽に近い陝《せん》州までやってきた。途中ほとんど抵抗を受けず、鳳翔討伐に向かった近衛軍の兵士たちも、厚賞をえさに、いつの間にか潞王の軍中に編入され、長安城も討伐軍を閉めだし、潞王のために門を開いたのである。陝州まできた潞王は、洛陽に手紙を送り、朱弘昭と馮贇の一族以外は、罪を問わないことを言明した。

二十八日、討伐軍が自潰《じかい》したことを聞いた閔帝は、うろたえてどうしたらいいのかわからず、朱弘昭を召して善後策を相談しようとした。呼びだしの命を受けた弘昭は、いそいで召されるのは罰しようとされるのであろう、と早合点し、井戸に飛びこんで自殺してしまった。すでに潞王の側に通じていた京城巡検の安従進は、弘昭の死を聞くや、馮贇とその家族を殺し、弘昭と贇《いん》の首級を潞王のところへ献じた。閔帝は魏州にのがれようとし、孟漢瓊《もうかんけい》を召して先に魏州に行くように命じたが、かれは単騎で陝州へ向かってしまった。

この日の夕方、閔帝はわずか五十騎をひきつれて玄武門をで、北のかた魏州に向かった。近衛軍の指揮使として玄武門の警備についていた慕容遷《ぼようせん》は、

「生きるも死ぬも陛下とともに」

といっておきながら、閔帝が城門をでると、門をしめてしまい、ついて行かなかった。

翌二十九日。三人の宰相、馮道・劉昫《りゅうく》・李愚らが入朝して端門までやってきたとき、朱弘昭と馮贇が死亡し、閔帝はすでに北走してしまったことを聞いた。馮道と劉昫は帰ろうとした。李愚がいった。

「天子がでられたこと、われわれは相談にあずかっていない。いま太后は宮中におられる。われわれは中書に行き、使いをだして太后の進止《さしず》を受けてから、帰宅するのが、人臣としての義である」

馮道はこれに賛成せず、

「主上は社稷《こっか》を守るのに失敗された。人臣たるものただ君をのみ奉ずればよく、君がいないのに宮城にはいることは、おそらく適当ではあるまい。潞王はすでにあちこちに榜《たてふだ》をたてているから、帰って教令をまつにこしたことはない」

といって帰っていった。天宮寺までやってきたとき、安従進の使者がおいついてきて、

「潞王が倍道《いそい》でこられ、まもなく到着されます。大臣がたは百官をひきつれて穀《こく》水の所

まで行って出迎えてください」

と伝えた。そこで寺の中にとどまり、百官を呼びあつめた。しばらくして、中書舎人の盧導が到着した。その姿をみるや、馮道は、

「舎人をながらくまっていた。勧進の文書を急いでいる。すみやかに起草するように」

と、せかせかしく命じた。いまではむしろ勧進帳という言葉で知られる、この勧進の文書とは、簒奪《さんだつ》者が有徳であることを極力賛美してその即位を願う文であり、簒奪者はその切望をいれてやむをえず即位するという形式をとるのである。馮道の命令を聞いた盧導は、

「潞王が入朝されるさいには、百官が班迎すれば十分です。たとえ廃立があるとしても、太后の教令をまつのが当然です。どうしてあわただしく勧進のことを議するのですか」

という意見を述べた。

このとき馮道は、

「事《こと》はまさに実を務むべし。——事当務実——」

といい放った。何事も実を務めなくてはならぬ。現実を目ざさなければならない。虚名に誤られてはならない。これほど馮道の生き方を簡単明瞭にいい現わした言葉はない。

盧導はつぎのように反駁《はんばく》した。

「天子が外にいるのに、人臣があわただしく大位を人に勧めるなどということはありえ

ましょうか。もし潞王が節を守って北面し、大義でもって責められたとき、どういう言葉で返答されるおつもりでしょうか。公《あなた》は百官をひきつれて宮門に行き、ご機嫌伺いをし、太后の進止《さしず》を受けてから去就をきめるにこしたことはありません」

これは、表面は飾っているが、情勢観望派というべきであろう。これにたいして馮道が答えないうちに、安従進がつぎからつぎへと使者をつかわし、

「潞王が到着された。太后も太妃も中使を派遣して迎労しておられる。百官が整列しないわけにはいきませんぞ」

とせきたて、馮道らはでていった。ところが潞王はまだ到着してはいず、三人の宰相は上陽門の外で休息した。そのまえを、盧導が通り過ぎたので、馮道はまた呼びだして執筆を命じたが、盧導の答えは変わらなかった。翌四月一日、太后は潞王を迎える使者をだし、三日に潞王は洛陽に到着した。馮道らが勧進の文書をさしだした。潞王は辞退すること数回、六日に皇帝の位についた。これが後唐の末帝である。馮道以下の百官は、旧職のままであることが許され、馮道は宰相として末帝につかえることになった。

五十騎の兵士にまもられて魏州に向かった閔帝の方はどうなっていたのか。四月一日の早朝、東の空が白みかけたころ、閔帝の一行は、衛州の東までやってきて、河東から都へいそいできた石敬瑭の軍隊とあった。閔帝はたいそう喜んで善後策を問うた。討伐に向か

った近衛軍がいずれも潞王に降伏したことを聞いた石敬瑭は、長嘆息したあげく、かつての部下であった衛州刺史の王弘贇《おうこうし》に相談してみると答え、弘贇に会いに行った。弘贇はいった。

「前代の天子が遠地に流浪された例は多くあります。しかしいずれのばあいにも、将相・侍衛・府庫・法物があり、群下のものに瞻仰《せんぎょう》させたものです。ところが今はなにひとつとてなく、ただ五十騎の兵士が付き随っているだけです。忠義の心があったとしても、どうしようもないではありませんか」

敬瑭は、そのままを閔帝に伝えた。閔帝の側近にいた者が、裏切者といって、敬瑭に斬ってかかったことから、敬瑭の配下にいた劉知遠が兵士をひきいてはいり、閔帝一人だけをのこして、左右の者をことごとく殺してしまった。石敬瑭はそのまま洛陽に向けて出発した。末帝は、王弘贇の息子を衛州に派遣して、閔帝を弑《しい》させた。四月九日のことである。

閔帝がまだ在位中の三月二十九日に、馮道は勧進文の起草を命じ、四月三日に勧進を行ない、六日に末帝が即位し、九日に閔帝は弑《しい》されたわけである。後世、このときの馮道の行動を、臣下としてあるまじき破廉恥漢《はれんちかん》であるとして糾弾《きゅうだん》する者が多い。とくに王夫之《おうふうし》（船山）は、

「馮道が主張した務実の一語たるや、天地も容れざる馮道の悪を遺憾なく現わしたもの

というべきだ」

と論じている。しかし馮道は、うしろめたいなどという気持をついぞもたなかった。何事も現実を直視することが第一なのであった。

六ヵ月の失業

応順元年（九三四）四月六日、潞王李従珂《りじゅうか》は即位して末帝となり、文武百僚の筆頭である馮道をはじめ、九五九三人を代表して李愚が祝辞を読んだ。馮道ときに五十三歳。このときの肩書きは、特進・守司空・兼門下侍郎・同中書門下平章事・充太微宮使・弘文館大学士・上柱国・始平郡公・食邑二千五百戸であった。閔帝の在位中に勧進の手筈をととのえ、率先して、末帝の即位をおしすすめた馮道は、即位した末帝から、前朝の高官なるをもって、明宗の山陵使に任命された。

知己の天子明宗を徽陵に葬る儀式を無事におえた馮道は、五月十一日、故事に循《したが》って、同《どう》州匡《きょうこく》国軍《ぐん》節度使として出鎮することを命ぜられた。たしかに故事に循ってではあるが、この人事が左遷を意味することはだれの目にも明らかであった。同僚と後世の人の非難をあびながら率先して勧進し、大した犠牲もなく天子の交替劇を演出し、その結果、宰相から一藩鎮に左遷させられたのでは、はなはだ分《ぶ》の悪い役割だったことになる。馮道はことさらに逆らったりせず、同州へ出向いて行った。

この措置は、末帝のがわからみれば、そう突飛なしうちでもなかった。いまをすぐる四年前、安重誨によってあわや生命を失いかけたとき、重誨の意向を受けて明宗に加罪を請うたことは、重誨なきいまも、忘れようにも忘れえない出来事であった。馮道には不信感をいだいていた。その後、重誨を失脚させるときに一役買い、自分に勧進してくれた功績はみとめねばなるまいが、ともかく油断もすきもない奴だ、いつ何時、自分も閔帝の二の舞をくらわされて、他の男に勧進されぬともかぎらない。中央の要職からしめだしておくにしくはない。そのように考えたとしても、無理からぬことであった。

馮道は七年半もの長期にわたって坐りつづけてきた宰相の地位を去って行き、あとには、劉昫《りゅうく》と李愚がひきつづいて宰相の座にあった。この劉昫と馮道は、子供同士を結婚させていた。劉昫は人の欠点をきびしく探しだす性格の持ち主であり、李愚の方は剛情でせっかちであった。長老の馮道が宰相であったときには、大した問題にもならなかったが、馮道が同州に出鎮したあと、二人の論議は一致しないことが多くなった。何か改正を要する議案が生じたとき、李愚は劉昫に、

「これは賢親家《おとうさん》がつくられたものだが、変更した方が便利ではないだろうか」

と、皮肉たっぷりな嫌味をいったので、劉昫は恨みをいだき、それ以後、ことごとに喧

嘩し、罵倒しあう状態にまでいきつくのであった。親家というのは、二父が相手を呼ぶばあいの呼称であり、このばあいは、もちろん馮道をさす。

かれら二人はどちらも非時《ひじ》に会見を申込み、そのために未審議の案件が山積されるようになり、恩沢をくだすことも稽留《けいりゅう》しがちになった。末帝はこの状況を打破するために、新しく宰相を任命しようとし、側近の者に、朝臣のなかから宰相候補者を推薦させた。みなは姚顗《ようぎ》・盧文紀・崔居倹の三人の名をあげた。才行を考えてみても、お互いに一長一短で、末帝は決断しかねた。そこで三人の名をしるした紙片を琉璃《ガラス》製の瓶のなかにおき、一晩中、香を焚《た》いて天に祝《いの》り、翌朝、箸でつまみあげると、はじめに盧文紀の名前を得、ついで姚顗を得た。かくて、七月十三日、盧文紀があらたに宰相に任命され、八月三日、姚顗が宰相の一員に加えられた。やがて十月十一日、劉昫と李愚はともに宰相の座から去っていった。

同州節度使として出鎮した馮道の行政ぶりはまことに閑澹たるもので、獄市《さいばん》も撓《たわ》むなし、と称された。ただここで一言しておくべきは、五代における文官宰相は単なる書記官にすぎず、武官の節度使よりはるかに下位にある、というような説明は妥当ではなく、藩鎮相互の間の格差はあるが、この馮道の宰相から同州節度使への人事異動は、明らかに左遷を意味したことは、あまりにも明白である、ということである。

このとき馮道の下で節度副使を勤めたのは軍吏あがりの胡饒《こじょう》という男で、粗暴な性格の持ち主であった。馮道が重臣で、接見する機会がすくないのに腹をたて、ある日、酒のいきおいをかりて、役所の門の所で馮道をののしった。左右の者がとめても、取りあわない。馮道は、きっと酔っているにすぎない、といい、内に召しいれて、酒肴《しゅこう》をだして丁重に接待し、一晩中、相手を勤めたが、撓慍《いかり》の色はみえなかった。左右の者が、かえってもどかしく思い、そうまでへりくだる必要はない、といっても、

「この人が不善をなせば、おのずからまさに報《むくい》あるべし。われ何をか怒らん」

と、馮道は答えただけである。この胡饒は、数年後の天福二年（九三七）夏、張従賓《ちょうじゅうひん》の反乱に加わって敗れ、ついに斬られてしまった。

清泰二年（九三五）十二月二十四日、前同州匡《きょう》国軍節度使の馮道を司空に任命する詔がでた。同年六月九日に、楊漢賓《ようかんひん》を同州節度使に任命しているから、馮道が同州節度使に任じられていたのは、はじめの一年だけであり、あとの半年あまりは失業していたものと考えられる。六ヵ月の失業ののち司空の職に任ぜられた。この司空という職は隋唐以後三公の一として正一品に列したが、属僚をおかず、まったく空名だけにすぎなくなっていた。親王や宰相にたいする加官として司空の称号を与えられた者はいたが、三公を正拝する者は、ながらくその例はなかった。同州節度使のポストを解任してはや半年も過ぎたのに、

つぎに任命すべき適当な官職がみつからない。いつまでも失業状態にほうっておくわけにもいかず、さりとて宰相にして手腕をふるわれるのも困る、というのが、末帝とその宰相たちのいつわらざる気持であった。そこで格は宰相より上だが、実際の職務のともなわない司空の職に任命したのである。

しかし、いざ辞令がでてみると、馮道の処遇について朝廷内に議論がまきおこった。宰相の職務を統轄すべきだという意見もでた。この任命を考えたのは宰相の盧文紀であるが、かれは故事にはくらく、隋制に三公は国の大事に参画し、祭祀のさいには司空は掃除をする役、とある後半だけを念頭において、馮道に祭祀の掃除を掌《つかさど》らせるだけにしておきたいと希望していた。このことを耳にした馮道は、自嘲するかのごとく、

「司空は掃除の職だ。わたしは何も憚《はばか》らないよ」

といった。しかし盧文紀も、自分の意見が無理であることを知り、自説を撤回せざるをえなくなり、馮道はオブザーバーの形で、朝廷の行事に参画した。この名誉職のような司空の職に一年近く坐ったとき、後唐朝が滅んで後晋《こうしん》時代がはじまり、馮道はまた宰相に返りざくことになる。

七　石敬瑭

燕雲十六州

後唐の末帝が鳳翔《ほうしょう》で旗上げして以来、軍人たちへの恩賞を支給するために、都の内外にわたって常軌をこえた強制徴収が行なわれた。その搾取ぶりがあまりに無茶だったから、閔帝《びんてい》の方がましであった、というような気持を即位当初から人々にいだかせた。また末帝李従珂《りじゅうか》は、妹婿の石敬瑭《せきけいとう》とは、明宗につかえていたころから、競争心が旺盛で、仲が悪かった。末帝が即位すると、石敬瑭はやむをえず入朝した。末帝の側近の者は、敬瑭を都にとどめておく方が無難だと勧めたが、このとき敬瑭はながらく病気をしたあとでひどくやつれていたから、末帝はみくびって憂いとせず、かれは河東節度使として任地の晋陽《しんよう》に帰ることができた。晋陽で契丹にたいする防禦にあたっていたが、李従珂が天子になった以上、とうていこのままではすまされぬ形勢になった。

石敬瑭にしてみれば、李従珂は明宗にとって養子にすぎず、養子の身分でありながら実子の閔帝を廃し、のちにはこれを殺して天子の位を盗んだ者である。ところが自分は明宗の女婿だ。自分こそ明宗に代わって天子の位についてもいい。末帝を討つことは、明宗のために仇をとってやり、簒奪《さんだつ》者を懲しめることにもなる。たまたま、石敬瑭に異心ありとみた末帝が、晋陽の河東節度使から鄆《うん》州の天平節度使へ鎮を移す制をだし、これにたいして部下の劉知遠《りゅうちえん》らが命を拒むことを勧めたことから、戦雲がまきおこることになった。石敬瑭は軍閥としてはまだ新参であり微力であって、とうてい単独で後唐の皇帝に刃向かう実力はない。そこで考えだしたのが、異民族の契丹を利用することであった。

石敬瑭像

　唐朝が崩壊したあと、北アジアでとくに強大な勢力を示したのが、モンゴル系の契丹民族であった。すでに唐末から酋長の耶律阿保機《やりつあぼき》が近隣の部族を従えて、民族的な統一をなしとげ、独立勢力を形づくっていたが、名目的に宗主国とたてていた唐王朝が滅びると、もはやだれにも遠慮せずにすむ。阿保機は九一六年にみずから天子の位につき、年号をたてて神冊《しんさく》といい、国を大契丹国と名乗った。国名はのちに、遼河《りょうが》の上流からおこったのにちなんで、中国流に遼《りょう》と改めたので、中国からはもっぱら遼という名で呼び、耶律阿保機は遼の太祖と称せられる。遼はその領土をしだいに拡大し、東は日本海に臨み、西は天山のふもとにおよび、内外モンゴリアを含んで、当時の東アジアにおける最大の強国となった。

石敬瑭が契丹を利用しようと考えたときは、太祖の子の太宗耶律徳光《やりつとくこう》が位にあり、国力まさに盛んなるのときである。石敬瑭は契丹の南侵を防禦する任務をおびてきながら、この契丹と交渉をはじめた。それは契丹から騎兵をかりて一挙に後唐《こうとう》を滅ぼす、石敬瑭はそこで代わって天子になるかわりに領地を割《さ》き、謝礼をはらうほか、毎年銀や絹をおくって属国の礼を取る、という筋書きである。契丹に与える領地は、盧龍軍の支配地域と、雁門《がんもん》関《かん》より北の諸州であった。この土地の割譲にたいしては、参謀の劉知遠《りゅうちえん》は、

「臣と称するのはいいが、父につかえる礼を取るのは行き過ぎです。厚く金帛を賂《まいな》えば兵を致すに十分です。土田までわたす必要はありますまい。おそらくは異日大いに中国の患となり、後悔しても無駄となりましょう」

といい、一時的な贈与でことを済ませたい意見であったが、石敬瑭は受け付けなかった

のである。

国力のはりきった契丹は、そのエネルギーをもてあましていたから、渡りに舟と応じてきた。天高く馬肥ゆる、の秋は、騎兵にとってもっとも力量を発揮できる季節である。九三六年九月、契丹の太宗は騎兵五万をひきいて晋陽にやってきた。十一月十二日、太宗に策命されて敬瑭は晋陽で即位し、天福と改元した。後晋《こうしん》の高祖である。高祖は契丹の援兵を前鋒として南下し、後唐の兵を撃破して洛陽にはいった。閏《うるう》十一月二十六日のことである。この日、高祖の入城に先だち、後唐の末帝は伝国宝をたずさえ自焚《じふん》して死んだ。在位三年にして、享年五十一であった。後唐では荘宗・明宗・閔帝・末帝の四帝が在位したが、養子のために実は三姓、すなわち荘宗は朱《しゅ》邪《や》氏、明宗と閔帝は姓氏

石敬瑭を助けた契丹兵

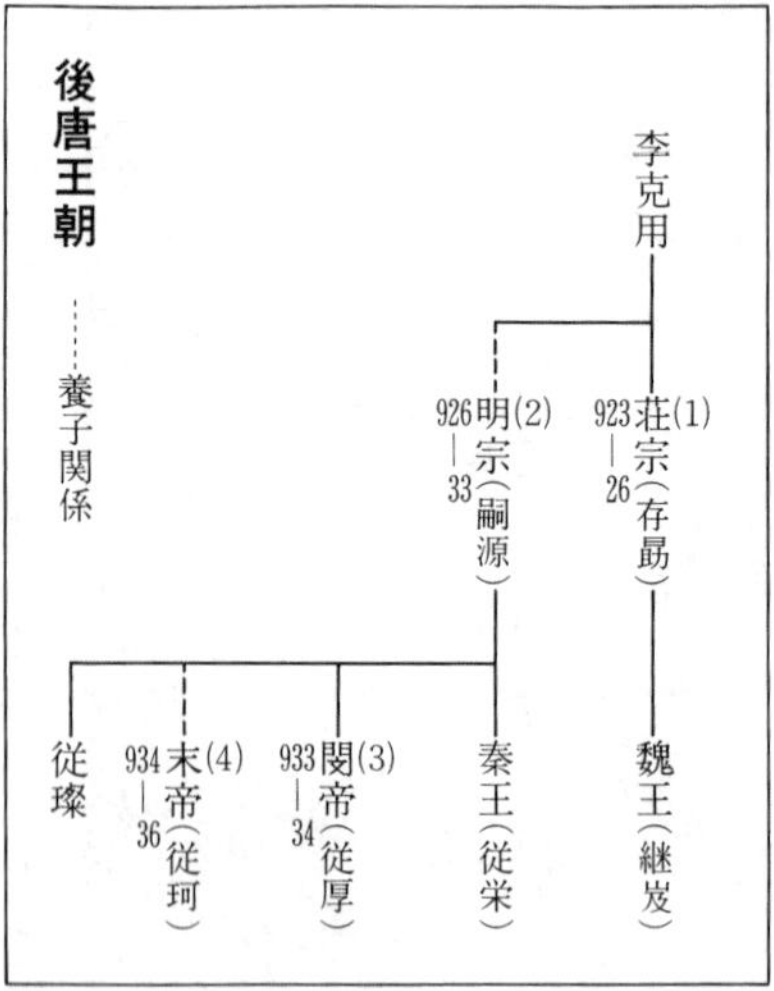

不明で、末帝は王氏である。

　後晋の高祖石敬瑭は即位するや、まず契丹にたいして、いまの北京、大同を含む当時の燕《えん》州、雲《うん》州などの十六州を割譲した。この地方は鉄と石炭とを産する土地であり、これ以後の契丹の発展に絶大な貢献をなしたことは疑いない。土地の割譲は後世にたいして難問題を残したが、当時にあってはいちばん安易な方法であった。むしろ高祖が直面したもっとも困難な問題は、援助にきた契丹の騎兵や自己直属の軍隊にどうして賞賜を与える財源を拈出するかにあった。こう毎年戦争がつづいては、中央政府も地方軍閥政府も、赤字こそ残れ、府庫はまるきりからっぽである。そこで目をつけたのが、晋陽《しんよう》の財閥、李《り》嗣昭《ししょう》ののこした遺産であった。

　李嗣昭の七人の子のうち、四番目の李継忠だけが病身のためにかえって禍を受けずに生き残って相続者となっていた。高祖はこの継忠を脅迫してその財産を借り、それを契丹軍

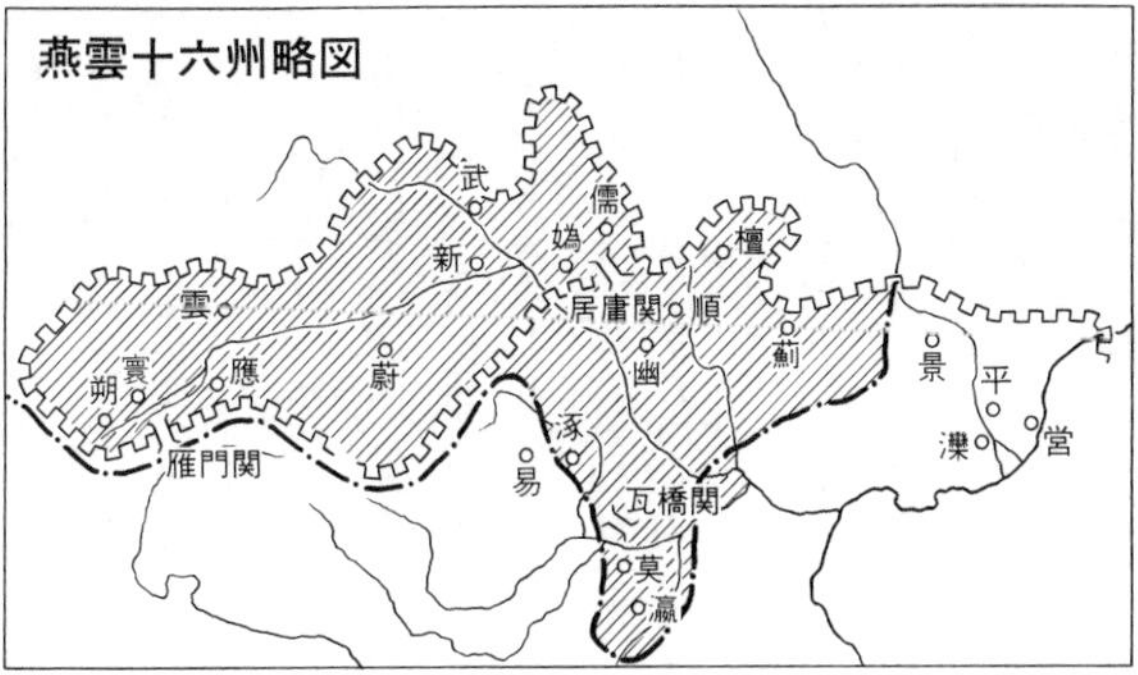

燕雲十六州略図

や自己の軍隊への賞賜にあてた。もしこの李氏の財産を使わなかったら、今度の王朝革命は実現しなかっただろうといわれた。李継忠は高祖から特別の優遇を受け、諸州の刺史を歴任し、近衛軍の大将に任ぜられたりしたが、借金はとうとう返してもらえなかったらしく、開運三年（九四六）に都で歿した。これから先の李氏一族の消息は、史上に不明である。このように晋陽李氏の財力が後梁・後唐・後晋三王朝の運命を左右し、その李氏の財産が母楊氏の手腕によることを思えば、一婦人の力が五代の形勢推移に大きな働きをなしたともいえるのである。

　燕雲十六州という中国の土地と人民の割譲を受けた遼《りょう》は、東アジアの歴史に新しい先例を開くことになった。従来の異民族王朝は、中国のほかに国をたてて中国を圧迫した例はあり、中国にはいりきって、中国の一部を領土としてもった例はいくらもある。しかし、中国以外に国をたてながら、中国の一部を割譲させ領有した例は、今度がはじめてである。しかも遼はこの新領地の統治に見事な手腕をみせ、異民族でも中国支配に成功しうる可能性のあることを実証したのであった。

遼の建国のはじめから、太祖耶律阿保機《やりつあぼき》は、中国人のもつ生産力を正当に認識し、中国人をまねいて州県をおき、農業・商工業に従事させた。他の部を併呑《へいどん》し、契丹民族を統一するについて、中国人の生産力の利用があずかって力があったが、契丹人が中国化しては困ると思った。契丹人はどこまでも旧来の習慣を守るべく、中国人は中国人固有の法によって支配さるべきものだという根本方針は太祖のときからきまっていたのである。

そこでいま太宗の耶律徳光が、燕雲十六州という中国の土地、人民を領有するようになっても、べつにまごつく必要はなかった。中国人は従来のやり方のとおりに安堵《あんど》させておけばよく、そのためにとくに南面官という統治機構をもうけ、中国の事情に明るい人物をもちいて、中国人を支配させた。従来の契丹人および同系統の北方民族を支配する官吏は、これにたいして北面官と呼ばれる。両者が別系統をなして天子に直属し、互いに相犯さないのが遼の統治の成功の秘訣であった。

太祖が建国にあたって利用した漢人の代表者は韓延徽《かんえんき》である。かれは太祖の死後も政事令として太宗を助けて、さらに第三代の世宗にもつかえて南府宰相に任じられ、つぎの穆《ぼく》宗《そう》の応暦九年（九五九）に七十八歳でなくなる、実に四代に歴仕した元勲といってよいが、かれは若いころ、同じ年齢の馮道と一緒に盧龍軍の劉仁恭の幕下で祗候《しこう》した経歴の持ち主だったのである。

契丹への出使

洛陽に入城した高祖石敬瑭《せきけいとう》は、判三司の張延朗《ちょうえんろう》らをのぞいて、百官の罪はいっさい不問にした。張延朗らは、河東に余分な蓄積があってはためにならぬと考え、中央に財源を吸いあげることに腐心したのを、高祖に恨まれ殺されたが、他の高官たちはおおむね現職につくことを認められた。入城して一週間のちの天福元年（九三六）十二月三日、経邦致理翊戴《よくたい》功臣・特進・守司空・上柱国・始平郡公・食邑二千五百戸・食実封三百戸の馮道を、守司空・兼門下侍郎同平章事・弘文館大学士に任ずる制がだされた。掃除職というのは少しオーバーな表現ではあるが、ともかく単なる名誉職の司空から、実務の宰相に返りざいた。高祖の旗上げと即位には、なんらの貢献をしたわけではないが、後唐の明宗時代の宰相としての腕前を十分に知られていたし、末帝李従珂によってうとんぜられ閑職に追いやられていたことが、今となっては好材料となって、高祖から大変信頼されることになった。単なる宰相ではなく筆頭の宰相、すなわち首相の地位を与えられたのである。翌年正月には諸道塩鉄転運等使をかね、八月には開府儀同三司を加えられた。

天福三年（九三八）八月、高祖は契丹の太宗と太后に尊号をたてまつるために使者を派遣することになった。それに先だって、契丹から徽号《きごう》を献ぜられたことへの答礼でもあり、なんといっても建国のさいの恩義があるから、使者には重臣をあてるのが望ましい情勢であった。かくて馮道に白羽の矢がたてられた。高祖が、

「この使者は、卿でなければ勤まらないのだ」

といったとき、馮道はべつに嫌な顔色をみせなかった。高祖がかさねて、

「卿は官は崇《たか》く徳は重いから、砂漠に深入りしてはいけない」

というと、馮道は
「陛下は北朝の恩を受けられ、臣は陛下の恩を受けています。どうして不可《いけ》ないことがありましょう」

と答え、淡々としていた。このときの使者決定から出発までの模様は、より詳しくは次のようであった。

高祖は河東で即位するや、河東節度判官の趙瑩《ちょうえい》と掌書記の桑維翰《そういかん》の二人を宰相に任命した。節度使の地位にあった者が天子に昇格したとき、幕僚の上層部があたらしい政府の中枢部をかたちづくるのは、ごくしぜんな動きであり、二人が宰相になったのも定石《じょうせき》どおり

の人事であった。ついで洛陽を占拠してから馮道を宰相に加え、契丹への使者の選定が話題になったときも、この三人がひきつづいて宰相の地位にあった。宰相のうちのだれかが行かなければならなかったが、趙瑩と桑維翰はそのことには口を黙している。これまでの経験にてらしてみて、契丹はいつ何時、変心して信義をやぶるか推測しがたく、どちらも使者に任命されるのを恐れていた。それでいて、自分は使者になりたくない、といいだすことは、とうてい許されないことは、あまりにも自明の事柄であった。これまでのいきさつ、内外の情勢をかんがみるとき、契丹の機嫌を損じることが、ただちに国家を破局にみちびくことは歴然としている。気は進まな

献策する桑維翰

くとも、断わることのできぬのが、宮づかえの者、とくに重職にある者の苦渋であった。

馮道ら三人が中書政事堂で食事をすませたとき、堂吏《どうり》（下役人）が進みでて、馮道に北使のことを申し述べた。伝えながら、顔色は青ざめ、手はぶるぶると震えている。馮道は、紙を一幅とりよせ、「臣道自去」（わたしが行く）の四字を書きしるし、ただちに勅を写して進呈させた。堂吏は涙を流し、みなは、馮道は虎口に陥って、生きては帰国できないものと考えていた。馮道は人をつかわして妻子に事情を伝えさせ、家には帰らず、その日から都亭駅《とていえき》にとまって準備万端をととのえ、数日ならずして北行した。出発に先だって高祖は送別の宴を開き、国家の重大事であるから、あなたのような耆徳《ぎとく》（年取って徳望の高い人）を煩わして遠使してもらわねばならないのです、といい、みずから扈《こ》酒をくんで与えながら、はらはらと涙をおとしていた。

外交使節というのは、重大な役目であるとともに、神経をすりへらすことが多い。対等の外交のばあいとことなり、形のうえだけでも属国の礼を取るいまのばあいなど、とくにその意味あいがふかい。

契丹太后冊礼使に任命された馮道は、契丹主冊礼使の劉昫《りゅうく》らと、鹵簿《ろぼ》・儀仗《ぎじょう》・車輅《しゃろ》をととのえて北行し、契丹主のいる西楼（上京臨潢府）近くまでたどりついた。契丹主の耶律徳光は、宰相の馮道が使者になってくるというので、町はずれまで出迎えに行こうとした。

契丹人騎馬出猟図

臣下のものが、天子が宰相を出迎える礼はない、というので、中止したが、このことは、馮道の名声が契丹人にまでなりひびいていたことを示している。九月に契丹の西楼に到着した馮道は、まず皇太后に、「広徳至仁昭烈崇簡応天皇太后」という尊号をたてまつり、使者の任務を果たした。属国からの使者であるのに、そこに滞在中、その国の大臣たちと同等の待遇を受けた。契丹では臣下に象牙の笏《こつ》を賜わることと、臘祭《ろうさい》の日に牛頭（牛魚のこと）を賜わることとが、特別の優遇であったが、馮道は二つとも与えられた。感謝の気持を、

牛頭偏得賜　　牛頭ひとえに賜《たま》わるを得
象笏更容持　　象笏さらに持するをゆるさる

と詩にうたった。

詩をみた耶律徳光はことのほか大喜びし、ついにひそかに契丹にそのまま留まってほしいという希望をも

らした。大変なことになってしまった。耶律徳光ははじめからそのつもりだったのであろう。その希望を聞かされた馮道は、まったくの予想外のことでもなかったが、瀬戸際に立たされたことを痛感しないではいられなかった。ひとまずは、

「南朝は子であり、北朝は父です。わたしは両朝にたいしてともに臣です。区別する必要はないではありませんか」

といって婉曲に拒絶した。しかし見込まれた以上、このままですむとも思われない。強引に断われば、自分一人の問題に止まらず、契丹と後晋国との友好関係にひびを入れる結果にならぬ、という保証はどこにもないのである。

時あたかも冬の季節がおとずれていた。その寒さのきびしいこと、はじめてその地の冬を迎えた馮道には、言葉では表現できないほどのものであった。錦や貂《てん》の皮でつくられた襖《おう》（うわぎ）と羊・狐・貂の皮でつくられた衾《きん》（ふすま）が支給されると、入謁のときにはあるだけの四着の襖をことごとくかさね着し、宿舎で寝るときには三枚の衾をぜんぶかぶって寝、

朝披四襖専蔵手　朝には四襖《おう》をきて　専《もっぱ》ら手を蔵し
夜覆三衾怕露頭　夜には三衾《きん》を覆《おお》い　頭を露《あら》わすを怕《おそ》る

という詩をつくりもした。入国してから賜わった品物を手放して薪や炭を買い入れた。

なぜそのようなことをするのか、とたずねられると馮道は、

「北地は寒さがきびしすぎ、老年のわたしには堪えられませず、そのために用意をしなければならないのです」

と答え、ゆっくり滞在する者のように振舞った。

そこで耶律徳光はその本心を感じとり、帰国することを許した。しかし馮道は三たびも上表してその地に留まることを願いでた。どうぞお帰りくださいとかたくいわれて去ることになったが、それから一ヵ月あまりも宿舎に留まり、出発してからも途中あちこちで未練ありげにゆっくりと宿泊をかさね、二ヵ月かかってようやくのことに国境を越えて帰国した。同行した左右の者は、ホッとしたおもちで馮道に、

「北土から生還したくて羽翼《はね》のないのが恨めしく思われました。公《あなた》だけが宿留《ながたいざい》されたのはどういう理由からなのでしょうか」

と問うと、馮道は、

「たとえ急いで帰ったとしても、かれがその気になって筋脚馬にまたがれば、一晩で追いつくことができる。そうすれば脱《のが》れることなどできないではないか。ただ徐緩《ゆっくり》であれば、こちらの気持をおしはかることは不可能になる」

と答えた。みなはその深慮遠謀を知り、感服したのであった。

契丹人と馬

この使節の任務は、馮道個人にとっても文字どおり心身をすりへらす苦労をなめたが、後晋の国家にとっても重大な関心がはらわれてきた。馮道は、後唐の明宗の宰相になった翌年の九二八年以来、洛陽の南市《なんし》の南の嘉善坊《かぜんぼう》に邸宅をかまえていた。前任宰相の韋説《いえつ》が住んでいたあとに住みついて、十年になっていた。馮道が契丹に向かったあと、九月十一日に、一品の官が与えられ、門戟《もんげき》十六枝が支給された。門戟というのは、唐から宋にかけて、廟社宮殿の門や諸州府の公門に架をもうけ、戟《ほこ》をつらねて威儀《いぎ》をつくったもので、貴官の私第に賜わることもあった。馮道に門戟を左右八枝ずつ賜わったのは、いかに高祖がこの任務を重要視していたかを明瞭に示すものである。門戟を賜わるとともに、この邸宅を永業にすることが通達された。引退後もそこに住みつき、子孫にゆずることもできるようになったわけである。

このような漢人国家の期待と責務をおって出発した馮道は翌九三九年二月に、大任を果たして無事に帰朝した。二月五日、高祖は慰労の宴をもうけ、その席で馮道は詩五章をつくり、北使の心境を吐露した。その第一章はつぎのようにうたわれていた。

北使還京作

去年今日奉皇華
只為朝廷不為家
殿上一杯天子泣
門前双節国人嗟
龍荒冬往時時雪
兔苑春帰処処花
上下一行如骨肉
幾人身死掩風沙

去年のきょう　皇華を奉じ
ただ朝廷のためにして　家のためならず
殿上の一杯に　天子なみだし
門前の双節《そうせつ》に　国人なげく
龍荒　冬に往き　時時に雪ふる
兔苑《とえん》　春に帰る　処処に花あり
上下の一行　骨肉のごとし
幾人か身死して　風沙　掩《おお》う

枢密院の廃止

契丹から帰朝した馮道は、高祖から絶大な信頼を受け、つぎつぎと恩典が与えられ、中央政界に確固不動の地位をきずいていった。馮道の地位が高くなるうえに、画期的な出来事は、帰朝して二ヵ月目に行なわれた枢密院の廃止であった。後梁の太祖以来、軍国の大政は、天子がおおむね枢密使と協議してきめられ、宰相は単に成命を受け、制勅を行ない、典故を吟味し、文治をおさめることを掌《つかさど》ったにすぎない。しかし高祖は、後唐の明宗時代の枢密使であった安重誨《あんじゆうかい》の専横ぶりに懲《こ》りていたから、即位するや宰相の桑維翰《そういかん》に枢密使をかねさせた。その後任の劉処譲《りゆうしよじよう》の奏請がどうもよくないと思っていた矢先に、劉処譲の母親が死んで喪に服することになったので、それを機会に枢密院を廃止し、その仕事は宰相が分担して処理することになった。いわば参謀総長ともいうべき地位にあった枢密使が廃止されたわけで、それにつれて宰相の権限が拡張されたことになる。

後唐の明宗時代に、このうえない寵遇を得ていた馮道ではあったが、枢密使が厳存するかぎりは、政策の独断専行などはありえない状態なのであった。しかるに今や、その枢密使の権限をも宰相が吸収することになったのである。ついで八月三日には、馮道は守司徒・兼侍中に官階を進められ、魯国公に封ぜられた。翌日には、中書の知印は上位の宰相、すなわち馮道にゆだねられる詔がだされた。これによって巨細を問わず何事も馮道一人に権限がまかされた状態が出現した。しかし、馮道の本心は、文武いっさいの権をまかされることを望んではいなかった。軍事にかんする政策にかかずらうことがいかに危険であるかを、かれは十分に認識していた。

馮道はそれまでに何人かの軍閥につかえ、かれらの滅亡を第三者のような立場で見送ってきた。滅びた者は、武将でありながら武力を失って滅びたのだから自分が悪いのである。武力をもたない文官はその間に立って何もできるはずがない。ただ自分と関係があっただけの理由でそれらの武将と生死をともにしていたら、命がいくつあっても足りない。軍人たちは自分らで勝手に殺しあえばよく、文官はその勝った方に出頭して使われていくだけのことだ。ただ、戦火にさらされながら、軍閥から搾取されつづけ、生きた心地もないその日暮らしの生活を送っている大多数の庶民の苦痛を、すこしでも軽減してやることを、精いっぱいの仕事とするよりほかはない。これは馮道が体験から得た人生哲学であった。これまでかれは枢密使になってことごとに生命をかけるような馬鹿な役目はご免こうむる、と考えていた。ところが今や、枢密使が廃止され、その役目をもになわなければならぬことになったのである。かれはどう対処したであろうか。

ある日、高祖は軍事問題について馮道に意見を求めた。かれは答えた。

「陛下は諸艱《かん》を歴試し、大業を創成されました。神武睿略《えいりやく》であることは、天下の知るところです。不庭《ふてい》を討伐することは、独断なさるべきです。臣《わたし》はもともと書生で、陛下のために中書にあって歴代の成規をまもり、一毫《いちごう》の失もないように慎むことを知るにすぎません。臣は明宗朝にあって、かつて軍事を問われたときにも、臣はこのとおりに答えたのです」

高祖は大いにその説に賛成し、馮道は軍事参謀の責任を回避できたのであった。

馮道が引退したい旨の上表をしたときには、高祖は読まないで、まず鄭王重貴《じゅうき》を私第につかわし、

「卿が明日でてこないと、朕がみずからでかけて卿にお願いしますよ」

と伝えさせたから、馮道はやむをえず引退をあきらめざるをえなかった。当時の寵遇ぶりは、ほかの群臣とは比較にならなかったのである。

高祖石敬瑭は、後唐を滅ぼした翌年に、魏州の范延光《はんえんこう》が反乱をおこしそうだということもあり、いそいで汴《べん》州開封に行幸し、遷都する意向を示した。馮道が契丹に出使して留守であった天福三年（九三八）十月に、正式に都を汴州にうつし、これを開封府と称し、洛陽を副都としてこれを西京と称した。幸いに西京には後唐時代の宮殿や役所がそのまま残っていたので、そこに留守番の小型の政府をつくらせておいた。これからのち北宋の時代まで、開封の国都、および洛陽の副都西京たる地位は動かなかった。

ところで馮道は後唐の明宗時代に、故郷の瀛《えい》州景城の生家の所属する郷里の名称を元輔郷孝行里と改称する名誉を受けていた。しかしこの瀛州は、高祖が契丹に割譲した燕雲十六州の一つであるから、馮道の本籍は契丹に陥没してしまったわけである。そこで天福五年（九四〇）洛陽の嘉善坊《かぜんぼう》に馮道が住みつき、永久所有を許された邸宅の所属する郷里、

すなわち河南府洛陽県の三州郷霊台里を、上相《じょうしょう》郷《きょう》中台里と改称された。このとき馮道は守司徒・兼侍中だったからである。

八　耶律徳光

承平の良相

後晋の高祖は建国のさいによく契丹《きったん》の実力を知ったので、契丹にたいしては常に遠慮ぶかく低姿勢に終始し、これを君主とあがめて恭順の態度をくずさなかった。ところが部下の武将たちはそれが気にいらない。契丹は何者だ、単なる夷狄《いてき》ではないか、いやしくも中国の天子たる者が、夷狄に向かって臣下の礼をとるとは何事ぞ、というわけである。鎮州成徳軍節度使の安重栄《あんちょうえい》はその一人であり、勇を恃《たの》んで驕暴な振舞いが多く、いつも、

「今世の天子は、強兵と壮馬があればその地位につける」

と口ぐせのようにいって、高祖の低姿勢ぶりを軽蔑していた。

ところで、燕雲十六州が契丹に割譲された結果、雁門関《がんもんかん》より北の諸州が契丹に帰属し、その地にいた吐谷渾《とよくこん》がみな契丹に服属することになった。吐谷渾は、この措置によって、

契丹の貪虐《どんぎやく》に苦しむことになり、前のように中国に服属したいと考えるようになった。この機会をとらえて安重栄が働きかけたので、吐谷渾の千余の部落が五台山地方から鎮州に逃げこんできた。契丹の耶律徳光《やりつとくこう》は高祖に責任を追及してくる。そのうえ、天福六年（九四一）六月、安重栄は契丹の使者をとらえ、上表して契丹を討伐することを請うた。高祖は処置に困り、なんらの決断をくだすこともできず、疲労困憊《こんぱい》するだけで、劉知遠を河東節度使に任じて太原晋陽の地を固めさせるのが精いっぱいであった。十二月、ついに安重栄は反乱をおこした。高祖は近衛軍の全力をそそいで鎮圧に努め、翌年正月、安重栄を斬り、その首を箱づめにして契丹に送らせた。安重栄の反乱は鎮圧できたが、契丹は使者を派遣して、吐谷渾からの多数の亡命者の引渡しを要求してくる。高祖は困りはて、なすべがわからず、九四二年五月、疲労がこうじて、病の床についてしまった。

ある朝、馮道《ふうどう》は病床の高祖に一人で向かいあっていた。高祖は幼子の重睿《ちようえい》にでてきて馮道に拝するようにいい、宦官《かんがん》に命じて、重睿を馮道の懐《ふところ》に抱かせた。言葉にこそださなかったが、死が目前に迫っていることを知った高祖が、この幼い実子の重睿を擁立し、後見してくれることを馮道に依頼したわけである。六月十三日、高祖は亡《な》くなった。享年五十一。馮道は、明宗についで自分に全幅の信頼をおいてくれた天子を失ってしまった。馮道は六十一歳の老境にはいっていた。

高祖が病歿すると、馮道は天平節度使の景延広と協議し、国家が多難なときであるから長君を立てるべきであるとして、兄の子の斉王石重貴を後継者にすることを決めた。馮道は、幼子の重睿を擁立してほしいという高祖の遺命にさからった。宰相たるものは、私情に流されてはいけない、高祖の遺命ではあるが、この多難な時期に、幼い天子を上にいただくことは避けなければならない、と考えたのである。斉王石重貴が即位した。後晋の少帝であり、のちに出帝と呼ばれた天子である。馮道はひきつづき宰相の地位に留まった。宰相としてつかえる六人目の天子であった。

馮道と協議して少帝の擁立をはかった景延広は、すべてを自分一人の功績にして朝廷内の実権を握った。一方、高祖が重態に陥ったとき、河東にいた劉知遠を呼びよせようとしたが、その命令を即位前の少帝が握りつぶしたことから、劉知遠は少帝を恨み、進んで協力はしない態度を取っていた。宰相と近衛軍の総大将をかねるにいたった景延広は、もともと契丹にたいする強硬派の武将であった。かれが朝廷の権力を掌握すると、高祖が死んだことを契丹に知らせるにも、従来のように臣という字を使わないことにしようという。宰相の一人である李崧《りすう》は、いままでどおりにして友好を維持しようという。馮道はその間にあって、どちらとも態度を明らかにしない。少帝は景延広の意見に賛成し、手紙が送られた。契丹の方からそれをとがめられると、不遜な言葉で応対した。

「先帝はいかにも契丹から立てられた君主だったので、契丹にたいして臣下の礼を取ったのだ。しかし、新帝は中国人が立てた天子だ。隣国にたいして臣と称する理由はない」

といったものだから、ますます契丹を怒らせてしまった。

契丹の盧龍節度使趙延寿は、自分自身が中国の天子になりたいと考え、太宗耶律徳光に後晋を攻撃することを勧めた。耶律徳光もしだいにその気になってきた。先に後晋と契丹との条約では、領土の割譲のほかに歳幣《さいへい》と称して毎年絹三十万匹を贈る約束であったが、時期がきてもそれを贈らない。耶律徳光はついに決心して後晋に向かって軍隊を繰りだして南下した。ところがこの侵入が九四四年の正月と十二月の二回とも挫折してしまい、かえって後晋の意気が大いにあがった。景延広の鼻息は荒かった。

「われには十万口《ふりと》の磨ぎすました刀剣がある。契丹ごときをなんで恐れる必要があろうか」

といつも口ぐせのようにいっていた。

この中国人の自信にはそれなりの理由があった。鉄の生産地の中心である晋陽と、経済の中心である開封とが後唐の時代に結合されて、中国における武器の生産が見ちがえるほど向上していた。中国の軍隊は物量にたよって、北方遊牧民族の騎兵部隊と戦っても、かなり抵抗できるまでに強くなっていたのは事実である。しかし契丹も、後晋から燕雲十六州の割譲を受けて以来、その戦力が強化されていた。後晋ではこの事実を忘れて油断しすぎたらしい。開運三年（九四六）十一月、耶律徳光が第三回目に国力をあげて大軍をおこし、南下してくると、後晋の防衛線はたちまち突破されて都が陥落し、ときの実力者桑維《そうい》翰《かん》は殺され、少帝も景延広も捕虜にされた。こうして後晋が滅びたあとの華北地方は、収拾のつかない大混乱に陥ったのである。

ところで、契丹が第一回の侵入に失敗して引き揚げた直後の天福九年（九四四）四月、少帝即位以来権力をほしいままにした景延広が西京留守に左遷され、高祖時代の宰相であった桑維翰が朝廷の実権を掌握した。景延広はあまりに独断専行を行なって朝野の反感を買っていた矢先、澶《せん》州の北にある戚城の救援を遅らせた責任を取らされたのである。もともとは対契丹強硬派ではなかった桑維翰も、景延広に取って代わるや、契丹との衝突を回避するわけにはいかなかった。

このとき馮道は宰相の筆頭格にあったが、朝廷で主戦論と和平論とが激しく戦わされるなかを、どちらに肩をもつでもなく、煮えきらない態度をつづけていた。文官である自分は軍事の決定にはタッチしないという持論を変えなかったわけである。桑維翰の意向を受けたであろうある男が、少帝につぎのようにいった。

「馮道《ふうどう》は承平《しょうへい》の良相《りょうしょう》です。いまの艱難《かんなん》を救うことはできません。まるで禅僧に鷹《たか》を飛ばさせようとするようなものです」

静寂と不殺をたてまえとする禅僧は、無窮の真理を思索することはできても、鷹を飛ばして獲物を取らせる任には適さない。馮道はあたかも禅僧のようなもので、平和時の名宰相ではあれ、戦時体制の責任者には不適任だというのである。

かくて六月三日、馮道は同州節度使に左遷された。六月六日、参謀本部たる枢密院が復活し、桑維翰が宰相のまま枢密使をかねるに至り、政治と軍事の権限をがっちりと手中におさめた。

高祖の遺命にさからって少帝を擁立した馮道は、高祖の山陵使としての役目を果たし、その労にむくいるため、守太尉を加えられ、燕国公に封ぜられた。洛陽の邸宅の属する上《じょう》相郷《しょうきょう》中台里は太尉郷侍中里にあらためられた。後唐の末帝によって同州節度使に左遷させられてからちょうど十年の歳月が流れ、馮道も六十三歳になっていた。この二回目の同州節度使の任にあることまる二年、開運三年（九四六）の五月九日、中書令を加えられ、洛陽のはるか南の鄧《とう》州威勝《いしょう》軍節度使に配置換えされ、河南省の南端に移って行った。この年の年末、耶律徳光のひきいる契丹軍が南下して一挙に後晋を滅ぼしてしまったとき、承平の良相はこの鄧州の任地にいて、戦塵を直接に浴びはしなかったのである。

馮道が同州節度使であったときのこととして『五代史補』につぎのようなエピソードが

伝えられている。節度使の幕下にいた酒務《しゅむ》を掌る胥吏《しょり》が、家財を投げだして孔子廟を修復したいといってきたので、馮道は書類を判官に渡し、参詳させた。この判官は、もともと滑稽《こっけい》な人物で、書類を読みおえて処置方法をしたため、署名したあと、最後に絶句《ぜっく》を一つ書きしるした。

荊棘森森繞杏壇　　荊棘《いばら》　森森《しんしん》として　杏壇《きょうだん》をめぐり
儒官高貴尽偸安　　儒官《じゅかん》　高貴にして　ことごとく安を偸《むさ》ぼる
若教酒務脩夫子　　もし酒務《しゅむ》をして　夫子《こうし》を脩めしめば
覚我慚惶也大難　　我をして慚惶《ざんこう》を覚えしむること　また大いに難《かた》からんや

馮道はその詩をみて恥ずかしくなり、自分の俸給をさしだして再建させた、というのである。このエピソードは、『古今詩話』および『全唐詩』によると、馮道が鄧州南陽の節度使であったときのこととし、寄付を申しでたのは酒務吏ではなく酒戸十余人であって、詩の語句にもかなりの異同がみられる。

　このエピソードが、どの程度、真実性をおびているかは、さだかでない。しかし馮道が同州節度使として出鎮したとき、文宣王廟、すなわち孔子廟を移転し再建したことは、歴史的な事実なのであって、それを今に伝えるのは、同州大茘県《だいれい》にたてられた「移文宣王廟記碑」である。これは馮道が文章をつくり、勾官《こうかん》の楊思進が達筆をふるって字を書き、それを石に刻したものである。碑の高さは四尺五寸（一・三六メートル）、幅が二尺九寸七分（〇・九メートル）、二十七行からなり、毎行は十八字から二十字であって、四百余字からなる全文は、『金石萃編《すいへん》』の巻一二〇におさめられている。『関中金石記』には、馮道の文章は「清簡にして法あり」、楊思進の行書も「精整にして伝うべし」と評してある。この碑文によると、馮道がはじめて同州節度使に赴任して孔子廟に詣《もう》でたとき、街中のせまくるしい場所に位置して荒廃のままになっているのをみて、馮翊《ひようよく》県の西に移転し再建を計画した。完成を間近にして中央政府に帰ったが、十年たってふたたび節度使としてこの地に赴任し、りっぱに完成された廟の再建の縁起を書きしるす、といい、文章を書いたのは開運三年（九四六）正月十五日であるとしている。また、この碑によって、当時の馮道の肩書きが、「守正弘徳保邦致理功臣・匡《きよう》国軍節度管内観察処置等使・開府儀同三司・検校太師・兼侍中・使持節同州諸軍事・行《こう》同州刺史・上柱国・秦《しん》国公・食邑八千五百戸・食実封一千二百戸」であったことが判明する。

ゲリラ戦

大軍をひきいて一気に南下した契丹の太宗耶律徳光は、開運四年（九四七）の元旦に、少帝の降を受け、後晋の百官に迎えられて開封《かいほう》大梁城に乗りこんできた。まず少帝を降封《こうほう》して負義侯《ふぎこう》とし、黄龍府に徙《うつ》した。黄龍府というのは、かつての渤海《ぼっかい》の扶余《ふよ》城である。大梁に入城した耶律徳光は、東京開封府を汴《べん》州にあらため、国号を遼といい、大同と改元し、恒州、すなわちもとの鎮州を中京とした。官吏の作法は晋制に従うこととし、みずからも中国の衣冠を服した。

後晋の滅亡を、任地の鄧《とう》州で知った威勝節度使の馮道は、さっそく耶律徳光のいる京師の汴州にやってきた。八年ぶりの会見である。前回は、宰相として外交使節団長として、寒冷の地の契丹の西楼でもてなされたが、今度は老いたる一節度使として進駐軍の総司令官の前に姿を現わしたのである。馮道は六十六歳になっていた。徳光は、馮道が後晋につかえて治績をあげなかった点を責めた。馮道は一言も答えない。そこで、

「どうして来朝したのか」

と問うと、

「城もなければ兵もないのですから、こないわけにはいきません」

と答える。

徳光が、

「おまえはいったいどういう老子だ」

と誚《せ》めると、

「無才、無徳の癡頑《おろか》な老子です」

と平然と答えた。それを聞いた徳光は喜んで馮道を守太傅《たいふ》にして枢密院で祗候《しこう》させ、顧問に備えた。馮道は、この異民族の契丹政権のもとで、たとえ名目的ではあっても、太傅という宰相格の地位を確保したわけである。まさに不死身であった。

後晋の少帝が契丹との友好関係を断ったとき、宣徽北院使の劉継勲《りゅうけいくん》はその相談にあずかった重要人物であった。かれは、馮道が鄧州節度使に移ったとき、その後任として同州匡国軍節度使として出鎮していたが、耶律徳光が汴州に入城したというので、入朝してきた。徳光は、そのことを責めたてた。ちょうどそのとき、馮道が殿上にいた。劉継勲は、いそいで馮道を指さし、

「少帝が鄴《ぎょう》におられたとき、馮道が首相であって、景延広と謀議し、ついに南北の友好を失わせたのです。臣は位《くらい》いたって卑《いや》しかったので、一言も発言しませんでした。どうか馮道にたずねてください。かれが細かに知っています」

といい、主戦論の責任を馮道に転嫁しようと必死になった。しかし、徳光はそのような言葉

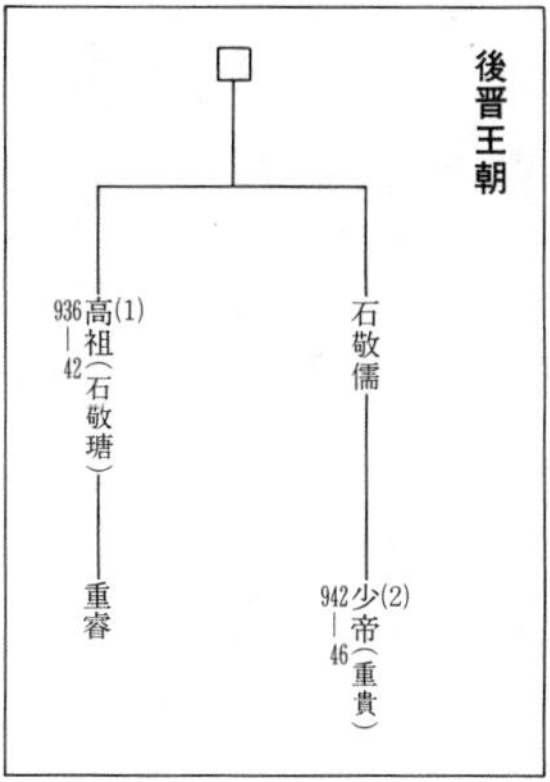

でごまかされはしなかった。

耶律徳光が、父の阿保機の死によって、契丹主の地位についたのは、九二六年九月であり、それは後唐明宗の天成元年にあたる。それ以後、つねに中国の政治情勢に目をそそいでき、その期間、ほとんど宰相の座を離れなかった馮道の政治のやり方は、いまさら他人から説明してもらう必要はないくらい熟知していた。継勲の弁解を聞くや、

「この老子は鬧《あら》そいを好む人ではない。みだりに引きあいにだしなさんな。みなおまえたちがやったのだ」

と、てんで取りあわない。継勲はそれ以上答えるすべはなかった。かれはそのとき病気がちであった。病状をみさせると中風だという。徳光は、

「北方は涼しいから、そこに住めばこの病気はなおるだろう」

といって継勲を鎖《くさり》につなぎ、黄龍府に送らせようとした。

一方、晋昌節度使の趙在礼が入朝しようと長安を出発して開封に向かい、洛陽まできたとき、継勲が鎖につながれたことを聞き、大いに驚いて、首をくくって自殺した。趙在礼の死を聞いた徳光は、継勲を釈放したが、鎖でくくられたことを恥じ、憂憤《ゆうふん》して死んだ。

汴州開封にはいって後晋を滅ぼした耶律徳光は、その地に居すわって中国を支配しようとした。ところが中国を支配するには中国人を用いるという古来の原則にそむいて、引率

してきた契丹の騎兵部隊に糧食の現地調達を許した。かれらは各地の村落で掠奪をはじめ、それに反抗する者は老弱を問わず片端からなで斬りにした。これを「打草穀《だそうこく》」、すなわち稲刈りと称したという。

　異民族の契丹人にここまで追いつめられると、中国人も、死にものぐるいの反抗をはじめ、あい集まって自衛集団を結成し、契丹の任命した地方官や、契丹人の守備兵を襲撃した。すると契丹人はますます報復的な虐殺を繰り返し、契丹軍の通過したあとは町も村も廃墟となって荒れ果ててしまった。単なる内乱とちがって凄惨《せいさん》な民族闘争の地獄図が繰りひろげられたのである。

　南伐には当初から反対している母親の応天述律太后《おうてんじゆつりつたいこう》を中心とする保守派の反対にもかかわらず、困難をひとつひとつ克服しつつ中原《ちゆうげん》経営の意図を実現しようと異常な努力をつづける耶律徳光は、ある日、馮道に天下の百姓《ばんみん》はどうすれば救えるだろうか、とたずねた。

馮道は、

「このさいには、たとえ仏陀が再来されても百姓を救うことはできません。百姓を救うことのできるのは、皇帝陛下、あなたお一人です。どうかこれ以上に百姓を殺すことはやめてください」

　といって頼みこんだ。契丹が中国人を皆殺しにしなかったのは、この馮道の取りなしが

劉知遠像

効《き》いたからだと、賞讃されたという。

　当時、北方軍事基地の晋陽《しんよう》では劉知《りゅうち》遠《えん》が節度使であった。後晋の少帝が即位したときのいきさつから、少帝および朝廷の実力者であった景延広とは仲が悪く、かれらのあまりに強硬すぎる対契丹外交方針には危惧《きぐ》の念をいだき、ひそかに兵器をつくり、軍隊を増強して、万一のさいの自衛に備えていた。かれのような有力者が、この契丹の大侵入にたいして第三者的な態度で傍観していたことが、後晋を滅亡させる一原因でもあった。後晋が滅亡して耶律徳光が中原統治をはじめるや、劉知遠は二月十五日、根拠地の晋陽で帝位につき、国を漢と号した。後唐王室とおなじくトルコ系の沙陀《しゃだ》族の出身であるが、姓が劉であるのにちなんで漢を名乗ったのであって、後漢《こうかん》の高祖と称される。

　高祖はしかし、すぐ中原には乗り出さないで、地方の軍閥に檄《げき》を飛ばして、契丹にたいする反抗運動をけしかけた。北方民族の契丹軍は暑さに弱い。開封に侵入したのは厳冬の時季であったが、陽気が暖かになると北方の平原がなつかしくなる。そのうえ中国人のゲリラ戦は日ごとに激しくなってくるので、耶律徳光は北の方へ引き揚げることにした。開封に入城してから三ヵ月にもならず、契丹による中原統治は完全な失敗におわったわけである。

耶律徳光が中原から撤収するにあたり、遼国内地に送致された官吏・女官・宦官・技術者らの文化人をはじめ、図籍・礼楽器などの伝世の文物はおびただしい数に達した。三月十七日、開封を出発した耶律徳光に従って北方に向かった中国人の官吏と軍士はそれぞれ数千人を数えた。このとき馮道も徳光に従って北行した。契丹の后族の蕭翰《しょうかん》は汴《べん》州宣武軍節度使として踏み留まり、後始末の任にあたった。

契丹は、開封城内のあらゆる財貨を掠奪して持ち去った。相州では契丹の守備兵数百人が殺されたので、帰国の途中、四月に相州を通過したときには、報復として男子を皆殺しにし、婦女を奴隷にして引き揚げた。幼児は空中にほうりなげ、刀をかかげて試し斬りにして楽しんだという。そのあとへふたたび中国の官吏が入城して調べると、十余万人の遺骸があり、わずか七百人の男女が助かっていただけであった。まさに三百年の後に、チンギス・ハーンがホラズムにたいして行なった大虐殺の手本がここにみられた。こんな悲劇は至る所で繰り返されていた。こうまでいためつけられると、中国人も奮起せざるをえなくなった。各地のゲリラ戦で、ついに契丹の太宗耶律徳光をして本国へ引き揚げざるをえなくさせたことは、ますます中国人にも自信をもたせる結果となった。

クーデタ

馮道《ふうどう》らをともなって北方に引き揚げた耶律徳光は途中で病気にかかり、恒《こう》州の手前の欒《らん》城《じょう》で死んだ。四月二十一日のことであり、四十六歳であった。契丹人はその遺骸が腐らぬように、腹をさいて腸《はらわた》をぬき、塩を詰めてもち帰った。これを帝羓《ていは》といった。

ところで、太宗耶律徳光は、太祖の阿保機の長男ではなかった。太祖が死んだとき、勢力はまったく皇后の述律《じゅつりつ》氏に帰したが、彼女は、長男の人皇王よりも次男の徳光の方を愛し、これを即位させたかった。そこで二人を馬に乗せてならべ、臣下の者に、

「自分はどちらが可愛いということはない。おまえたちは天子として適当と思う方の轡《くつわ》を取れ」

といった。皇后の意を知った臣下たちは、争って弟の方を選んだので、次男の徳光が即位したのであった。

いまや徳光が恒州近くで死んだとき、述律太后をはじめ、太弟李胡、皇子璟《えい》らは首府の臨潢《りんこう》に留まり、人皇王の子の永康王兀欲《こつよく》だけが軍中にいた。契丹の将軍たちはかれを擁立

して即位させた。これが遼の世宗である。兀欲は即位したとはいえ、徳光の子が本国にいるうえに、述律太后の許可を受けずに勝手に即位したので、不安感が残り、いそいで帰国することにした。そこで徳光の従弟の麻荅《まとう》を中京留守に任じて恒州の守備にあたらせ、後晋につかえた文武官や士卒は恒州に留めておき、翰林学士の徐台符と李澣《りかん》の二人と女官や宦官だけをひきつれて五月二十一日に恒州を出発した。

馮道らは耶律麻荅のもとで、恒州に留まった。開封に残って後始末の任にあたっていた蕭翰《しょうかん》も、ついに開封をみかぎって北上し、六月一日には恒州に到着して麻荅と合流した。蕭翰の属する蕭氏は、耶律氏とともに、遼代のキタイ族社会を特徴づける両姓であり、早期社会にみられる双分組織（フラトリー）の半族であるとされる。帝室の耶律氏はつねに

遼（契丹）系図

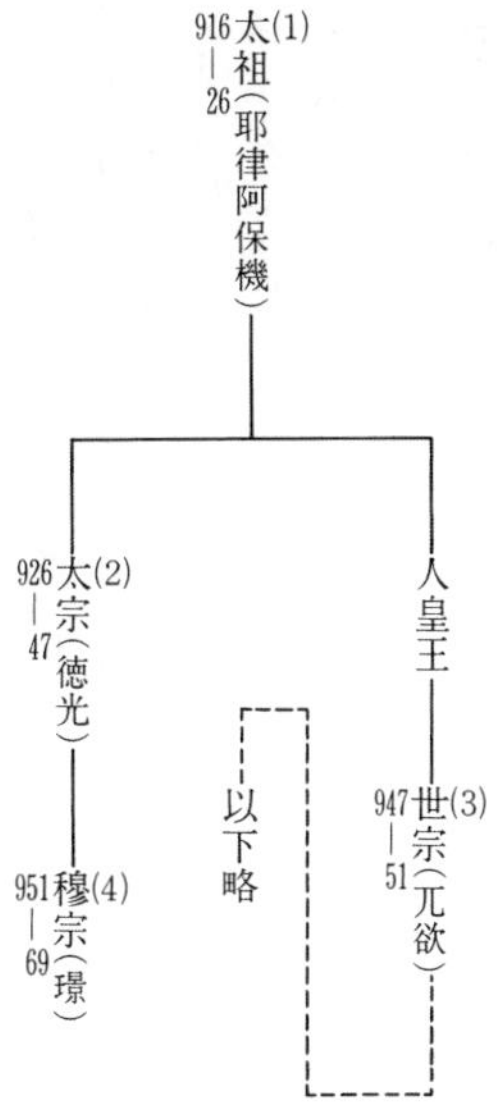

蕭氏から后妃をめとるのであって、牡馬＝耶律氏と牝牛＝蕭氏とのフラトリー＝トーテミズムが契丹族の社会に存在するといわれている。

晋陽で即位した後漢の高祖劉知遠は、蕭翰の引きはらった開封に、六月十一日に入城した。後晋時代の藩鎮がぞくぞくと来降してくる。高祖は詔をくだして大赦を行ない、契丹によって任命された節度使以下の将吏は、現職に留まってよいことにした。しかし馮道らは恒州、すなわち鎮州にいて、耶律麻荅や蕭翰らにつかえざるをえない状態がつづいていた。

麻荅は貪猾《どんかつ》残忍であり、民間に珍宝や美女があれば、必ず奪い取ってき、抵抗する者がいると、盗人だということにして目玉をくりぬいたり、腕をたちきったりしたあげく焼き殺して、みせしめとした。あまりの暴虐ぶりに、中国人による恒州付近のゲリラ戦はますます活発となってきた。恒州に留まった契丹人の騎士は二千人たらずであるのに、麻荅は一万四千人分の食糧を要求し、余った分は自分のふところにいれてしまい、中国人の官吏の食糧はなるべく減らす方針をとった。中国人の官吏たちは憤激し、後漢の高祖が開封に入城したニュースを聞き、どうかして開封へ南下したいと願っていた。

近衛軍の指揮使の一人である李栄《りえい》と何福進《かふくしん》は、ひそかに数十人の部下たちと契丹を攻撃する方法を相談したが、これまでの契丹の強盛ぶりを思い知らされているので、なかなか決心がつかない。たまたまゲリラ戦の鎮圧に契丹人の主力が遠出し、恒州には八百人しか残らない状態が出現した。好機到れりと、何福進らはクーデタを決行することにし、翌日の食事どきに仏寺の鐘が鳴るのを合図に攻撃することを決めた。閏七月二十八日のことである。

一方、契丹本国に向かった世宗兀欲は、述律太后らに入国をこばまれたが、打ちやぶって上京臨潢府にはいり、太后と太弟の李胡を太祖阿保機の墓に幽閉した。ついで太宗の耶律徳光の葬儀を木葉山で行なうことにし、馮道をはじめとするおもだった朝士十人を呼びよせて会葬させることにした。馬にまたがった使者が恒州に到着した。伝令を受けた麻荅は、馮道をはじめ、枢密使の李崧《りすう》や左僕射の和凝《わぎょう》らを役所に招いて、臨潢府への出発を説得しようとした。閏七月二十九日の朝のことである。

この日は、いつになく李崧一人がまず役所につき、用件を聞いて、懼《おそ》れのあまり、真っ青になった。麻荅は、

「明日、ほかの朝士たちと一緒に出発してもらいたい」

といった。そこで李崧は、馮道や和凝の出勤をまたないで退庁した。役所の門をでたところで、ぱったり馮道らに会い、立ち話をしたあと、みなは一斉に回《まわ》れ右をし、別れて帰った。

鎮州（恒州）にある開元寺の鐘楼。クーデタの合図の鐘はこれをさすのであろう

ほどなく、食事どきを知らせる仏寺の鐘の声が鳴りひびいた。それを合図に、計画に加わった数十人の中国人の兵士は、門を守備していた契丹兵の武器を奪い取って十余人を殺し、役所の中へ突入した。李栄はまず武器の貯蔵してある甲庫を占拠し、中国人兵士と一般人を呼び集め、鎧と武器を渡し、牙門《がもん》に火をつけて契丹人と交戦をはじめた。李栄は中国人の武将たちを集めて協力を頼んだ。近衛軍の指揮使の一人である白再栄は、このクーデタの成行《なりゆき》に疑問をもち、別室に隠れていたが、兵士たちが佩刀《はいとう》して乗りこんでき、幕をあけて臂《ひじ》をひっぱったので、やむをえず参加した。武将たちはつぎつぎに到着し、煙火は四方からおこり、鼓の音がとどろきわたった。麻荅らはびっくり仰天し、宝貨と家族を車につんで北城に逃げこんだ。しかし中国兵の側も、全体の統率にあたる者がなく、貪狡《どんこう》な者はどさくさにまぎれて火事場泥棒を働き、臆病者は逃げ場所をさがすのに精いっぱいに

なっていたのである。

翌八月一日、牙城の北門から押しいった契丹兵は、一夜の間に、見違えるばかりに勢力をふるわせた。中国人の住民の死者は二千人をこえた。クーデタが失敗におわるのを恐れた前磁《じ》州刺史《しし》の李穀《りこく》は、馮道と李崧《りすう》、和凝《わぎょう》の三人に戦場にでて士卒を慰労してくれるように頼んだ。馮道らが姿を現わすのをみた士卒は、元気百倍して突撃していった。夕暮れが近づくころ、数千の村民が城外に集まって騒ぎだし、契丹人の宝貨と婦女子を奪う勢いをみせた。契丹人たちは懼《おそ》れて北に逃げだした。麻荅らもみな恒州の東北に位置する定州に向かい、義武節度使の耶律忠に合流したのである。ついに中国人は恒州から契丹人を追いだすことに成功した。

馮道らは四方にでて兵民を按撫した。みなは馮道に節度使になることを望んだ。しかし馮道は、

「わたしは書生であって、上奏するだけだ。儒臣は何もしなかったので、クーデタが成功したのはみな武将たちの力だ。武将のなかから節度留後《りゅうご》を選ぶべきです」

といって断わった。このクーデタでもっとも手柄をたてたのは李栄であったが、白再栄の方が地位が上であったので、再栄を留後にして、かりに主帥とし、開封の後漢高祖に文書を送って援軍の派遣を要請した。

翌春、中国人の攻撃を懼れて、耶律忠ともども定州を放棄して契丹本国に帰った耶律麻荅は、世宗耶律兀欲から鎮州を失守した責任を追及された。麻荅はすぐに詫びはしなかった。

「朝廷が馮道らの中国官吏を呼びよせようとされたから、反乱をひきおこしたのです」

といい張った。しかし世宗は、麻荅を鴆殺《ちんさつ》させたのである。

この日、もし李穀が思いつかず、馮道らが士卒を慰労しなかったら、クーデタはもろくも失敗し、契丹人による報復がはげしく行なわれたであろうといわれる。しかしながら、その前日、李崧一人で登庁せず、いつものように馮道や和凝とつれだって麻荅にあい、耶律徳光の葬儀に出席を要求され、そのだれかが躊躇でもしていたら、きっと全員が俘虜にされていたことであろう。もしそんな事態が展開されていたら、このクーデタの行方はどうなっていたであろうか。その当時の人は、

「馮道は布衣《へいみん》のときから至行があり、公朝に立って重望があった。その陰報が昭《あき》らかに働きかけること、多くこの類である」

といったという。また馮道は恒州にいた期間に、中国人の士女が契丹人の俘虜になるのをみると、ふところをはたいて買い戻し、みな近くの高尼精舎に身を寄せさせ、あとでつぎつぎにその家に送りとどけたのである。

九　長楽老自叙

隠居職

九四七年八月に契丹の耶律麻荅《やりつまとう》らが鎮州（恒州）から追いだされたあとも、しばらく留まっていた馮道《ふうどう》・李崧《りすう》・和凝《わぎょう》の旧宰相たちは、まもなく都の開封にやってきた。九月二十八日、高祖は、李崧と和凝をそれぞれ太子太傅《たいしたいふ》、太子太保《たいほ》という名誉職に任命したが、馮道にたいしては何の音沙汰もなかった。それだけではなく、開封にあった馮道の邸宅は蘇《そ》禹珪《うけい》に、李崧の邸宅は蘇逢吉《そほうきつ》に与えられていた。蘇禹珪と蘇逢吉の二人は、河東晋陽で高祖が即位するや、宰相に任ぜられた者であり、かれらが開封に入城したとき、馮道らは鎮州の契丹のもとにいたから、その邸宅が取りあげられてしまったのである。鎮州から開封にやってきた馮道にたいして、高祖は鎮州での働きをほめてすぐに守太師という朝廷最高の位につけたかのごとく、『旧五代史』の本伝に書かれているが、馮道が守太師になって朝請を奉じ、斉国公に進封されたのは、翌九四八年の一月十一日のことであって、高祖の死の半月前にやっと正式の官職を与えられた。

高祖は馮道にたいしてあまり好感をもたず、守太師に任じたのも、お義理でしたようにみえる。馮道もすでに六十七歳になり、現役でばりばり活躍することはすこし無理な状態になっていたことも事実であるが、高祖劉知遠が馮道に好感をいだいていないのにも理由があった。後晋の高祖石敬瑭《せきけいとう》の天福六年（九四一）の秋に、侍衛親軍馬歩都指揮使の任にあった劉知遠は、河東節度使となって晋陽の守備につき、副都指揮使の杜重威《とじゅうい》が後任に昇格し近衛軍の総指揮者になったことがあった。この人事は、劉知遠にとっては左遷であると感じられた。そしてこのとき石敬瑭の本心を察して敬瑭の妹婿である杜重威が有能であることを力説して推薦した宰相の馮道と李崧の二人を、劉知遠は恨んでいたからである。馮道が宰相より位は上ではあれ、名誉職しか与えられなかったのもやむをえなかった。

九四八年一月二十七日、臨終の床に重臣の蘇逢吉や郭威《かくい》を呼んで高祖が遺言したことは、若年の息子劉承祐《りゅうしょうゆう》をもりたててくれということと、もう一つは、杜重威父子を誅殺《ちゅうさつ》せよということだった。五十四歳で亡くなった高祖劉知遠は、即位してから満一年にもなっていなかった。ついで劉承祐が十八歳の若さで即位した。後漢の隠帝である。馮道はひきつづき守太師奉朝請《ほうちょうせい》として、ことあるばあいに朝廷にでて天子のご機嫌伺いをする権利を与えられていたが、これは体裁のよい隠居職であった。乾祐《けんゆう》三年（九五〇）十一月に隠帝が乱兵に殺されるまでの三年近くを、この朝廷最高の隠居職に馮道は悠悠《ゆうゆう》とすわっていた。六十七歳から六十九歳にかけての時期であった。

馮道は、この隠居職にあった隠帝の乾祐三年の夏に、有名な自叙伝〝長楽老自叙《じじょ》〟を書きあげた。悠悠自適の生活を送るようになって暇ができたし、また六十九歳という自分の年齢にかんがみて、ふたたび政治の表舞台にでることもあるまいから、長かった人生・政治生活をふりかえって、日ごろ考え、行動してきたことを書きとめておく気持になったのも、ごくしぜんな心の動きであろう。そして、馮道に自分の死について思いをはせ、この自叙伝を執筆する直接の動機を与えたのが、旧友の劉審交《りゅうしんこう》の死であった可能性はあるだろう。

この年の二月十九日、汝州防禦使の劉審交が死んだ。汝州の民衆は朝廷に願書をだし、仁政を行なった審交のために汝州で葬儀を行ない、碑をたてて記念したい、と申しでてきたので、詔して許可した。馮道が、燕王劉守光の参軍であったとき、劉審交は兵部尚書として馮道の上司であり、それ以来、四十年の歳月がすぎていた。とんとん拍子に出世街道を驀進《ばくしん》した馮道とは対照的に、五歳年長の劉審交はゆっくりと官界をあゆみ、各地の刺史《しし》を歴任し、後晋では財政の最高責任者である三司使に任ぜられたこともあった。後漢の隠帝は即位するや、かれを汝州防禦使に任命した。汝州は都の近くで、難治という定評があったのに、よく弊害を取り除き、好評を博した。

そのかれが七十四歳の天寿をまっとうし、死後も州民から惜しまれているのを知った馮道は、

「わたしはかつて劉審交の僚佐であったので、その人となりを知っている。廉平《れんぺい》慈善、害《そこ》なうなきの良吏であった。遼・磁州の刺史、陳・襄・青州の防禦使として、いずれも平《へい》允《いん》と称せられ、とくに尤《とが》とてなかった。汝州を治めたとて、それと異なろうはずがない。民の租賦《そふ》を減らすことはできず、徭役《ようえき》を息《や》めることもできなかった。寒がる者に衣《き》させることもできず、餒《う》えた者に食べさせることもできなかった。百姓《ひやくせい》はみずから汲々としているから、刺史の勤めは、わたくしにとってもとくに困難なことではない。しかし身死するの日、黎民《れいみん》にこのような思慕をいだかせたのは、まことに鞭扑《むち》を用いず、無茶な搾取《さくしゆ》をせず、公にことよせて私欲をむさぼらず、他人を害して自己に利することをせず、確然として良吏の勤めをし、罰を薄くし過《あやまち》を宥《ゆる》し、身を謹んで節用し、俸禄に安んじ、礼分を守ったからにすぎない。これは刺史に従事する者ならだれにもできることです。しかし前任の刺史たちはそうすることはできず、だからこそ汝州の民は咨嗟《しさ》し愛慕するのだ。いまは天下戎馬《じゆうば》の後、四方兇盗の余、織機は空にして賦斂《ふれん》は繁く、人民は稀で倉廩《そうりん》はとぼしい状態

だ。これを康泰《こうたい》とかろがろしくいえたものではない。地方長官がもし十分に哀矜《あいきょう》すれば、聚斂《しゅうれん》に至らず、無罪の人民は殺さないことになるであろう。人民は国家の根本であり、政治は人民の根本だ。和平にし寛易《おだやか》であれば、劉君の行政ぶりは賞讃するに値しないでしょうし、だれでも令名をうることができるであろう」

といい、哀詞六章を書き表わして劉審交の墓碑の裏側に彫りこんだ。

　この馮道の言葉を読んで、馮道は劉審交をほめてはいないではないか、と考えるのは、誤解といわねばならない。ほめ言葉には、いろいろな型があり、このようなほめ方が、いかにも馮道らしいのである。軍閥がのさばり歩くこの乱世においては、文官は大多数の人民のために自分のできる範囲のことで、精いっぱい努力するしかほかに道はない。馮道はいつもそう考え、実行してきた。劉審交もそのように行動してきた、と馮道は感じ、親愛感をいだいてきた。いまや、その劉審交は死んでしまった。三十年前に自分を頼って晋陽へやってきた龍敏も、二年前に亡くなった。自分を引き立ててくれた先輩の文筆の臣、盧質が歿してからすでに七年の星霜が過ぎていた。自分の死もそう遠いことではなかろう。そう考えたであろう馮道は、ある日、自分があゆんできた人生をふりかえり、自叙伝ともいうべき〝長楽老自叙〟を書きあげたのである。

自叙伝

馮道《ふうどう》〝長楽老自叙〟は、『容斎《ようさい》随筆三集』によると、その全文は范質《はんしつ》の『五代通録』に収録されていたという。この書物は佚亡《いつぼう》して現存しないが、『旧五代史』の本伝（巻一二六）と『冊府《さっぷ》元亀《げんき》』（巻七七〇）に引かれてあるものが、原形を忠実に伝えているとみて大過はあるまい。両書の引用文には文字の異同がままあるが、両方を参照しつつ自叙の内容を紹介してみよう。

自叙はつぎのような書きだしではじまる。

「わたしの世家宗族は、始平・長楽二郡に本づいていて、歴代の名実は、国史・家牒に具載されている。わたしは先に燕から亡《に》げて晋（後唐）に帰し、荘宗・明宗・閔帝《びんてい》・清泰帝につかえ、また晋の高祖皇帝・少帝につかえた。契丹が汴《べん》京に拠《よ》るや、戎主《じゅうしゅ》に支配された。鎮州から文武臣寮・馬歩将士とともに漢朝に帰し、高祖皇帝・今上につかえた。顧みておもうに、久しく禄位をむさぼり、備《つぶ》さに艱危《かんき》を経歴し、上は祖宗を顕らかにし、下は親戚を光《かが》やかした」

馮道の家系が、始平郡・長楽郡の名族の系統をひいていることを述べ、ついで若いころからつかえてきた天子の名を列挙している。清泰帝とは末帝のこと、『冊府元亀』には

「二戎主」とあり、そのばあいは耶律《やりつ》徳光と兀欲《こつよく》をさす。書きだしからして、あまたの王朝の十人に達する天子に歴仕したことをむしろ誇らしげに述べているのは、尋常ではない。この文章につづけて、曽祖父母から父母にいたる名前と贈官をしるしたあと、つぎのように叙述する。

「わたしは、『階《かい》』は、将仕郎から、朝議郎・朝散大夫・銀青光禄大夫・金紫光禄大夫・特進・開府儀同三司に転じた。『職』は、幽州節度巡官・河東節度巡官・掌書記から、ふたたび翰林学士となり、改めて端明殿学士・集賢殿大学士・太微宮使を授けられ、ふたたび弘文館大学士となり、また諸道塩鉄転運使・南郊大礼使・明宗皇帝・晋高祖皇帝山陵使に充《あ》てられ、ふたたび定国軍節度同州管内観察処置等使を授けられ、ひとたび長春宮使となり、また武勝軍節度鄧《とう》随均房等州管内観察処置等使を授けられた。『官』は、摂《しょう》幽府参軍・試大理評事・検校《けんぎょう》尚書祠《し》部郎中兼侍御史・検校吏部郎中兼御史中丞・検校大尉同中書門下平章事・検校太師兼侍中から、また検校太師兼中書令を授けられた。『正官』は、行台《こうだい》中書舎人から、ふたたび戸部侍郎となり、兵部侍郎・中書侍郎に転じ、ふたたび門下侍郎・刑部・吏部尚書・右僕射となり、みたび司空となり、ふたつは中書にあり、ひとつは本官を守り、また司徒兼侍中を授けられ、私門に十六戟を賜わり、また太尉兼侍中を授けられ、また戎の太傅を授けられ、また漢の太師を授けられた。『爵《しゃく》』は、開国男から、開国公・魯国公にいたり、ふたたび秦国公・梁国公・燕国公・斉国公に封ぜられた。『食邑』は、三百戸から、一万一千戸にいたった。『食実封』は、一百戸から、一千八百戸にいたった。『勲』は、柱国より、上柱国にいたった。『功臣名』は、経邦致理翊賛功臣から、守政崇徳保邦致理功臣・安時処順守義崇静功臣・崇仁保徳寧邦翊聖功臣にいたった」

劉守光の参軍になってから現在にいたるまでの四十年間についた官職、与えられた爵や功臣名を、一つ残らず書きつらねたわけで、まことに見事というほかはない。前後の時代を通じて、自分で自分の官歴・履歴をこのように、無味乾燥なまでに列挙した例は、みあたらない。何のこだわりもなく、天真爛漫《てんしんらんまん》に書きとめる馮道の姿を想像すると、微笑を禁じえない。かれの生きがいは、高位高官について、祖先を顕彰することであった、とさえいえるほどである。

なお、中国における官制発達史において、五代をはさんだ唐から宋への期間に行なわれた変貌は目を見張るものがあるが、そのさい、ここで馮道が「階」・「職」・「官」・「正官」・「爵」・「食邑」・「食実封」・「勲」・「功臣名」の項目をかかげていることは、注目に値する。摂・試・検校のばあいが「官」であって、「正官」と区別されている。この自叙で、馮道が自己の官歴の列挙に多くのスペースを割いていることが、わたくしが本書でかれの

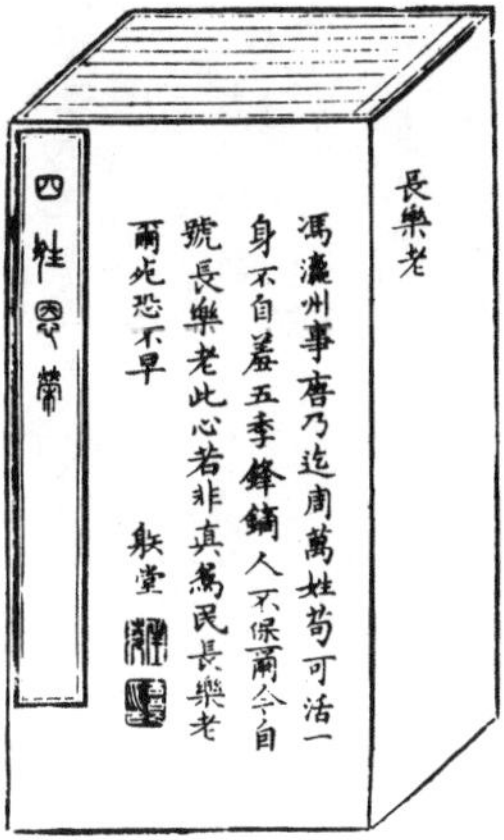

金古良『無双譜』に描かれた馮道像（右）と略頌（左）

官歴の変遷をできるかぎり詳しく紹介してきた理由の一つなのである。

自己の官歴につづいて、家族について述べている。馮道は、はじめ徳州の戸曹参軍であった褚濆《ちょふん》の女《むすめ》を娶ったが、早死にしたので、あとで景州弓高県の県令であった孫師礼の女を娶ったという。結婚はおおむね対等の家柄の間で行なわれるのが通例であったから、馮道の家も、州の僚属や県令を送りだす程度の景城県での素封《そほう》家であったと考えてよい。息子は六人いたが、三人は死んで、次男の吉と五男の義と六男の正がいまも官僚生活を送っている。嫁《かたつ》いている長女のほかに、三人の娘は若死にし、二人は生まれるなり死んでし

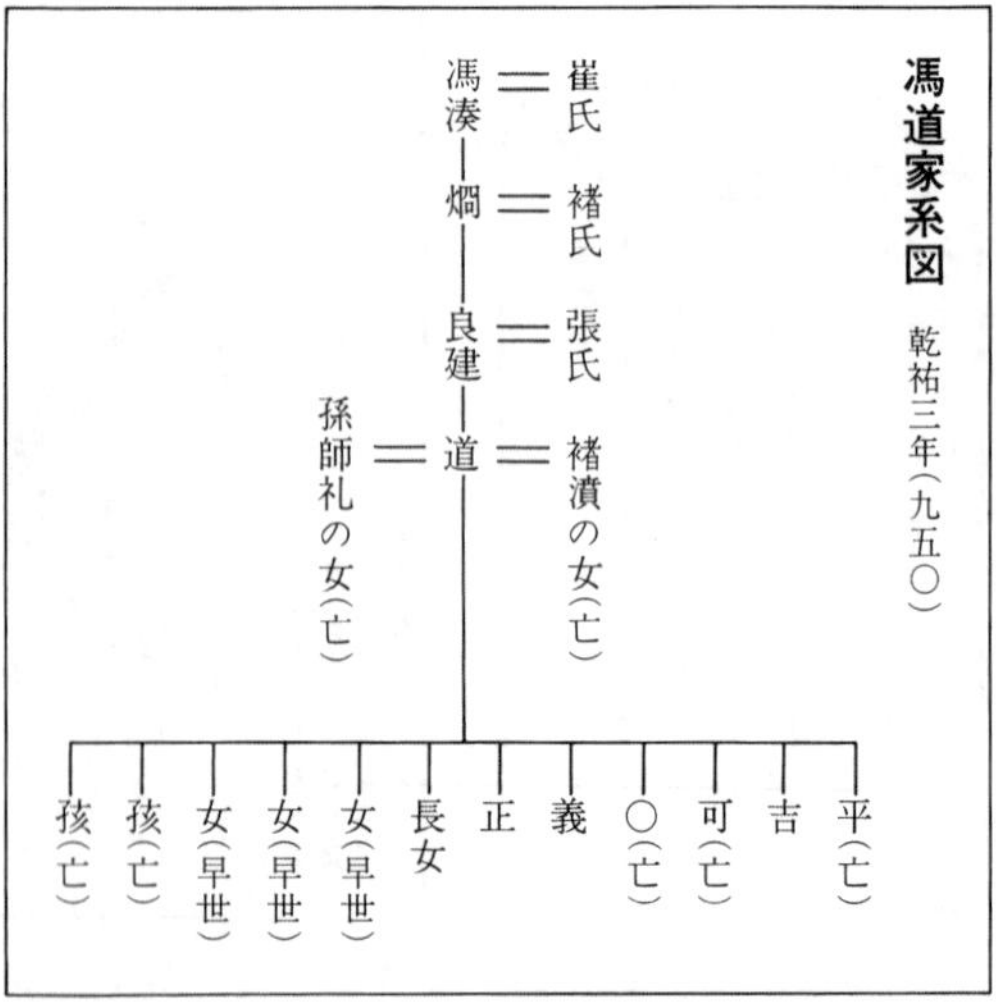

まった、という。

家族の記載についで、故郷と洛陽の邸宅の属する郷里の名称を改めてもらったことをしるし、最後に、これまで自分が守りつづけてきた生活のモットーと、死んだときの葬祭のあり方、現在の心境を吐露して筆を措《お》いている。この自叙は、遺言状でもあるのだ。

「静かに本末をおもい、慶《よろこ》び存亡におよんでいる。けだし国恩により、ことごとく家法に従い、訓誨の旨をうけて、教化の源にかかわり、〃家に孝〃なるにあり、〃国に忠〃なるにあり、口に不道の言葉はなく、門に不義の財貨はなかった。願ってきたことは、下には地に欺《あざむ》かず、中には人に欺かず、上には天に欺かないことであり、三不欺《ふぎ》をモットーとしてきた。賤しければ賤しいまま

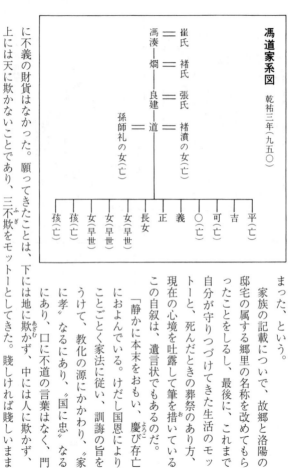

に、貴ければ貴いままに、長ずれば長ずるままに、老になれば老のままに過ごしてきた。親につかえ、君につかえ、年長者につかえ、人《たみ》に臨むばあいに、あきらかに天のおもいやりを蒙《こうむ》ってきた。なんども危難を経《へ》たのに多福を獲《う》ることができ、かつて蕃中に陥ったのに中原に帰ることができたのは、人の謀ではなく、天の祐《たすけ》であった。六合之内《このよ》で幸いであった者は、百歳之後《あのよ》にも帰するところがある。（わたしが死んだときには）珠玉を口にふくまさないで、時季《じき》相応の衣服をきせておさめ、あらいむしろにつつんで葬り、不毛の地を択んで葬るように。かくするのは、古人におよばないからである。祭るには一匹の羊ですますように。殺生を戒《いま》しめるから、生命をそこなわない物で祭るように。神道碑を立てないように。祖先三代の墳前に碑を立てていないから。諡号《しごう》を請わないように。無徳であるから。また考えてみると、賓佐から王佐《さんこう》に至り、および藩鎮を領したときに、あるいは国にわずかな利益を与えた事節は、みな公の記録に著わされているし、著述した文章と篇詠は、多事によって散失したもの以外は、収集して家集に編してあるから、それらのなかに私の志をみることができる。心情を知ってくれる人と罪《とが》める人と、どちらが衆《おお》いか寡《すく》ないかを知らない。別荘があり、邸宅があり、多くの蔵書があり、その業を襲《つ》いでくれる三人の息子がある。そこで、日日《ひび》に五《ご》たび手を洗い、日日に三《み》たびわが身を反省し、そのうえになお日日に亡《な》くしたことを知り、月月になしえたことを忘れないようにしている。子であり、弟であり、人臣であり、師長であり、夫であり、父であった。子をもち、猶子《ゆうし》をもち、孫をもっている。身を奉《やしな》うことには余りがあったが、時世のためにする点では足りなかった。何が足りなかったのか。大君のために一統を致し、八方を定めることができなかったのだ。まことに歴職・歴官にたいして愧《はず》かしい。どうして乾坤《てんち》のほどこしに応《こた》えたらよいのだろうか。ときに一巻を開き、ときに一杯を飲み、五味を食《くら》い、五声を別《わか》ち、五色を被る。老いて当代に安んじている。老いてみずから楽しむ、これ以上の楽しみがあるだろうか。時に乾祐三年の朱明の月なり。長楽老、序していう」

自叙はこれで完結している。朱明の月とは夏のことであり、これが九五〇年の四月から六月にかけてのある日に書かれたことがわかるのである。

国に忠

古来、馮道ほど誤解を受けつづけてきた人物は、そう多くはない。かれが名乗った「長楽老」という号は、元来は、馮氏が長楽郡の郡望《ぐんぼう》である点に由来することは、この長楽老自叙の書きだしに、馮家が「始平・長楽二郡に本づく」とあることからはっきりするのに、いつのまにか、自叙の末尾の「老いてみずから楽しむ」を「長じてみずから楽しむ」と訳しかえ、長楽老の名はここに由来すると考えられてきた。これは誤解ではあるが、できのよい誤解であると思う。馮道自身も、この説を耳にしたら、会心の笑《えみ》をみせこそすれ、怒りはしないことだろう。

老いてみずから楽しみ、悠悠自適の生活を、文字どおりに謳歌《おうか》していた。いくたびか災難にあい、明日をも知れぬ身を経験したが、いつも無事に切りぬけ、栄位高官の座を離れることは稀であった。天子自身は気が進まなくとも、馮道を宰相の座にすえておかなければ、おさまりのつかぬ例もあった。馮道自身は、いつも与えられた条件の下で、自分が最善と信じる道を歩んできた。自分がその時点で、できうる最善最良のことを行なえば、天はきっと祐《たす》けてくれるものと信じて疑わなかった。

かれの「天道」と題する詩にいう。

窮達皆由命　　窮達《きゅうたつ》はみな命《めい》に由《よ》る
何労発嘆声　　何ぞ嘆声《たんせい》を発するをわずらわさんや
但知行好事　　ただ知る好事を行ない
莫要問前程　　前程《ぜんてい》を問うを要するなかれ
冬去氷須泮　　冬さらば氷かならずとけ
春来草自生　　春きたらば草おのずから生ず

請君観此理　請う　君この理をみよ
天道甚分明　天道はなはだ分明なり

馮道《ふうどう》の生き方は、単純といえば単純、プリミティブといえばプリミティブであって、そこには、司馬遷のごとき、「天道是か非か」という深刻な疑いは存在しなかった。天性の楽天家なのであった。

欧陽修は『新五代史』の馮道伝でこの長楽老自叙に言及し、馮道は、

「すでにこもごもつかえてきた四朝と契丹で得た階勲官爵を陳べて栄とし、家に孝であり国に忠であったとみずから謂っている」

と書いている。家に孝なるはべつとして、四つの王朝と異民族の契丹につかえた男が、忠であろうはずがなく、だから、「みずから謂う」と書いて言外に非難したのであろう。

馮道の伝記の執筆にはおおむね好意的な態度を示している薛居正《せつきよせい》らの『旧五代史』の本伝でさえ、史臣いわくとして、

「(馮)道の履行《りこう》、鬱《うつ》として古人の風あり、道の宇量、深く大臣の体を得たり。然れども、四朝につかえて六帝に宰相たり、忠と謂うをうべきか。それ一女が二夫にまみえることは、人の不幸なり。いわんや再三なる者をや。終りを飾るの典、諡《おくりな》に文貞・文忠となすをえざる所以《ゆえん》は、蓋《けだ》しこれを謂うなり」

と述べ、馮道は不忠であると貶《けな》しているのである。欧陽修は論賛で、廉恥なき者というべきだとしている。

宋代のように君臣の分が定まった時代から顧みると、馮道の官界遊泳ぶりにたいして、不忠のレッテルをはる方がむしろしぜんのことである。一つの王朝、一人の天子にたいして忠義をつくすこと、それが忠であり、「君に忠」というわけであろう。ところが、馮道はこの長楽老自叙のなかでは、「家に孝なり」にならべて、「国に忠なり」と書きこそすれ、「君に忠なり」とは書いていないのである。「けだし国恩により、ことごとく家法に従い」とは書いても、「君恩により」とはいわない。

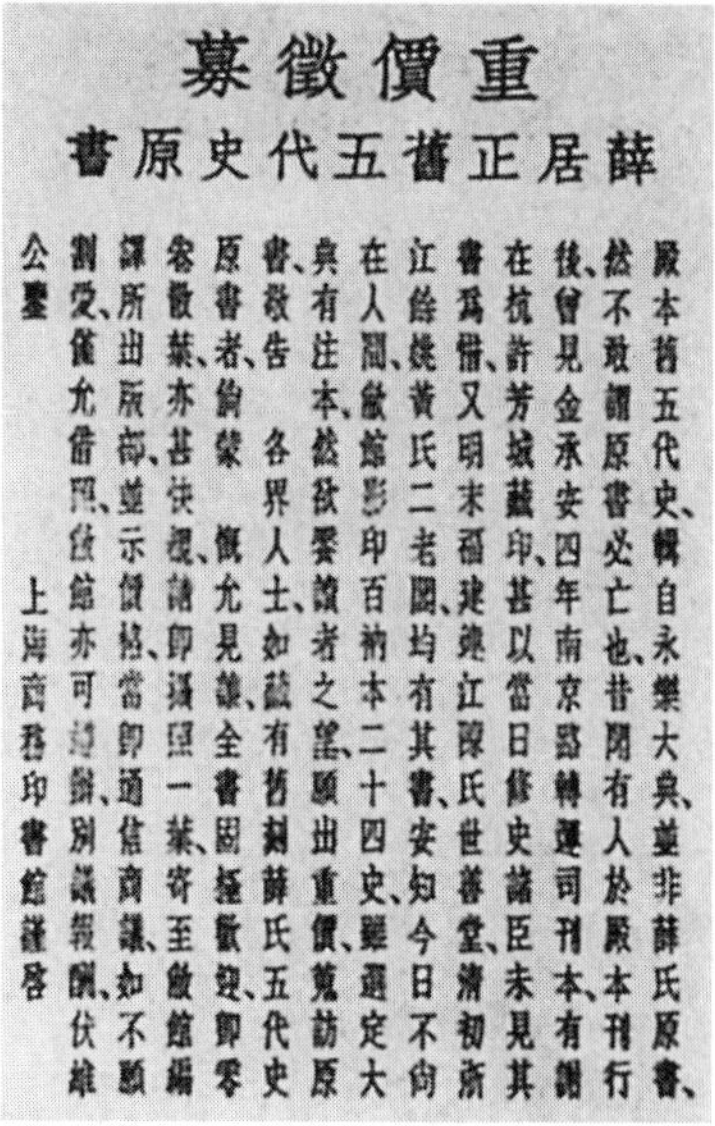
重價徵募

薛居正舊五代史原書

殿本舊五代史、輯自永樂大典、並非薛氏原書、然不敢謂原書必亡也、昔聞有人於殿本刊行後、曾見金承安四年南京路轉運司刊本、有謂在杭許芳城藏印、甚以當日修史諸臣未見其書爲惜、又明末福建連江陳氏世善堂、清初浙江餘姚黄氏二老閣、均有其書、安知今日不尚在人間、敝館影印百衲本二十四史、雖選定大典有注本、然欲饜讀者之望、願出重價、懸訪原書、敬告　各界人士、如藏有舊刻薛氏五代史原書者、倘蒙　慨允見讓、全書固極歡迎、即零卷散葉、亦甚快覩、請即攝照一葉、寄至敝館編譯所出版部、並示價格、當即通信商議、如不願割受、僅允借照、敝館亦可酌[illegible]、別議報酬、伏維

公鑒　　上海商務印書館謹啓

『旧五代史』の原本を買い求める広告

　中国における君臣観念は、長くて厳しい歴史の試練を

へて、進化し、複雑化してきている。中国における天子という存在は結局のところ、人民に奉仕する者でなければならない。臣下とはこの天子に奉仕する者なので、天子に奉仕する最終目的は人民への奉仕ということにつきる。だから孟子も、

「民を貴しとなし、社稷《こっか》これに次ぎ、君を軽しとなす」（尽心下）

と喝破していたわけである。したがって時の天子が一般民衆への奉仕を怠れば、臣下は天子を抜きにして直接に一般民衆に奉仕することも許されなければならない。馮道が、君に忠なりといわず、君を抜きにして「国に忠」といった意味は、このように理解できよう。五代のような乱世で、一つの王朝、一人一人の君主個人にたいして一蓮托生《いちれんたくしょう》の運命を共にする気ならば、命がいくつあっても足りない。こういう時世では一人の君主よりも絶対多数の一般民衆の方が大事なのである。その点では、馮道は一般民衆のためによく尽力したといえよう。馮道が、自信をもって、「国に忠」であったと書いたのを、虚言《そらごと》として一笑に付するいわれはない。

では馮道は、自分の生き方、政治のやり方が、いつも世人の賛同を得ていたと考えていたか、となると、そうではなかった。かつて馮道は朝廷内の事情に通じた客に、

「道《わたし》が政事堂にいるのにたいして、人はなんといっているか」

と問うたことがある。客が、

「是非が相半ばします」

と答えると、馮道は、

「一般の人間は、自分と同じ意見の者を是《ぜ》とし、同じでない者を非《ひ》とするものだ。道《わたし》を非とする者は、十人のうちおそらくは九人いることだろう。むかし孔子は聖人であったのに、それですら叔孫武叔《しゆくそんぶしゆく》に悪口をいわれた。まして道《わたし》のような虚薄な身であってみればなおさらであろう」

といったものである。しかし馮道は、他人から賛同はされなくとも、自分の生き方を終始一貫、変えようとはしなかった。

ユーモア

馮道の人柄について、『冊府元亀』(巻三一〇 宰輔徳行の条)には、つぎのように述べる。

「性は廉倹にして、四方の賂《ろ》を受けず、いまだ嘗って片簡《へんかん》で諸侯をさわがさず。私門の内に、累茵《るいいん》(かさねたしとね)なく、重味《ごちそう》なく、姫僕《めしつかい》を蓄えず、絲竹《おんがく》を聴かず。寒素の士の見《まみゆる》を求むる者あれば、かならず中堂に引き、平生に語りおよぶ。その待遇するや、こころ適莫《てきばく》なし。ゆえに朝代に遷置するも、ひと間言するなく、屹《きつ》として巨山のごとく転ずべからざるなり。議者おもえらく、厚徳にして稽古、宏才にして偉量なり。けだし漢の胡広・晋の謝安の徒《と》なるか」

范質《はんしつ》の『五代通録』から引用されたであろうこの文章は、馮道の私生活が、清廉潔白であったことを、見事に描きだしている。この点に関しては、馮道の悪口をいう後世のひとびとも、率直にみとめている。ただそのような個人的な家庭的なことは、小善にすぎず、大節こそが問題だというわけである。こころ適莫《てきばく》なし、とは、『論語』里仁《りじん》篇にもとづく言葉で、適《よ》きもなく莫《あ》しきもなく、であり、主観的な好悪の感情をもたないということである。公平無私な態度で他人と接し、私生活において後指《うしろゆび》をさされることはなかった。

九四二年七月二十三日、擁立してもらった功に報いるために、後晋の少帝が馮道に誕生日の贈り物をしようとしたが、六十一歳であった馮道は、

「幼いころに乱離にあい、早くに父母を喪《な》くして、誕生日を知りません」

といって、堅く辞退して贈り物を受け取らなかった。早くに父母を失った、というが、父の死は、馮道が四十二歳のときであるから、おそらく若いころに母の死に直面したのであろう。

家に孝であることを家庭生活の基調とした馮道は、四方からの賄賂を受け取らず、門のうちに不義の財貨を貯えず、質素な衣食に甘んじて、妻子とともに静かな毎日を送った。公私の区別ははっきりさせ、契丹へ出使することが決まったときなど、自宅へ立ち寄らな

いで出発した。

物と競うことのない性格は、家庭内においてもそのまま発揮された。明代の馮夢龍《ふうぼうりゅう》が編纂した諷刺小品文集ともいうべき『古今譚概《ここんたんがい》』に載せられた〝馮道〟と題するつぎのエピソードには、馮道のこの性格が遺憾なく現われている。

「馮道と趙鳳《ちょうほう》とはともに宰相であった。趙鳳の娘が馮道の仲子に嫁《かたづ》いていたが、料理がまずいと、馮道夫人にしかられた。趙鳳は知院という女中頭《がしら》をよこして文句をつけさせた。まくしたてること数百語。馮道は一言も答えない。女中頭が帰ろうとしたとき、ただこういっただけであった。『親家翁《おとうさん》に伝えておくれ。今日は好い雪だね』と」

口達者《くちたつしゃ》ぶりを発揮して立て板に水を流すように夫人の叱責の不当なことを訴える女中頭にたいして、だんまり戦術をきめこむ馮道。暖簾《のれん》に腕押しの応対にあいそをつかして帰ろうとする女中頭に、人を食ったような言葉を吐く馮道。かれは、ごくしぜんに、他人とのつまらない摩擦をさける振舞いのできる人間であった。実は、雪という言葉は、〝すすぐ〟という意味にもなるから、「今日はえらい腹いせで」とも読み取れる発言なのである。

趙鳳《ちょうほう》が宰相であったのは、後唐の明宗のときであるが、少しのちの馮道について、つぎのような話が伝えられている。

「馮道が宰相であったとき、科挙受験者の李導という青年が、みやげものをもって就職運動にやってきた。馮道は会ってやったあげく、冗談に、『老夫《わたし》の名前が道《どう》であることは以前から変わりはないし、そのうえ何度も宰相の役所にいたので、秀才《あなた》が知らない筈はなかろう。それだのに、道という名前で面会を求めるのは、礼のうえから可《よい》といえようか』といった。李導は大声をはりあげて、『相公《だいじん》は寸のない道の字であり、小子《わたし》は寸のある道の字です。どうして不可《いけ》ないといえましょうか』と反駁した。馮道は大笑いして、『老夫は単に名前が寸なしであるだけでなく、諸事もまた寸なしだ。吾子《きみ》は人を知っているよ』といい、ついに怒りの色をみせなかった」

寸なし、あるいは分寸なしというのは、筋道《すじみち》が通らない、ということで、人を侮蔑する言葉であった。しかし馮道はユーモアを解する人間であり、無礼者、と一喝することもなく、笑って過ごせる人間であった。馮道は単にユーモアを解するにとどまらず、滑稽味あり、頓智があって、これが気むつかしい武人の間を渡りながら、危害を受けずに過ごしてこられた一因であった。

『新五代史』の著者である欧陽修は、後晋の高祖石敬瑭《せきけいとう》のときの馮道について、『帰田録』(巻一)に、以下のようなエピソードを書きしるしている。

「故老の五代の時事を能くいう者がつぎのようにいっている。馮大臣道と和大臣凝《ぎょう》とは一緒に中書にいた。ある日、和が馮に、『公《あなた》の靴は新品だが、値段はいくらだった?』

と問うた。馮は左足をあげて和にみせ、『九百文』と答えた。和は褊急《せっかち》な性質だったので、すぐに小役人の方に向かって、『わしの靴はどうして千八百文もかかったのだ』といい、さんざん叱りつけた。しばらくたって、馮道はおもむろに右足をあげて、『こちらもまた九百文』といった。そこで満座の者が大笑いした」

この話は、『帰田録』にかぎらず、いろんな形で伝えられているが、欧陽修が、

「当時の人は、宰相がこんなことでは、どうして百僚を鎮服させえようか、と謂っていた」

というコメントをつけ加えている点が、他書と異なっている。そのような解釈も成立するが、いまは馮道には滑稽な振舞いがあり、ユーモアを解する人物であることを読者にわかってもらえればいいのだ。ちなみに、和凝は少年のころから曲子詞《こうた》をつくるのが好きだったので、宰相になってから曲子相公《しょうこう》と呼ばれた人物であった。

馮道は仁厚な性質《たち》で、人間を殺すことはいわずもがな、生物《いきもの》の生命を絶つことをすら、好まなかった。家に池があったので、生きた魚をもらうと、いつも池のなかに放してやった。亡くなった三男の馮可《ふうか》が殿中監丞であったとき、親父の目をかすめて池の魚を釣っていた。そのことを知った馮道はこころよく思わなかったが、すぐにしかりつけはせず、池のまわりの垣墻《かき》を高くし、門戸《いりぐち》に鑰《かぎ》をかけ、詩をつくって門に書きつけた。

高郤垣墻鑰却門
監丞従此罷垂綸
池中魚鼈応相賀
従此方知有主人

垣墻をたかくし　門にかぎし
監丞これより綸《つりいと》を垂《た》らすを罷《や》む
地中の魚鼈　まさに相賀《あいが》すべし
これよりはじめて知りぬ　主人あるを

十　柴栄の登場と馮道の死

郭威の挙兵

長楽老自叙を書きおえた馮道は、悠悠自適の生活を送り、ふたたび政治の第一線にでることはないかにみえた。後漢の高祖劉知遠と隠帝のもとでは、守太師という朝廷最高の官職を与えられてはいても、いわば敬遠され、祭り上げられた存在にしかすぎず、朝廷に出仕することも稀であった。だが、この馮道をひそかに敬慕する武将がおり、七十歳になんなんとする馮道を政治の中心に引きだした。その武将とは、劉知遠の片腕的な役割を果たしてきた郭威《かくい》であった。

隠帝が即位して二ヵ月たった乾祐元年（九四八）三月二十八日、河中節度使の李守貞が永興（長安）・鳳翔《ほうしょう》の二藩鎮と組んで、同時に後漢朝に反旗をひるがえした。後晋以来の重将であった李守貞は、同輩の杜重威が殺されたのを聞き、まもなくわが身にも災禍がおよぶと考え、先手をとって反乱をおこし、潼関《どうかん》をも手中におさめた。三藩討伐の軍隊がつぎつぎに派遣されるが、李守貞らの実力をよく知っている軍人たちは、途中で駐屯して、本気で討伐しようとしない。夏がすぎて秋にはいっても、だれも三藩に攻め入ろうとしない。事態を憂慮した隠帝は枢密使と宰相を兼ねている郭威を西面軍前招慰安撫使に任命して全軍を統轄する権限を与えた。八月六日のことである。

総司令官として西方の三藩討伐に向かうことになった郭威は、出発に先だち、隠居生活を送っている馮道を私第に訪問し、河中討伐の方策を問うたのであった。馮道は、いまは宰相の位にもおらないから国家の大事をあえて論議はできない、と辞退したが、郭威が是非にというので、やむをえずこうきりだした。

「相公《だいじん》は蒲博《ばくち》をよくご存じでしょう」

郭威は、もともと、町の無頼漢で、かの晋陽《しんよう》の李嗣昭の子の李《り》継韜《けいとう》が後梁に寝返り、金銭をばらまいて部下を募集したとき応募し、後唐の荘宗が後梁を滅ぼし李継韜を誅殺したときに荘宗の幕下にはいり、その後めきめきと頭角を現わした人物である。若いときに蒲博にふけり、しばしば罰せられた経験のある郭威は、馮道のこの一言を聞き、古傷を非難されたと勘違いして、むっと顔色を変えた。

馮道はそ知らぬ顔をしてつづける。

「蒱博《ばくち》では、財産の多い者は気が豪になって勝ち、財産の少ない者は心が怯《ひる》んで輸《ま》けるものです。李守貞はこれまで何度も近衛兵を指揮し、軍情が自分につくと思って謀反《むほん》したにすぎません。いま相公がまことによく官銭を惜しまず、広く恵愛を施し、賞罰を明らかにし、軍心をして国に許《つく》さしめれば、守貞を慮《おそ》れる必要はありません」

聞きおえた郭威は、

「恭《うや》うやしく命を受け賜わります」

と答え、馮道の策のとおりを実行にうつした。

これ以後、軍人たちは郭威の指揮に喜んで従うようになり、さしもの李守貞も翌年七月に焼身自殺し、三藩は鎮圧された。軍事に関しては豊富な経験をもつ郭威が、なぜ馮道に戦略を問うたのかは疑問である。馮道の支持を得ていると誇示することが、軍士たちの心をひきつけるうえで、心理的な効果があったのであろう。

三藩の反乱が鎮圧されたと思うと、今度は契丹が入寇して河北地方を横行しだした。乾祐三年（九五〇）四月に、契丹に備えるために、郭威が枢密使の肩書きのまま、天雄軍節度使として鄴都《ぎょうと》の任地におもむいた。養子の柴栄《さいえい》も牙《が》軍の指揮者として同行した。

ところで、隠帝が即位して以来、国政は部下の大臣や将軍たちの合議によって決せられ、天子の意のままにならぬことが多かった。隠帝はそれに不服で、宦官《かんがん》や太后の親戚たちの意見を聞き、自己の権力を取り戻そうとして、しきりに朝廷の大臣を殺し、ついに鄴都行営馬軍都指揮使の郭崇威《かくすうい》と歩軍都指揮使の曹威《そうい》に密詔をくだし、郭威と監軍使の王峻《おうしゅん》を殺そうとした。国都の開封にいた郭威と王峻の家族は先に殺され、幼児も免れず、悲惨をきわめた。密詔をたずさえた使者の宦官は途中で捕えられた。郭崇威や曹威らの将佐たちは、郭威に入朝してみずから訴えるように勧める。

十一月十五日、郭威は柴栄《さいえい》を鄴都に留め、みずからは大軍をひきいて開封に向かった。隠帝は軍隊を派遣したが、兵士たちが郭威の軍に降ったり、逃げ帰ったりしているうちに、郭威の軍は開封の北郊に到着した。隠帝が頼みとした慕容彦超《ぼようげんちょう》は兗《えん》州に逃げだし、二十二日に、隠帝は乱兵に殺されてしまった。郭威は城内の私第に帰ったが、軍人たちは一晩中、掠奪を働いていた。

翌二十三日、郭威は掠奪をやめる厳命をくだし、ようやくのことで治安は回復された。やがて馮道が百官をひきつれ郭威に謁見しにやってきた。郭威はてっきり天子に推戴してくれるものと期待していたが、表面では今までどおりに馮道に向かって拝をした。ところが、馮道は推戴する気は全然なかったのだ。郭威の拝を受けるしぐさは平常と変わらず、そのうえ、おもむろに、

「侍中どの、ご苦労さんでしたなあ」

とねぎらったのである。郭威は意気銷沈した。馮道の意向がこうである以上、後漢朝に取って代わることは、時期尚早であることを知り、翌二十四日、王峻と協議して、高祖の弟劉崇《りゅうすう》の子の徐州武寧軍節度使劉贇《りゅういん》を漢嗣とすることを決め、二十六日には太師馮道と秘書監趙上交《ちょうじょうこう》・枢密直学士王度《おうたく》の三人を徐州に行かせて劉贇を奉迎させることにした。

徐州についた馮道らは、劉贇を奉迎して都の開封にはいるために西に進み、徐州と開封の中間に位置する宋州までやってきた。たまたま遼の世宗耶律兀欲《やりつこつよく》が大軍をひきいて南下したので、郭威が軍隊をひきいて北上した。澶《せん》州まできたとき、軍人たちはクーデタをおこし、黄旗を裂いて郭威の身体にまきつけて天子の袍になぞらえ、郭威を擁してふたたび南下して開封に向かった。

澶州でのクーデタを知った枢密使の王峻らは、郭崇威に近衛兵の騎兵七百人をひきいさせて、劉贇を軟禁すべく宋州に向かわせた。郭崇威は恐るべき速さで宋州に到着し、城門の外に陳《なら》んだ。城内にいた劉贇は、大いに驚き、城門を閉じて城楼にのぼり、詰問した。郭崇威は、

「澶州でクーデタがあり、郭威どのは陛下の安否を気づかわれて、わたしを派遣して宿衛させられたので、それ以外の理由はありません」

とごまかした。ところが劉贇が呼びよせても、郭崇威は前へ進もうとはしない。劉贇の

郭威が黄袍をきせられる図

そばにいた馮道が城外にでて何事かを話して、はじめて郭崇威は城楼に登ってきた。

劉贇は郭崇威の手を取って涙を流した。自分から進んで天子になろうとしたのではないのだ。郭崇威は、郭威の本心はあなたを天子にすることに変わりはないのです、と口からでまかせをいってその場をとりつくろった。しばらくして崇威は城外にでた。徐州以来劉贇の警護にあたってきたのは、張令超がひきいる近衛部隊である。劉贇の側近の董《とう》裔《えい》は、崇威の立居振舞いが異常だし、郭威がすでに帝になったという噂もあるから、開封まで行くのは危険であるとし、急ぎ張令超を召して夜のうちに崇威を捕えて部下の近衛兵を手中に入れ、晋陽の劉崇のもとへ走ることを進言した。劉贇が決断をためらっているうちに、崇威は張令超をだきこんでしまい、令超は部下をひきつれて城外の崇威のもとに帰してしまった。

劉贇はどうにも手のうちようがなくなり、戦戦兢兢とするばかりであった。まもなく劉贇にあてた郭威の手紙が到着し、それには、軍隊によって擁立させられた事情がまず書かれ、ついで馮道だけを先に都に帰らせ、趙上交《ちょうじょうこう》と王度《おうたく》を留めて奉侍させたい、と記されていた。馮道は開封に向かうべく、暇《いとま》の挨拶をすると、劉贇は、

「寡人《わたし》がこうしてやってきたのも、恃《たの》むところは、公が三十年来の大臣だったからで、だから疑わなかったのだ。いまや崇威はわたしの衛兵を奪ってしまい、危機が迫っている。公は何か計をおもちでしょうか」

と必死のまなざしでいったが、四囲の情勢がこうなれば、馮道は答えるすべもなく、黙然とするよりほかなかった。

劉贇の腹心の賈貞《かてい》らは、馮道が主君を売り渡したものと考え、馮道らを殺して鬱憤《うっぷん》をはらそうとした。趙上交と王度はそれを聞いて惶怖《こうふ》に襲われ、何も手につかない。しかし馮道だけは偃仰《えんぎょう》自適して、ほとんど懼《おそ》れた顔色を示さなかった。賈貞らは早く殺すようにと合図するが、劉贇は、

「おまえたち、せっかちになりなさんな。これは馮公には関係のないことなのだ」

といい、そのとりなしで、馮道は生命《いのち》拾いをしたのである。

郭崇威は劉贇を外館にうつして軟禁し、腹心の董裔と賈貞ら数人を殺してしまった。馮道は無名のときに、かつて詩をつくり、

「ついに海嶽《かいがく》の明主に帰するを聞くも、いまだ乾坤《てんち》の吉人を陥れるを省《み》ず」

といったが、このときになって、その言葉が真実であることを証明した、と『旧五代史』の本伝に書かれている。この二句をふくむ詩の全文は、『青箱雑記』によるとつぎのようである。

偶作

莫為危時便愴神　　危時のために便《すなわ》ち神《こころ》を愴《いた》ますなかれ
前程往往有期因　　前程《ぜんてい》には往往期因《きいん》あり
終聞海嶽帰明主　　ついに海嶽《かいがく》の明主に帰するを聞くも
未省乾坤陥吉人　　いまだ乾坤《てんち》の吉人を陥《おとしい》れるを省《み》ず
道徳幾時曽去世　　道徳いつの時にか曽《か》つて世を去るや
舟車何処不通津　　舟車いずれの処にか津を通ぜざるや
但教方寸無諸悪　　ただ方寸《こころ》をして諸悪なからしむれば
狼虎叢中也立身　　狼虎の叢中にもまた身《み》立たん

この詩のうちの前記二句は、前章に紹介した「天道」と題する詩のなかの「ただ知る好事を行ない、前程を問うを要するなかれ」という二句とともに、当時の人々に盛んに愛唱された。天道の是なるを信じ、与えられた環境と条件のなかで自己の最善をつくし、その場その場の絵を描きましょう、と提唱し、実践したのであった。

後周の成立

軍隊に擁立された郭威は、九五一年一月五日、天子の位についた。これが後周の太祖である。後漢は概して生命の短い五代の王朝のなかでも特に短い王朝で、四年にみたなかった。それでいて中国歴代の正統王朝の一つに数えられている。

宋州から開封に帰京した前太師斉国公の馮道は、一月十七日、中書令弘文館大学士に任命され、宰相として政治の中枢部に返りざいた。ときに七十歳であった。この後漢から後周への革命のさいに馮道が演じた役割は、一見、道化者《ピエロ》のようにみえる。しかし、当時の識者は、馮道が郭威の計略をこばみ緩和させえた点を評価し、後晋と後漢が滅亡したからといって馮道の責任を問わなかった。馮道自身も、天子が死に王朝が滅びるのをみても、別にたいして気にかからなかった。自分は自分の道を行くのだ。

一方、宋州で郭崇威に軟禁された劉贇は湘陰公《しょういんこう》に格下げされたあげく、一月十六日に殺された。この日、劉贇の父であり、高祖劉知遠《りゅうちえん》の弟である劉崇《りゅうすう》が、晋陽《しんよう》に拠って自立し、後漢の王統をつぐと称し、天子と号した。史上ではこれをふつう北漢と呼ぶが、それに従ったのは現在の山西省の中部の十二州にすぎなかった。劉崇は、高祖が開封に乗りこんだ後も、河東節度使として晋陽にとどまっていたが、郭威とは折り合いが悪かった。郭威が権力を増大させるにつれて、ひそかに自全の計をなし、契丹に備えるという理由をつけて軍隊の増強をはかり、財賦を上供することもやめていた。隠帝が殺されたことを聞くや、軍隊をひきつれて南下しようとしたが、劉贇が天子の座に迎えられると聞き、

「わたしの子が帝となるのなら、それ以上なにを求めようか」

といって中止していた。しかし今やその劉贇が廃死したことを知って、独立を宣言したのである。これが北漢の世祖であるが、かれは苦しまぎれに北方の契丹に降参してその援助を求めたから、中国にとってははなはだ邪魔な存在となった。

即位した後周の太祖郭威は、馮道にたいして以前にもました敬意をはらい、謁見のさいにも、名前で呼んだりはせず、広順元年(九五一)五月には、四廟冊礼使に任じたのであった。この年の十二月、兗《えん》州泰寧軍節度使の慕容彦超《ぼようげんちょう》が反乱をおこし、翌年五月に自殺して反乱が鎮圧されたとき、太祖は兗州の将吏を一人のこらず誅殺しようとした。翰林学士の竇儀《とうぎ》が、馮道と范質に同調を求めて、ともどもに、

「かれらはみな脅迫されて従ったにすぎません」

と太祖にいうものだから、太祖もついに赦した。竇儀からこの話をもちこまれた馮道は、嬉しかったに違いない。もし話をもちこまれていなくても、自分から太祖に思いとどまるように上奏するつもりであったろう。少数の武将の野望の犠牲になって、むりやりに反乱に加わらせられた多数の一般人を、みすみす死に追いやるのは、馮道には堪えられぬことであった。

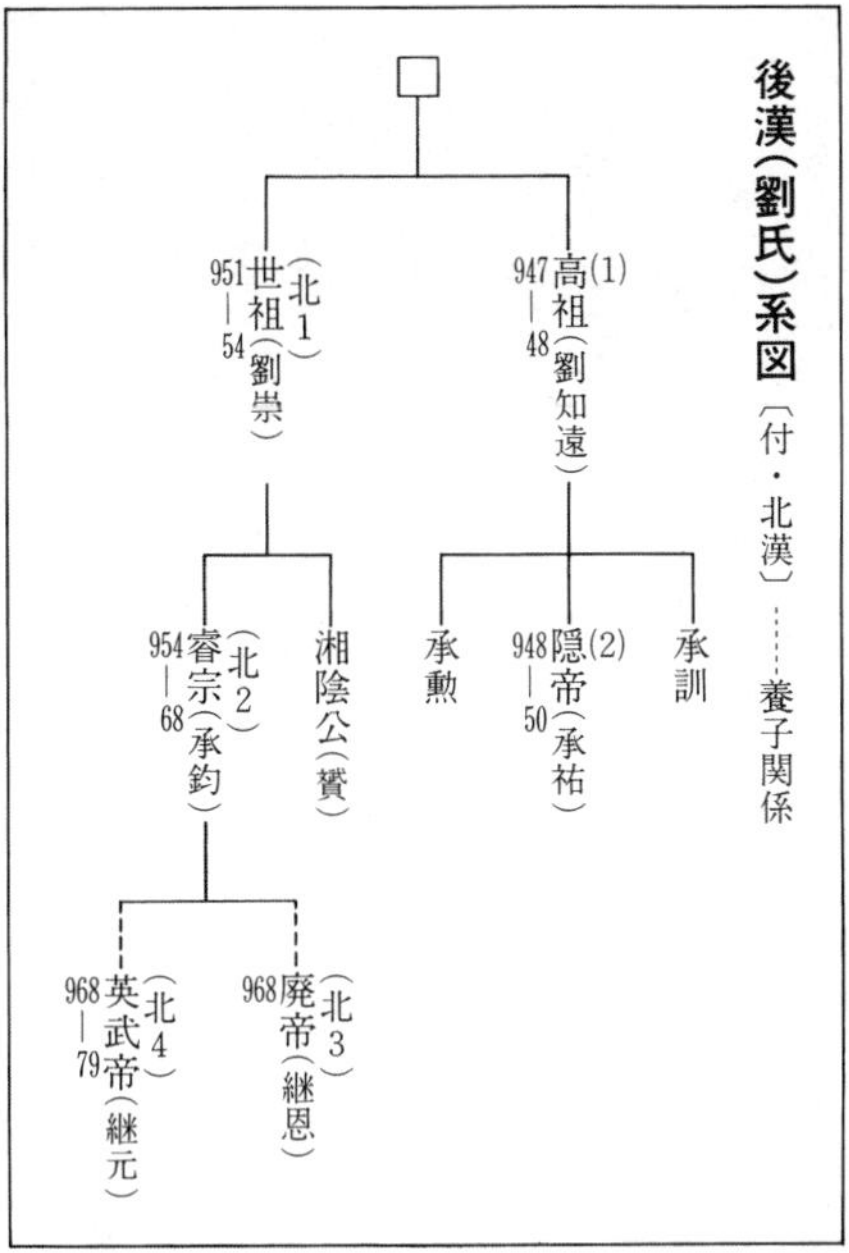

竇儀という人物は、宋代になって『宋刑統《けいとう》』を編纂したことで有名だが、かれの父の竇禹《とうう》鈞《きん》は唐末に幽州掾《えん》であって、馮道と旧知の間柄であった。禹鈞自身はあまりパッとしない存在で、地方の下

級官を歴任し、後周になってようやく戸部郎中にたどりついたありさまだが、竇儀を筆頭とする五人の息子たちは、そろって科挙に合格するほどの俊秀ぞろいであった。だから馮道は以前〝竇十に贈る〟と題する詩をつくり、

燕山竇十郎　燕山《えんざん》の竇《とう》十郎
教子有義方　子を教えて義方《ぎほう》あらしむ
霊椿一株老　霊椿《れいちん》　一株　老《お》い
丹桂五枝芳　丹桂《たんけい》　五枝　芳《かん》ばし

と竇禹鈞の家庭教育のすぐれたことをほめたたえ、この詩を当時の縉紳《しんしん》たちは諷誦《ふうしょう》し、また竇氏の五龍とも号したのである（『宋史』二六三）。

このとき、竇儀が馮道とともに声をかけた范質は、太祖によって宰相に抜擢《ばってき》された人物であり、のちに『五代通録』六五巻を書いたが、かれがかねて馮道を敬慕していたことは確かである。ところで、この兗州の討伐にさいして、馮道の意見が太祖によって無視されたことがあった。慕容彦超が反乱をおこしたとき、討伐に向かった軍隊が数ヵ月たっても戦績をあげないのに業を煮やした太祖は親征したいと思い、群臣を召して議論させた。宰相の馮道が、

「まもなく盛夏になろうとしていますから、車駕《てんし》は親征されてはなりません」

と反対すると、太祖は、

「この反乱はあなどってはいけない。もし朕が行くのが不可《いけ》ないのならば、澶《せん》州の児子《こども》に賊を撃《う》たせてこそ、目的が達成される」

という。

このとき、澶州節度使の柴栄《さいえい》はしきりに兗《えん》州の討伐を請うていたが、柴栄の英烈を嫉妬した枢密使の王峻は、柴栄が殊勲をたてるのを希望せず、結局、太祖が親征して勝利をおさめたのである。兗州を鎮圧した太祖は曲阜《きょくふ》の孔子廟を拝した。兗州が鎮圧されて以後も、王峻は功を頼み、柴栄が開封に入朝するのを拒みつづけたが、あまりの横暴ぶりにたまりかねた太祖は王峻を幽閉し、ついで商州司馬に左遷するにいたった。この王峻を幽閉したとき、太祖は馮道らを見、涙を流して、やむをえなかった事情を訴えたのであった。

後周の太祖が即位して第一番に行なったのは、刑法の改正であった。もともと唐代の律令体制のもとでは、強盗や窃盗などの犯罪は律の規定に照らして処罰されることになっていた。しかし唐末の混乱期になり、盗賊が横行しだすと、これまでのように律に従っていたのでは取り締まれなくなり、律文を用いないで厳罰で臨むようになってきた。その厳罰主義が極限にまでいったのが、後漢の法律であった。

たとえば、窃盗のばあい、唐律では絹に換算して五十匹以上ではじめて加役流《かえきりゅう》になり

曲阜にある孔子廟の大成殿

（死刑にはならない）、五匹では徒《と》一年にすぎなかったのが、唐末には三匹以上は死刑に処せられるようになり、後漢になると一銭でも窃盗すれば死刑にあてられていたのである。太祖は、窃盗や贓罪《ぞうざい》・和姦のばあいに科されてきた厳罰を緩和した。

ところで、唐末以後に刑罰が重くなった最大の原因は、塩や酒の専売が施行されたことにある。専売制が行なわれると、必然的に密売や闇商売が横行した。この経済犯を取り締まる法規が律にふくまれていなかったことと、これらの闇商人が徒党をくんだのに対抗するために、きびしい刑罰を科さざるをえなくなった。それが後漢では、〝塩〟と酒の原料にする〝麴《こうじ》〟とを密売買する者は、多少にかかわらず死刑になっていたが、太祖は広順二年（九五二）八月に改正をし、五斤以上のばあいに死刑に処するように、と緩和した。

また、戦乱につづく戦乱、クーデタにつづくクーデタが行なわれたこの時代には、牛皮は重要物資であり、一般人民が牛皮を勝手に売買することは禁止され、すべて役所にもっていって買い取ってもらうことになっていた。後唐の明宗のときには代価を塩で払ったが、後晋では塩を支給することもやめてしまい、後漢になると、牛皮一寸《いっすん》を私有していても死刑になった。しかし牛皮は民間の日用必需品であることを熟知していた太祖は、田十頃《けい》ごとに牛皮一枚を税として徴収し、それ以外は家庭で使おうと売買しようと、自由にさせ、ただ敵国に売ることだけを禁止することにした。太祖はこのように、刑獄を緩めて一般民衆の生活権の向上に意を用いてきたが、この改正には、馮道のアドバイスがあったものと思われる。実は、後漢における牛皮の禁と馮道とは無関係ではなかったのである。

後漢の高祖劉知遠は、晋陽にいたとき牛皮の禁を管内に励行していたが、即位後それを後漢の全領域に拡張して施行させた。財政を担当する三司使の要請に従ったのである。この苛政《かせい》にはみな大いに苦しんだ。たまたま潞州の管内で二十余人の一般人が牛皮の禁を犯したかどで逮捕され、法規にしたがえば全員が死刑になるはずであった。このとき潞州昭義軍節度判官であった張璨《ちょうさん》という人物は、「高祖が晋陽時代に牛皮の売買を厳禁されたのは無理もないが、天子になられた以上は、この厳罰は無茶だ」と考え、法規の改正をするように上奏した。三司使と宰相たちは、張璨の上奏文をみて腹をたて、地方官に朝廷の詔勅を敢えて非難させてなるものか、といって、高祖にこの越権行為をきびしく処罰するよう強調した。高祖もまた怒っていった。

「昭義の一判官がこんなことをすべきではない。牛皮を犯した者は、勅によってみな死刑にせよ。張璨は詔勅を非毀《ひき》したによってまた死刑にする」

この勅がまだ下されないうちに、馮道が高祖に謁見を求めてきた。時間外ではあったが、高祖は馮道を引見した。馮道はさっそく自分の意見を述べた。

「陛下が河東におられたときに、牛皮を禁ぜられたのは宜しいです。しかし今や天下を有《たも》たれた以上は、牛皮を禁ぜられるべきではありません。陛下の赤子がその禁をおかし枉《おう》死《し》するのは、陛下のために惜しまれます。昭義の判官は卑位でも陛下の禄を食《は》み、官におるから、軀命《いのち》を惜しまないで、敢えて上奏したのです。ほめるべきであって、殺すべきではありません。臣は輔弼《ほひつ》の任におります。この勅で天下の人の性命《いのち》を枉害《おうがい》させ、臣が早く上奏して陛下に正していただくことができないならば、臣の罪は誅殺に該当します」

こういって稽首《けいしゅ》し再拝し、さらに、言葉を継いだ。

「張璨は加罪されるべきではありません。どうか勅をつけ加えて赦《ゆる》してください」

高祖はしばらく間《ま》をおいてから、

「すでに処置してしまったのだ」

という。馮道は、

「勅はまだ下されていません」

と答える。高祖は、ホッとした面持で、

「赦そう」

と急いでいう。馮道が、

「停職にして宜しいでしょうか」

と聞くと、

「よろしい」

と高祖は答えた。そこで勅が書き改められ、張粲は停職処分に、二十余人の者は釈放された。

　これは、『洛陽搢紳旧聞記』に載せられた話であり、これから、馮道が牛皮の禁などの厳刑にたいして不満をいだいていたことの一端を察知することができる。民生の安定という観点からみて、馮道のいうとおりに、これらのきびしい刑罰を緩和することは、自分がうちたてた後周王朝を永続させるうえからも必要なことだと太祖は考えたのであろう。死刑という武器をちらつかせて恐怖政治を行なった後漢は、わずか二帝、四年にみたないで滅んでしまった。前車の轍《てつ》を踏んではならないのだった。

太祖の広順三年（九五三）六月九日、判国子監の田敏が、印版の九経書と五経文字・九経字様を二部ずつ、一三〇冊を献上した。後唐明宗の長興三年（九三二）に宰相であった馮道と李愚《りぐ》が主唱して刊行をはじめた九経の木版本が、二十一年ぶりに完成をみたのである。『中国における印刷術の発明とその西伝』という書物を書いたT・F・カーターは、この馮道が主唱した九経刻印事業に一章を割いており、この東洋印刷史のうえで記念すべき事業において馮道が果たした役割を見事に描きだし、つぎのように結論している。

「馮道とかれの同僚の中国印刷で果たした業績は、ヨーロッパにおけるグーテンベルクの業績に対比できる。グーテンベルク以前にも、ヨーロッパには印刷術は行なわれていたが、かれが聖書を印刷したことがヨーロッパ文化に新しい紀元を開いた。同じように、馮道以前にも印刷は行なわれていたが、国家の文化にたいする影響はごく少なかった。馮道が刊行した経書は、印刷を一種の力量にし、宋代文化の興隆を導きだしたのである」

唐末以来、小規模な印刷しか行なわれていなかったときに、最初の、しかも信用ある校訂のもとになされた儒学の経典の集大成で、経書の舛誤《せんご》が問題とされていたときであったところに、この事業の重要さがある。後唐・後晋・後漢・後周の四つの王朝八人の天子という政界の変動にもかかわらず、この大事業が完成しえたのは、儒教の伝統的権威の然らしめるところとはいえ、王朝の交替を超越し、世の尊敬を集めて生き通した馮道のごとき人物がいたからであると述べても、決してほめすぎにはなるまい。史書には、

「是より乱世と雖も九経の伝布はなはだ広し」

と書かれている。

ところで、この出版事業の開始にあたって馮道らが上奏した文章によると、

「漢代には儒学をおもんじて三字石経を彫り、唐朝もまた国学に開成石経を刊刻しました。しかし今は朝廷には余裕がなく、別に石経を刊立することはできません。かつて呉や蜀の人が印刷した本を売っているのをみましたが、いろんな種類がでていますのに、ついに経典には及んでいません。もし経典を校定して、木版印刷して天下に流行させれば、文教に大いに益があると思います」

とあり、財政的な余裕があれば石経を刻したいが、今はそのときでないから次善の策として木版印刷に踏み切ったことがわかる。この次善の策が、後世にとっては、最大の文化的業績として万人の認めるところとなったのであるから、皮肉というほかはないのである。

なお、このときに印刷された九経の実物は一つも現存していない。

柴栄の北漢親征

厳罰主義を緩和したりして民生に意を用いた後周の太祖郭威も、即位して三年目の広順三年（九五三）九月、中風になり、食事にも歩行にも障害をきたした。そして病気の回復を願って、南郊をまつろうとし、十月三日、馮道を南郊大礼使に任命した。馮道は洛陽に赴いて太廟社稷神主を奉迎してき、翌年の正月元旦に南郊をまつる礼が行なわれた。しかし太祖は敬礼ができるだけで、天子が当然なすべきその他の役目は、みな代理の者が行なうありさまであった。大赦があり、顕徳《けんとく》と改元された。その一月十七日、太祖は亡くなった。享年五十一。

後周の世宗像

ついで即位したのが養子の柴栄《さいえい》で、三十四歳の若年ではあったが、しっかりした人物で、これが五代第一の名君といわれる後周の世宗である。部下の軍隊は、契丹人との争闘で試練をへたあとなので、体質が改善されていた。この天子の禁軍、すなわち近衛軍の発達が、やがて中国を再統一に導く原因となる。後周で若い天子が即位したことを聞いた北漢の世祖劉崇は、その機会に乗じて帝位を漢に奪回すべく、三万人の軍隊をひきいて南下してきた。世宗はみずから近衛兵の禁軍をひきつれて北上した。このとき世宗の親征にもっとも強く反対したのは、ひきつづき宰相の座を占めていた馮道で、すでに七十三歳の老人であった。

馮道は天子の親征にはいつも賛成はしなかったが、これまでの天子にたいして決して自己の考えを強く主張したことはなかった。意見をいってもそれが聞き入れられないなら、聞かないで失敗した天子の方の責任だ、という考えからであった。ところが馮道の目にも、世宗は将来を託せる天子にみえた。近衛軍の将軍のなかには、北漢の方に好意をもって、ひそかに気脈を通じている者もいるらしい。そのような軍隊を引率して親征することは、たいへん危険であり、いつ寝返って裏切られるかもしれない。このさいには、まず太祖の山陵をおさめ、形勢をよく見届けてから慎重に行動するのが安全だ、というのが彼の考えであった。

馮道は珍しく強い口調で天子を諫《いさ》めたが、世宗柴栄はすこぶる強気であった。

「唐の太宗をみてみろ。太宗はどんな敵に向かっても、いつも親征しては勝利を得ていたではないか。朕が親征するのがなぜいけないのだ」

と世宗がいうと、馮道は、

「陛下は唐の太宗の真似はおできになりません」

と答え、世宗が、

「わが軍隊で劉崇の烏合《うごう》の衆を打ち破るのは、山で卵をおしつぶすほど容易なことだ」

というと、馮道は、

「陛下は山におなりにはなれません」

といった。馮道がこんなに本気になったのは、四十年ぶりのことで、劉守光の参軍として易定《えきてい》地方の討伐を諫めて獄に入れられて以来のことであった。世宗も負けずに、

「年寄りの知ったことではない。だまっておれ」

といいすてて、座を立った。馮道は、二月二十二日に、亡くなった太祖の山陵使に任命されており、三月九日に鄭《てい》州の山陵に向けて出発した。翌々十一日、世宗は軍隊をひきつれて戦場に向かった。

後周と北漢の両軍は、山西省の南端沢州の高平で会戦した。戦闘がはじまるや、後周軍の右翼がたちまち潰散《かいさん》し、なかには武器を捨てて敵に降伏する者もいた。しかし世宗は主力をひきいて敵の中央に突撃し、将軍の趙匡胤《ちょうきょういん》はあらたに右翼に向かって敗勢を盛り返したので、北漢軍は足なみを乱して敗走した。南風がきつく吹いたことも後周軍に幸いしたのである。後周軍がさらに追い討ちをかけたので、北漢主の劉崇はようやくのことで根

拠地の晋陽に落ちのびた。

勝利をおさめた世宗は、敗走した右翼の将校七十余人を整列させ、

「貴様たちは戦争に負けたのではない。朕を売って敵に与えようとした魂胆ぐらい、初めからみえすいていたぞ。天子の命をきかぬような軍隊は不必要だ」

と言いおわるや、その場で全員の首をはねてしまった。同時に趙匡胤をはじめ勲功のあった者には厚く賞賜を与えた。これから軍隊の気風が改まり、将校たちも軍隊の訓練に精進するようになった。

趙匡胤像（宋太祖）

馮道はこの事件ですっかり面目を失ってしまった。五代五十余年の間に、天下の大勢は動かないようにみえていて、じつはすこしずつ動いていた。『三国志演義』の冒頭で「天下の大勢は、分るること久しければ必ず合し」と述べるように、天下の分裂も行きつくところまで行くと、ふたたび統一の方へ向かって動きだすも

のである。五代の中央政府では、禅譲革命のおこるごとに、旧来の天子の禁軍のうえに新天子の近衛軍が増強されて新しい禁軍を組織し、そのたびに改編が行なわれて精強な軍隊だけが天子の手もとに残った。これに反し、地方の軍閥はその支配地がますます細分化される傾向にあり、細分化されてしまうと中央にたいして反抗することができなくなった。五代の混乱も、五十年つづいてようやく前途に再統一の曙光がみえはじめたにもかかわらず、馮道にはそれが見抜けないで、かれ自身が取り残された旧人物であることを暴露してしまったわけである。

太祖の山陵使として鄭州《ていしゅう》に赴いた馮道は、その地で、高平の戦いにおける勝利を耳にしたであろう。しかし、このとき、馮道は老齢と旅の疲れからか、病魔におかされていた。鄭州に到着はしたが、北漢との戦闘に国家の全力がそそがれていたために、しばらく儀式は中断し、四月十二日にようやく嵩陵《すうりょう》に葬った。山陵での儀式をおえた馮道は、神主を奉じて開封に帰ったが、太廟に祔《ふ》（合祭）しおわらないうちに、私第で息を引き取った。顕徳元年（九五四）四月十七日の夕方のことである。翌日、代理の者が太廟に祔す役を勤めた。馮道が死亡した知らせが潞州にいた世宗に伝えられたのは、二十二日のことであった。

「東京　奏す。太師中書令馮道　薨《こう》ず」

知らせを受けた世宗は、視朝をやめること三日、馮道に尚書令の官を贈り、瀛《えい》王に追封し、文懿《ぶんい》という諡《おくりな》を与えた。馮道が亡くなったとき七十三歳であったから、当時の人々は、馮道は孔子と同じ寿命であった、と称嘆したという。

高平での戦闘で勝利をおさめた世宗柴栄は、軍備を強化するために、地方から強健な兵士を招いて禁軍に編入した。ところで軍隊の増強にも、装備の改善にも、まず必要なのは正貨であり、当時の正貨は銅銭である。そこで世宗は無用な銅の使用を禁じて、領土内に現存する銅をことごとく鋳銭の原料にするよう指令を発した。三武一宗の法難の第四回目として知られる世宗の廃仏は、この一環として断行されたのである。

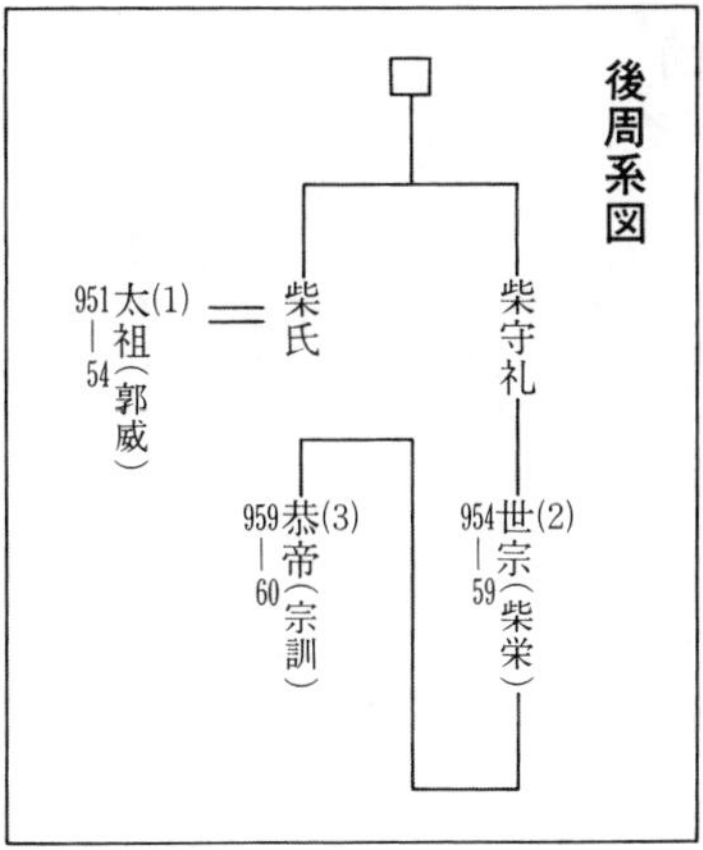

国力が充実すると、世宗は南方に向かって活動を開始した。世宗は、南唐の経済の重心である淮南《わいなん》海岸の塩に目をつけた。水軍の教練をもすませるという周到な用意をへた後周軍が大挙して侵入すると、このころすでに国力の衰えていた南唐は、揚子江以北の大事な領土をことごとく占領されてしまった。後周はこの戦勝によって、南方の最大国南唐を保

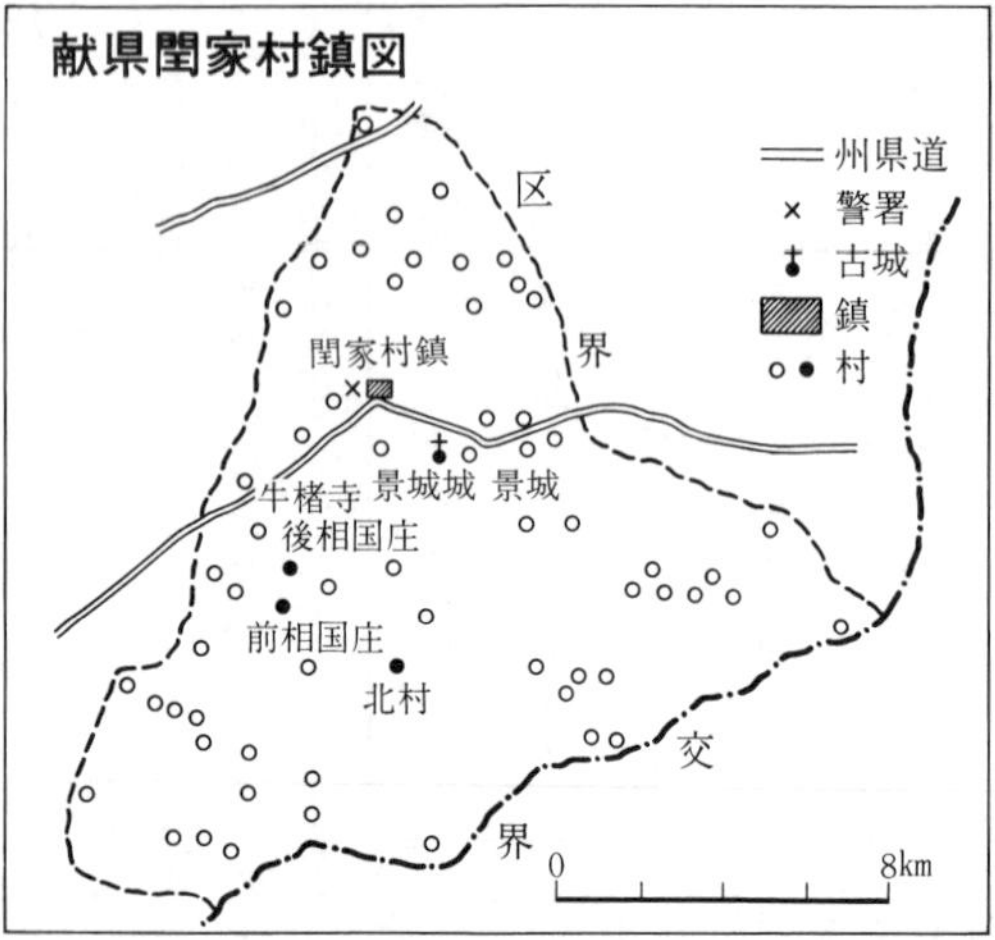

献県閆家村鎮図

護下においたのみならず、塩の供給を一手におさえたため、湖南・湖北に独立政権をたてている荊南《けいなん》の高氏、湖南の馬氏にたいしてもその死命を制することができるようになり、南北のバランスがこのころから崩れはじめた。

南方に向かって威を輝かした世宗は、ここで一転して北方の契丹にたいして反撃を開始した。当時、契丹内部にたびたびの政変がつづき、外部に向かって勢力を拡張するどころの騒ぎではなかったので、世宗は精兵をひきいて契丹領になっていた燕雲十六州に攻撃の鋒先を向け、まず南方に突出している部分の莫《ばく》州・瀛《えい》州を占領した。さらに北方に進もうとしたとき、不幸にも胸に悪性の腫物《はれもの》ができ、

都に帰って亡くなった。九五九年のことである。

世宗につきしたがって殊勲をたてつづけた近衛軍の大将趙匡胤《ちょうきょういん》は、翌年に擁立されて天子となり、天下の統一を実現させた。天下統一の大業を目前に病死した世宗柴栄は、しばしばわが国の織田信長に、太祖趙匡胤は豊臣秀吉に擬せられる。

馮道が亡くなったときには、生まれ故郷の瀛州景城県は、燕雲十六州の一つとして遼の境域内にはいっており、世宗が瀛州を奪回したのは五年後のことである。しかし清朝の献県出身の紀昀《きいん》（一七二四〜一八〇五）が書いた『閲微《えつび》草堂筆記』巻二三の註には、

「故郷の景城の地の馮道が住んでいた村は、相国荘《しょうこくそう》と呼び、馮道の墓は、北村の南の石人窪《せきじんわ》（墓地）の一隅にある」

と書いてあり、一九二五年に刊行された『献県志』付録の「献県合境村鎮全図」には、景城古城の近くに、〝北村〟〝前相国庄〟〝後相国庄〟という村庄名がみられる。馮道の死後、殯《かりもがり》（死人を埋葬するまで、棺に納めて安置しておくこと）の状態が何年かつづき、瀛州が回収されてから、故郷の墓地に葬られたのであろう。

おわりに

南北朝からひきつづいた唐代の貴族制が終焉《しゅうえん》をむかえた時代、すなわち中国史における〝中世の黄昏《たそがれ》〟ともいうべき時期に、片田舎の中小地主の家に生まれながら、その博識多才と、物と競うことのない人柄を買われて、宰相に抜擢された馮道。この激動期に、五朝八姓十一君につかえ、つねに高位高官の座を離れず、世渡り名人のレッテルをはられることの多かったかれの生涯を、現在の時点で可能なかぎりの史料で再構成してみると、これまでなされてきた評価とは、ずいぶん異なったイメージが与えられる。

史実よりも史論を重んじた欧陽修《おうようしゅう》の『新五代史』が十一世紀末に正史に編入されると、史実を史実として忠実に伝えた『旧五代史』は忘れられた存在になり、いつのまにか、散《さん》佚《いつ》してしまった。史実よりも史論を重視する『新五代史』や司馬光の『資治通鑑《しじつがん》』は、馮道の官界遊泳ぶりを非難して、廉恥《れんち》なき者と手きびしくやっつけ、宋代以後の君臣の分がさだまった時代では、これらの馮道観がつよい影響力を与えた。わが国の朱子学者の間で読まれた明《みん》の呉蘇原《ごそげん》の『甕記《おうき》』が、かれらの見解をつよく支持しているのも、無理からぬことであろう。この馮道にたいする非難は、元の劉因《りゅういん》がつくったつぎの七言絶句に尽くされているといえよう。

馮道

亡国降臣固位難
癡頑老子幾朝官
朝梁暮晋渾閒事
更捨残骸与契丹

亡国の降臣は　位を固めること難《かた》し
癡頑《おろか》なる老子は　幾朝の官ぞ
朝《あした》に梁　暮に晋　すべて閒事《ひまごと》
さらに残骸を捨てて　契丹に与う

しかし、宋代のように君臣の分がさだまった時代を座標軸にして、五代のような乱世をおなじ筆法で批判するのは妥当ではあるまい。欧陽修や司馬光がはりめぐらした道徳主義のヴェールをはがすと、馮道と同時代のひとびとが〝寛厚《かんこう》の長者《ちょうじゃ》〟と称し、北宋時代の王安石・富弼《ふひつ》・蘇轍《そてつ》らが〝大人《たいじん》〟と目したのも、理由のないことではないであろう。道学先生のなかにも、『宋元学案』の筆頭におかれている胡瑗《こえん》のように、馮道の努力を高く買う人もいたし（『河南程氏遺書』第四）、新法党の領袖《りょうしゅう》として有名な王安石も、馮道の人物をつねに愛し、「馮道が、わが身をおとしめて人《たみ》を安んじたのは、諸仏菩薩《ぼさつ》の行《ぎょう》のごときだ」

と激賞しているほどである。

本書において、わたくしは、馮道の生涯を、かれが生きた社会背景との関連に重点をおいて、たどってきた。かれは五代の宰相なのであって、唐代の宰相でもなければ、宋代の宰相でもなかったからである。また本書の執筆にあたっては、後世の歴史家たちのかれにたいする評論に細心の注意をはらってきた。「歴史を研究する前に、歴史家を研究してください。歴史家を研究する前に、歴史家の歴史的および社会的環境を研究してください」というE・H・カーの言葉（一九六一年にケンブリッジ大学で行なわれた連続講義録『歴史とは何か』）を至言だと考えたからである。

カーはつぎのような発言もしている。「歴史とは、歴史家と事実との間の相互作用の不断の過程であり、現在と過去との間の尽きることを知らぬ対話なのである」。そのとおりだと思う。忠君愛国とはおおよそ縁の遠い、第二次大戦後の教育を受けてきたわれわれには、君に忠といわず国に忠といい、虚名に誤られることなく、何事にも現実を重視せよと主張した馮道こそ、かえって、近代的な感覚の持ち主であったように思われる。軍閥が実権を握り、クーデタにつぐクーデタに明け暮れたこの時代に、一般庶民の救済を念じ、人の生命を奪うことを嫌い、公平無私な態度で人に接し、つねに平和を愛好した馮道は、一千年もの年月をこえて、現代のわれわれに共感を呼びかけてくるであろう。

本書の執筆にさいし、使用した主な材料は、『旧五代史』『新五代史』『資治通鑑』『冊府《さっぷ》元亀《げんき》』『五代史記注』『五代史補』『五代会要』『五代詩話』であり、随筆・箚記《さっき》の類をも参照した。利用させていただいた先学の研究論文を以下に列挙し、執筆者のかたがたにあつく謝意を表したい。

徳山正人「馮道論と五代の世相」（『史潮』四五）
宮崎市定「馮道と汪兆銘」（『東亜時論』二ノ二、のち『アジア史論考』下巻に再録）
Wang Gung-wu : Feng Tao ; An Essay on Confucian Loyalty（A. F. Wright & D. Twitchett (ed.) : *Confucian Personalities*, 1962）
谷川道雄「安史の乱の性格について」（『名古屋大学文学部研究論集』八）
堀　敏一「黄巣の叛乱」（『東洋文化研究所紀要』一三）
松井秀一「盧龍藩鎮攷」（『史学雑誌』六八ノ一二）
堀　敏一「魏博天雄軍の歴史」（『歴史教育』六ノ六）

宮崎市定「五代史上の軍閥資本家」(『人文科学』二ノ四、のち『アジア史研究第三』に再録)
那波利貞「唐鈔本雑抄攷」(『支那学』十巻特別号、のち『唐代社会文化史研究』に再録)
内藤虎次郎「応仁の乱に就て」(『日本文化史研究』、のち『内藤湖南全集』第九巻に再録)
日野開三郎『支那中世の軍閥』(のち『日野開三郎東洋史学論集』第一巻に再録)
島田虔次『中国に於ける近代思惟の挫折』
宮崎市定・佐伯富『世界の歴史(6) 宋と元』(のち中公文庫にも入る)
『図説世界文化史大系』(中国Ⅱ・Ⅲ)

馮道関係年表

（数字は月をあらわす）

西暦	王朝名 天子名	中国 年号	馮道年譜	年齢	一般事項
八八二	（唐） 僖宗	中和二	瀛州景城県に生まる。	一	黄巣、長安を占拠中。 9朱全忠、唐に降る。
八八三		三		二	4李克用、黄巣を破り、長安を復す。 7朱全忠、汴州宣武軍節度使になる。
八八四		四		三	6黄巣殺され、黄巣の乱おわる（八七五～）。
八八八	昭宗	文徳元	吟治圃の詩をつくる。	七	7張承業、河東監軍になる。
八九五		乾寧二		一四	8劉仁恭、幽州盧龍軍節度使になる。
九〇三		天復三		二一	1朱全忠、宦官を殺す。

九〇四	哀帝	天祐元	このころ、韓延徽とともに劉仁恭に祗候。	二三	8朱全忠、昭宗を殺し、哀帝をたてる。張承業、また河東監軍になる。
九〇七	（後梁）太祖	四 開平元	劉守光の参軍（幽州掾）になる。	二六	4劉守光、盧龍軍節度使になる。後梁建国し、唐、滅ぶ（六一八〜）。
九〇八		二		二七	1李克用死に、李存勗、晋王となる。
九一一		乾化元	11劉守光の易定征伐をいさめて獄につながる。	三〇	8劉守光、自立し、大燕と号す。
九一二		二		三一	6朱友珪、父の太祖を弑して自立す。
九一三	末帝	三	11太原へ行き、張承業に頼る。河東節度巡官になる。	三二	2朱瑱（末帝）、即位す。 11劉守光、晋王に敗る。
九一五		五		三四	5魏博天雄軍、晋に属す。
九一六		貞明二		三五	9貝州、晋に属し、河北はすべて晋の領土となる。この年、契丹の耶律阿保機（太祖）、帝を称す。

九一八		四	次男の馮吉が誕生(～九六三年)。	三七	12胡柳の役。王緘死す。
九一九		五	7晋王の覇府従事をへて、河東節度掌書記になる。	三八	7晋王、晋陽に帰る。
九二二		龍徳二		四一	4李嗣昭死す。 11張承業死す（七七歳）。
九二三	（後唐） 荘宗	同光元	4戸部侍郎・翰林学士になる。 5徳勝寨に拠る。 10中書舎人・戸部侍郎になる。 父、歿し、故郷の景城に帰る。	四二	3李継韜、梁に降る。 4李存勗（荘宗）、即位し、後唐、建国す。 10後梁、滅ぶ（九〇七～）。 12洛陽に遷都す。
九二五		三	10父の服喪おわり、翰林学士・戸部侍郎に復職す。	四四	
九二六	明宗	天成元	5端明殿学士になる。 10戸部侍郎から兵部侍郎に進む。	四五	2趙在礼、貝州で反乱をおこす。 4荘宗弑され、李嗣源（明宗）、即位。 9契丹の耶律徳光（太宗）即位す。
九二七		二	1中書侍郎同中書門下平章事（宰相）になる。	四六	1崔協、宰相になる。

九二八		三	洛陽の嘉善坊に住む。	四七	
九二九		四	8南郊大礼使になる。	四八	
九三〇		長興元	4右僕射の肩書きをえる。趙鳳とともに李従珂を責める。明宗に徽号を上る。 9安重誨の枢密使を解任するようにいう。	四九	6奏辟の制限を加える。
九三一		二	故郷の郷里の名称、元輔郷孝行里に改称さる。	五〇	5安重誨を殺す。
九三二		三	2国子監から九経を印刷して売りだすことを始める。	五一	
九三三		四	11従栄の一党に寛刑を願う。	五二	11秦王従栄、反乱をおこし、ついで殺さる。明宗死す（六八歳）。 12李従厚（閔帝）、即位す。
九三四	閔帝	応順元	3李従珂への勧進文書の起草を盧導に命ず。 4李従珂に勧進す。	五三	4李従珂（末帝）、即位す。閔帝死す。
	末帝	清泰元	4明宗の山陵使になる。 5同州節度使になる。		7盧文紀、宰相になる。 10劉昫と李愚、宰相をやめる。

九三五		二	6失業す。 12司空になる。	五四	
九三六	（後晋）高祖	天福元	12門下侍郎同平章事（宰相）となる。	五五	11石敬瑭（高祖）、晋陽で即位す。燕雲十六州を契丹に与える。 閏11末帝、自焚し、後唐滅ぶ（九二三〜）。
九三七		二	1諸道塩鉄転運等使を兼ねる。 8開府儀同三司を加える。	五六	
九三八		三	8契丹太后冊礼使となる。 9門戟十六枝を賜う。	五七	10汴州開封に遷都。
九三九		四	2契丹より帰朝す。 8守司徒・兼侍中になる。	五八	4枢密院を廃止。
九四〇		五	洛陽の郷里の名称、上相郷中台里に改称さる。	五九	
九四一		六	8杜重威を馬歩都指揮使に推薦す。	六〇	7劉知遠、河東節度使になる。 12安重栄、反乱をおこす。
九四二	少帝	七	6高祖の山陵使になる。 8守大尉を加える。	六一	6高祖死に、石重貴（少帝）、即位す。契丹との関係が悪化す。

九四三		八	上相郷中台里を太尉郷侍中里に改称す。	六二	
九四四		九	6同州匡国軍節度使になる。	六三	1契丹、入寇す。 6枢密院を復置し、桑維翰を枢密使とす。
九四六		開運三	1移文宣王廟記碑の碑文を書く。 5鄧州威勝軍節度使になる。	六五	11契丹、大挙して入寇す。
九四七	耶律徳光（遼） 高祖（後漢）	四	1鄧州より入朝す。 3耶律徳光に従って北行する。閏7恒州（鎮州）でクーデタにあう。 9開封に帰る。	六六	1契丹の耶律徳光（太宗）、開封に入城す。少帝を負義侯とし、後晋滅ぶ（九三六〜）。 2劉知遠（後漢の高祖）、晋陽で即位す。 4耶律徳光死す。 6高祖、開封に入城す。
九四八	隠帝	乾祐元	1守太師になる。 8郭威が戦略を問う。	六七	1高祖死す。 2劉承祐（隠帝）、即位す。龍敏死す。 3河中の李守貞ら三鎮が反す。
九五〇		三	長楽老自叙を書く。 11劉贇を迎えに徐州へ行く。	六九	2劉審交死す（七四歳）。 11郭威挙兵し、隠帝殺さる。

九五一	（後周）太祖	広順元	1中書令（宰相）になる。 5四廟冊礼使になる。	七〇	1郭威（太祖）即位し、後漢滅ぶ（九四七〜）。劉崇、晋陽で即位し、北漢成立。 12慕容彦超、反乱をおこす。
九五二		二	4太祖の親征をいさめる。	七一	8塩麴法をゆるめる。 11牛皮の禁をゆるめる。
九五三		三	6九経の印刷完了す（九三二〜）。 10南郊大礼使になる。	七二	9太祖、中風になる。
九五四	世宗	顕徳元	2太祖の山陵使になる。世宗の北漢親征をいさめる。 4死す。	七三	1太祖死に、柴栄（世宗）即位す。 3高平の戦いで北漢を破る。

中公文庫版のあとがき

本書は、宮崎市定先生が監修された「中国人物叢書」第一期全十二巻の最終回配本として、一九六六年十一月に人物往来社から刊行された。このシリーズの出版が企画された経緯は、半年前にこの中公文庫に入った宮崎市定『隋の煬帝《ようだい》』の解説で既に書いたので、繰り返さないとして、なぜ私が世間には殆ど無名の、馮道《ふうどう》なる人物を特に取上げたのかについては、いささか説明が必要であろう。

中国人物叢書の企画が始まったのは、私が大学院を終える直前で、卒業論文のテーマに唐代中葉から五代をへて宋代初頭にいたる時期の中国社会を選んで以来、いわゆる唐宋の変革期を対象とする二、三の論考を公表していたので、五代を代表する武将・皇帝として後周の世宗つまり柴栄の評伝を書いてみないか、というのが当初に示された案であった。しかし、大学卒業式の当日に宮崎先生から頂いた『東亜時論』掲載の随筆「馮道と汪兆銘」を読んで以降、馮道の処世に頗る興味を覚えていたので、五代史上の人物ならば馮道こそが随一であると考えた。ただ、史料不足を慮って「馮道と柴栄」という題を申し出、一往の見通しがついた段階で「馮道」という書名に変更したのである。

馮道に関する先行の専論としては、『五代における華北政権の構造』の著者ワン・グンウ氏が英文で書いた「馮道――儒教的忠誠――」しかなく、中国本土においては歯牙にもかけられていなかった。また本の扉用の肖像画を、自分でも探索し、師友にも照会したが、見つけられなかった。ところが、出版直後のある日、中国書を扱う書店で、「中国古代版画叢刊」の最終冊として影印された清・金古良『無双譜』を手に取っているうちに、馮道とそのパトロンの宦官張承業の肖像を発見したのである。早速に買い求めたが、十日の菊であった。無双とは天下にならぶ者なし、ということで、漢から宋にいたる無数の歴史人物のなかから、金古良が独自の判断で四十人の男女を選択し、それぞれの画像と略頌を木版の画帖に仕立てたのが、『無双譜』であった。その四十人のなかに、項羽・司馬遷・諸葛孔明や則天武后・李白らといった日本人にも馴染みの深い人物にまじって、何と唐監軍張承業と長楽老馮道が列せられていたのである。

それから二年半たった一九六九年の夏、私はケンブリッジ大学で開かれた唐代に関する初めての国際学会に招待され、一ヵ月半この大学都市に滞在する機会をもった。この大学の卒業生チャールズ王子の立太子式の当日に到着した直後、祝賀ムードで華やぐ街の中心部、マーケット・ヒルに面したヘファー書店の古書部で、表紙にThe "Nonpareil Book" とペン書きされた古雅な薄い線装本を見つけた。まぎれもない『無双譜』の墨色あざやかな刊本で、驚喜して買入れたのは、申すまでもない。

学会の主宰者である旧知のトゥイチェット教授は、大学図書館を案内して下さった際、とある書架の前で、「あなたの『馮道』も、ちゃんと買ってありますよ」と指さされた。後日、別の書架に『無双譜』を含む「中国古代版画叢刊」全四十四冊が揃っているのを、この目で確かめ、整備された大学図書館に羨望の念を禁じえなかった。一週間つづいた学会には、ワン・グンウ氏も、オーストラリアから参加されたため、ひとしきり馮道が話題になったのである。ちなみに、ケンブリッジ大学といえば、BBC制作のドキュメンタリー番組が、昨年秋にNHK教育テレビから五週連続で放映されて好評を博し、アンコール放映が総合テレビで先週の夜おそく続けられたが、私もこの大学都市の魔性に魅入られた一人である。一九八四年の一月中旬から八ヵ月、今度は文部省の在外研究員として、中世の雰囲気が漂うこの地に再び滞在し、ビジティング・フェローという学者貴族の特権を満喫した上、名誉なことに終身メンバーの資格をいただいた。

『無双譜』に列せられた馮道の処世、生涯は、いかにも天下無双と称するに値するであろう。本書『馮道』が上梓されて以来、ときに思いもかけぬ人物と馮道を対比させる試みがなされ、ほかに馮道の評伝がなかったためか、本書が活用されているのを知り、ひそかに喜びを味わってきた。たとえば、角川文庫の勝海舟『氷川清話』(一九七二年)に付された勝部真長「勝海舟伝」の結論部「27　大陸型人物——馮道と海舟——」では、西郷隆盛と江戸城無血開城の談判をした海舟は、漢籍の教養による大陸型の発想法を身につけ、おそらく馮道をアタマの一隅に考えていたであろう、と述べており、昨今のベストセラー、堺屋太一『現代を見る歴史』(一九八七年、プレジデント社)の二章「乱世の組織と才人」アイアコッカと「五代の宰相」馮道、においては、現代アメリカ自動車産業の分野で、フォードの社長をクビになるや直ちに競争相手のクライスラーの社長に就任して破産必至の会社を立直らせたアイアコッカの才能と非情さの原型を馮道に求めている、といった按配なのである。

私が本書を執筆していた最中の一九六六年五月、中国では文化大革命がおこって紅衛兵が活躍し、学術雑誌は停刊となった。この文化大革命は十年間つづいて終息をつげ、やがて一九八〇年代に入ると、中国の政治社会は対外開放政策をとるなど大きく変貌した。中国の史学界も活気を取り戻したにとどまらず、潮流にも変化の兆しが見えだした。中華人民共和国成立以後、全否定の対象以外の何者でもなかった馮道に関しても、任崇岳「略論馮道」(『史学月刊』一九八五年第五期)や徐遜「説馮道」(『文史知識』一九八五年第七期)といった略伝が書かれ、肯定的に評価する文章さえ登場するようになった。うたた今昔の感なきをえない。

馮道による九経の木版印刷の完成を文化史上の大功績として特筆した際に引用したT・F・カーター『中国における印刷術の発明とその西伝』は、その後、藪内清氏らによって、『中国の印刷術』(全二冊、一九七二年、平凡社。東洋文庫)と題して邦訳された。その第九章が「馮道のもとでの儒教経典の印刷」である。

今回、装を新たにして中公文庫に入れていただくにあたり、その後に師友から教示された訛誤を補訂したほか、幾らかでも読みやすいようにと、改行の箇所を増やしたり、文章を書き改めたりしたが、面映ゆく感じつつも若気の至りを懐しむ心情から、大幅な改訂はしなかった。図版については、『無双譜』から張承業と馮道の肖像を入れ、黄巣像などを『残唐五代伝』からの複写に振りかえた代りに、かなりの写真を割愛した。また「馮道」という十世紀の人物が一般の方に馴染みが薄いであろうことに配慮して「乱世の宰相」という副題を添えるかたわら、馮道関係年表と索引は残していただいた。

一九八八年二月六日

礪波　護

補編

『蔵書』――個性にみちた史論

正統と異端、という認識は、好むと好まざるとにかかわらず、伝統をほこるあらゆる分野でみられる。前近代の中国で書かれた無数の歴史書において、『史記』と『資治通鑑』が正統の両横綱であるのに対して、異端を代表するのが、十六世紀末の思想的暴徒、李贄《りし》、アザナは卓吾の手になる『蔵書』である。

『蔵書』は、戦国時代から元朝末に至る千八百年間のおよそ八百人の歴史人物につき、世紀と列伝、つまり紀伝体で書かれた通史で、六十八巻からなる。史実の叙述は、歴代の正史と『資治通鑑』に忠実にもとづくが、それら人物の分類の仕方において、また時に加えられている評論において、個性にみちみちた史論を展開している。一時代には、その時代特有の判断の基準があるべきで、歴史上の人物を、孔子がきめた儒家的な基準で一律に評価してはいけない。本書は、もともと自分がたのしむために書いたもので、人に示すものではないから、『蔵書』と名付けたのだ。友人のつよい求めによって見せることにしたが、どうか、孔子の定めた儒家的な是非で判断されることだけは、御免こうむりたい、と序論で述べている。

男女平等をとなえた李卓吾は、前漢の司馬相如と寡婦であった卓文君との駆け落ちについて、似合いのカップルが、小恥を忍んで大計についた行動であると称賛する。また五代十国の分裂時代に五つの王朝・十一人の天子に高位高官として仕え、宰相を二十余年つとめて、古来、無節操、恥知らず者流の代表とされてきた馮道についても、「孟子は社稷《こっか》は重く、君《てんし》は軽い、といったが、いかにもその通りである。馮道はそれをわきまえていたのだ」と絶賛を惜しまない。

儒教の名教主義の価値観を根底から批判する本書が刊行されるや、人心を惑わし、風俗を乱し、聖人を侮辱した、との罪名で逮捕され、著述は既刊・未刊をとわず、焼棄処分に付された。李卓吾は獄中で自殺した。行年七十六。

時の政府や正統派の学者たちは、イスラムの家庭に生まれ、仏典に親しみ、マテオ・リッチとも親交のあったこの異端の徒からの挑戦を、正面から堂々とうけて論戦することはせず、弾圧と発禁処分で応じただけであった。これは、いつの時代にもおこりがちな不幸な出来事の一つである。ちなみに、刑死直前のわが吉田松陰の心をもっとも慰めたのは、李卓吾の文章であった。

（『京都新聞』『神戸新聞』ほか、「中国を読む」26、一九七二年六月二十六日）

馮道の写真

最近は、たいそうなＳＬ写真ブームらしい。ところで、写真という言葉は、中国では、肖像画のことを意味した。七年ばかり前、私が馮道という十世紀の人物の伝記を書いた時、本の扉用に、馮道の写真を探し求めたが、ついに見つけえなかった。

ところが、出版直後のある日、京都の彙文堂で、〈中国古代版画叢刊〉の最終冊として影印された、十七世紀末の『無双譜』をめくっているうちに、馮道の写真を見いだしたのである。さっそく買い求めたが、後の祭りであった。

一九六九年の夏、私はケンブリッジ大学で開かれた唐代研究会議に招待された。到着直後に訪れたヘファー書店の古書部で、表紙に The "Nonpareil Book" とペン書きされた一冊の線装本を見つけた。まぎれもない『無双譜』の古刊本で、各ページに鉛筆で英語の書き込みがあった。狂喜して買い入れたのは、申すまでもない。

その翌々日、大学図書館を案内して下さった旧知のトゥィチェット教授は、とある書架の前で、「あなたの『馮道』もちゃんと買ってありますよ」と指さされた。後日、別の書架に『無双譜』を含む〈中国古代版画叢刊〉全四四冊が揃っているのを、この目で確かめ、整備された大学図書館を羨ましく感じたことであった。

（『神戸新聞』〈ゼロ座標〉欄、一九七二年十一月十五日）

馮道

長い中国の歴史において、無数の宰相たちが登場し、皇帝の信任をうけて、政治を行った。彼らの大多数は、ある皇帝のもとで宰相に任命されても、皇帝が代わると罷《や》めさせられるのが普通であって、次の皇帝のもとでも宰相の職にとどまるものは珍しかった。まして、ある王朝のもとで宰相であったものが、それを滅ぼした次の王朝になっても宰相に任命されることは、稀有の事例と考えられた。ところが馮道《ふうどう》は、九二七年に後唐王朝の明《めい》宗によって宰相に抜擢《ばってき》されて以後、五つの王朝（後唐、後晋《こうしん》、遼《りょう》、後漢、後周）、八姓（後唐の荘宗、明宗、末帝がおのおの一姓、後晋の石《せき》氏、遼の耶律《やりつ》氏、後漢の劉《りゅう》氏、後周の太祖、世宗がおのおの一姓）、十一人の皇帝に高位高官として仕えること三十年、宰相のポストにいた年月は二十年余を数えたのであって、これに匹敵する人物はいない。

唐末の大反乱、黄巣《こうそう》の乱の最中の八八二年に、馮道は瀛《えい》州景城（現、河北省献県）で生まれた。父の馮良建は、官歴もなく、この地方の中小地主の一人だったと考えられる。三百年近く続いた唐王朝が滅び、朱全忠が河南の開封《かいほう》に首都をおいて後梁《こうりょう》王朝をたてたとき、河東の太原《たいげん》に勢力をはった李氏の晋国は、黄河をはさんで敵対した。この晋王側近の宦官であった張承業《しょうぎょう》が馮道の才能を見いだして、政治の世界へひきいれたのである。後梁を倒した晋王によって、後唐王朝が始められた。後唐の第二代目の皇帝となった明宗が、なんらの誇りうべき家柄をもたない馮道を宰相に抜擢したのは、その博学多才ぶりと、彼が物と競うことのない性格の持ち主である、ということであった。

九三三年、明宗の死後、皇子が皇帝の位につき、馮道は引き続き宰相の地位を占めた。それから四ヵ月、人事異動を不服とする潞《ろ》王が、君側を清めると称して、兵士をひきいて都に近づくや、皇帝はわずか五〇騎をひきつれ都を脱出して逃亡し、潞王が都に入城した。このとき、宰相の馮道は皇帝と行をともにすることをせず、入城する潞王を新皇帝として迎えるべく、勧進文の起草を命じたのである。異議をとなえた同僚に向かって、馮道は「事はまさに実を務むべし」と言い放った。何事も実を務めなくてはならぬ。現実をめざさなければならない。虚名に誤られてはならない。これほど馮道の生き方を簡単明瞭に言い表した言葉はない。新しい皇帝が即位し、前皇帝は殺された。後世、このときの馮道の行動を、臣下としてあるまじき破廉恥漢であるとして糾弾するものが多い。しかし馮道は、うしろめたいなどという気持ちをついぞもたなかった。何事も現実を直視することが第一なのであった。

九四七年、後晋王朝を滅ぼした契丹《きったん》の耶律徳光は、国号を遼と改め、そのまま都の開封に居すわって中国を支配しようとした。引率してきた契丹の騎兵部隊に糧食の現地調達を許したからたまらない。契丹兵が軍糧の徴発に抵抗する農民を殺し、死にものぐるいの農民は自衛集団を結成して契丹兵を殺し、それに対して報復がくりかえされた。耶律徳光に相談をうけた馮道は、「この際には、たとえ仏陀が再来されても、百姓を救うことはできません。百姓を救うことのできるのは、皇帝陛下、あなた一人です。どうかこれ以上に百姓を殺すことはやめてください」といって頼みこんだ。契丹が中国人を皆殺しにしなかったのは、この馮道の執《と》り成しがきいたからだと賞賛されたという。

後漢王朝で、朝廷最高の隠居職についていた六十九歳の馮道は、有名な自叙伝『長楽老自叙』を書いた。そのなかで一生を振り返り、「家に孝であり、国に忠であった」と書いている。宋代のような君臣の分が定まった時代から顧みると、馮道の官界遊泳ぶりに対して、不忠のレッテルをはるほうがむしろ自然かもしれない。一つの王朝、一人の天子に対して忠義を尽くすこと、それが忠であり、君に忠というわけであろう。ところが馮道は、「国に忠なり」と書きこそすれ、「君に忠なり」とは書いていない。五代のような、クーデタに明けくれた乱世では、単数の君主よりも絶対多数の一般民衆のほうが大事なのだ。その点では馮道は、一般民衆のためによく尽くした、といえよう。亡くなったとき七十三歳であったから、当時の人々は、馮道は孔子と同じ寿命であった、と称嘆したという。

馮道らの主唱によって始められていた儒教の九経の木版本が、二十一年ぶりに、後周の太祖治下の九五三年に完成をみた。四王朝八皇帝という政界の変動にもかかわらず、この大事業が完成しえたのは、儒教の伝統的権威のしからしめるところとはいえ、王朝の交替を超越し、世の尊敬を集めて生き通した馮道のごとき人物がいたためであるとしても、決してほめすぎにはなるまい。"The Invention of Printing in China and its Spread Westward（中国における印刷術の発明とその西伝）"を書いたカーター（Carter, Thomas F.）は、「馮道と彼の同僚の中国印刷で果たした業績は、ヨーロッパにおけるグーテンベルクの業績に対比できる」と特筆大書している。

（『世界伝記大事典』〈日本・朝鮮・中国篇〉ほるぷ出版、一九七八年）

邦に道なきとき

最近わが国で、孔子の言行録『論語』が静かなブームを呼び、ビジネスマンを対象とした総合誌『プレジデント』に〈孔子の人間学〉という特集まで現われ、新しい角度から分析されている。この『論語』には、「邦に道ありて、貧にして且つ賤しきは恥なり。邦に道なくして、富み且つ貴きも恥なり」という風に、しばしば、「邦に道あるときは云々」「邦に道なきときは云々」という対比の形で、人間の生き方が説かれている。

「邦に道あるとき」つまり世の中が治まっているときの生き方は案外にたやすいが、「邦に道なきとき」つまり国家なり社会なりが乱れたときの出処進退は、時と所とを問わず、凡愚には決断しがたいものだ。

中国の歴史学を志し、官僚機構の一隅に職をえて以来、「子いわく、直なるかな史魚《しぎょ》。邦に道あれば矢の如く、邦に道なきも矢の如し。君子なるかな蘧伯玉《きょはくぎょく》、邦に道あれば則ち仕え、邦に道なければ則ち巻いてこれを懐にすべし」という『論語』の一節は、いつも私の念頭にある文章である。「邦に道なきとき」史官の職掌としては、誰にも阿ねらず直筆し、官僚の一員としては、さっさと引込むべし、と倦まずに説く孔子の期待に応えうるような人間像には、なかなかなりきれない。

若かりし頃、「中国人物叢書」という伝記シリーズの企画に加わり、唐五代に生きた人物の中から一人を選ぶ機会に恵まれた際、江戸時代のわが国でも推奨され言行録の出版された忠臣の魏徴《ぎちょう》や陸贄《りくし》などには目もくれず、五つの王朝、十一人の天子に仕え、まさに「邦に道なきとき」に、高位高官、宰相をつとめた馮道《ふうどう》の生きざまを追求したのであった。しかし、将来いつの日にかは、「天下道あれば則ち見れ、道なければ則ち隠れた」典型的な人物、李泌《りひつ》の詳細な伝記を、同時代の陸贄と対比させて、纏めてみたい、とひそかに準備を進めている。

（近鉄百貨店、『マイタイム』第一〇号、一九八二年四月）

『世説新語』の周辺

ユーラシア大陸の東で栄えた中国文明は、西のヨーロッパ文明と、時には全く異なった様相をみせはしたが、大局的には驚くべき類似の政治社会現象を呈しながら、歴史を展開させてきた。したがって、ヨーロッパの歴史に関する名著のかずかずは、中国の歴史を考察する際に、しばしば貴重な示唆を与えてくれる。たとえばL・ジェニコ『中世の世界』（森本芳樹訳、創文社、一九七六年）も、それらの一つである。断章取義ではないか、との抗議を甘受することにして、中世の夜明け期に対するジェニコ氏の見解を、私なりに要約してみよう。

――中世文明の第一の独自性は、その地理的な枠組にある。古代文明は地中海に属したが、中世文明は西ヨーロッパのものである。古代から中世に移行する三世紀から七世紀にかけての過渡期には、二重の変革が行われた。一方では西ヨーロッパが東方およびアフリカから離れて自立し、他方では西ヨーロッパの境界が拡大し、その中心が次第に南から北に移動した。三世紀の中葉に未曾有の騒乱がローマ世界を動揺させ、いくつかの軍団のそれぞれが、その首長に帝位を要求した。無政府状態が根を下ろし、ゲルマン人は多くの地点で、何回にもわたって国境を破り、帝国領内に深く入りこんできた。ほとんどの都市は、この時期に多数の人口を失い、自衛のために築いた狭い城壁の中で、細々と生き続けるだけであった。貴族身分という概念が、ゲルマン的であることは確実で、その構成員は最高権力に参与し、国王とともに重大な決定を行った。貴族層は、一一〇〇年ころまで、西ヨーロッパにおけるあらゆる活動の中心であり、原動力であった。

古代から中世への移行に際して、ヨーロッパでは地理的な枠組がかわり、その中心が南から北に移動したのに対し、中国では、それほど劇的に枠組がかわりはしなかったとはいうものの、その中心は黄河中流域のいわゆる中原から、長江下流域のいわゆる江南に、つまり北から南に移動した。ローマ世界が未曾有の騒乱で動揺し、ゲルマン人が領内に流入するのと同一の事態が、それに先だって東アジアでも展開されていた。万里の長城の北の乾燥ステップ地帯で大勢力をほこっていた遊牧騎馬民族の匈奴が、一世紀に分裂し、その一部が長城の南に移住して後漢の正規軍に編入されたかと思うと、三世紀にはトルコ系の鮮卑の一部が華北の地に、チベット系の民族が西北の地にそれぞれ移住して漢人と雑居し、かくて城壁をめぐらした小都市が林立していた中国に、村の生活が始まった。四世紀の初めには、五胡とよばれるこれら五つの異民族が、つぎつぎに独立し、およそ百年間にわたって前後あわせて十六の国をたて、文字通りの乱世を出現させたのである。

これらの異民族政権が華北の地で興亡をくり返した三、四世紀に、漢人社会では血統、家柄にもとづく貴族身分の社会的優越性が確立し、それ以後九〇〇年ころまで、貴族層が政治の場のみならず文化活動の中心となる貴族社会が継続するのである。紀元前三世紀にはじまる秦漢王朝から近年にいたるまで、中国社会では王朝はしばしば交代したとはいえ、官僚機構は極端なまでに整備されてきた。官職をえることは単に政治の担当者たるにとどまらず、文化の担い手となることを意味した。貴族時代とは、これらの官僚を登用する際に、本人の才能・学識よりも出身の家柄を何よりも重視し、家の既得権を尊重するという閉鎖的な社会が継続した時代であった。この貴族社会の成立期には五胡十六国、崩壊期には五代十国とよばれる乱世が、それぞれ中国の地に繰り広げられた。数十百年もつづく乱世に偶々生まれ合わせた時、知識人はいかに人生に対処したのであろうか。

中国は、世界でも珍しく、つぎつぎに興亡した王朝に対応する公認の歴史書、正史が編纂されて、それぞれの王朝で活躍した政治家たちの言行が、背景となった政治社会の動向とあわせて、現在まで伝えられている。したがって、二世紀末から五世紀初にいたる時期、つまり貴族社会の成立期の乱世に活躍した政治家たちの言行と人物像については、『三国志』や『晋書』といった正史のなかでも、一往の描写がなされている。しかし、それだけではなく、ほかの時代には類書を求めがたい貴重なエピソード集『世説新語』が残されていて、本書を繙くと、当時の緊迫した情況下における知識人たちの鋭い感受性に目を見はらされるのである。この『世説新語』に登場する多様なタイプの知識人たちの苦衷を、共感をこめて見事に解説してみせたのが、魯迅の講演「魏晋の気風および文章と薬および酒の関係」(一九二七年)であった。ただし、魯迅は、竹林の七賢の代表たる嵇康と阮籍の反俗ぶりに強く共鳴するかたわら、その嵇康が子供に書きのこした「家誡」を取上げて、かれらは乱世に生まれたので止むをえず反俗の行動に出たのであって、それは本来の姿ではなかったのだ、と補足説明している。

孔子は、『論語』のあちこちで、「邦に道あるとき」と「邦に道なきとき」を対比させて、世の中が治まっている時代と乱れている時代とにおける処世術の違いを強調しているが、乱世における出処進退は、いかにも難しい。

『世説新語』は乱世に生きる人びとの武器となった機智表現の宝庫である、と見なす井波律子『中国人の機智』(中公新書、一九八三年)は、すぐれた言語感覚とレトリックにこだわりつづけた彼らの当意即妙の機智表現の構造が、逆襲性と圧縮性とを二大基柱としていたことを、説得的に解明してくれた。中国人の機智は、乱世に遭遇した人びとによって息を吹きこまれ、目ざましい活躍をみせ、そして、暗く危険な乱世にあって、生存の基盤が危うくなればなるほど、逆に、より痛切に生存を希求し、豪気なゆとりを失わない人びとによって、中国人の機智は武器としての精度を増してきた、と井波氏は結論している。

徳行篇をはじめとする三十六篇に分類された『世説新語』には、一一三〇条もの短いエピソード群が集成され、いかにも個性ゆたかな人物像が描きわけられている。『三国志』『晋書』といった正史や『資治通鑑』に記録されているエピソードと同じものもあれば、同一の史実であろうに評価が正反対のエピソードもあって、人物評価の困難さを教えてくれる。たとえば私自身、かつて貴族社会の崩壊期たる五代の乱世に五つの王朝・十一人の天子に高位高官として歴仕した稀代の政治家・馮道《ふうどう》の評伝を書き、馮道に関する「議者おもえらく、厚徳にして稽古、宏才にして偉量なり。けだし漢の胡広・晋の謝安の徒なるか」(『冊府元亀』巻一三〇、宰輔部徳行)という文章に接して興味をかきたてられ、謝安についての諸文献を読み比べた際に実感したことであった。

二世紀の中葉、たとえ同一の後漢王朝とはいえ、安帝から霊帝にいたる六代の天子に大臣・宰相として三十余年も歴仕し、唐中期にできた児童用教科書『蒙求』に「胡広の補闕」と標題された胡広が、馮道の先駆者であるというのは、分かりやすい説明であった。

しかし、四世紀の後半、東晋王朝の中期に宰相をつとめた名門貴族の謝安に、馮道が似ていると論評するには、その家柄と官歴の点ではなくして、『蒙求』に「謝安の高潔」と標題された、その人格と信望への類似を意味していたに違いないが、その全体像を知りたかったのである。

王羲之の親友であり趣味人である謝安（三二〇—三八五）は、『世説新語』のなかで最もしばしば登場し、大綱をおさめて小事にこだわらない性格も相俟って、抜群の好評をうけている。名門の貴公子であったこともあり、会稽の東山に隠棲していた頃も、四十歳をすぎて初めて官途につき、ついには東晋政界の大立者となって以後も、その言行・動静は、江南貴族たちのサロンにおける話題の主となっていた。高級官僚も軍隊の首脳部も北方人によって占められていた亡命政権の東晋王朝は、いつの日か中原の地を奪回し、全中国の再統一を夢みて、みなの期待は謝安とその一族にそそがれていた。三八三年に、前秦の苻堅が歩兵六十余万、騎兵二十七万という大軍でもって南下してきたとき、精鋭部隊を率いて淮水支流の淝水の畔で迎えうち、前秦軍を敗走させる殊勲をたてたのは、謝安の甥の謝玄なのであった。史上に名高い「淝水の戦」である。

この淝水の戦に関して、『晋書』謝安伝と『資治通鑑』は、謝安と囲碁にまつわる二つのエピソードを伝えている。まずは戦争の直前、謝玄が謝安のもとを訪れて戦略を問うた際、わざと人目につくように別荘に連れ出して碁を打たせ、夜になって官邸に帰ってから指図したが、いずれも適切なものばかりであった。彼の悠然たる態度は、苻堅の大軍が接近したという情報によって動揺していた都の雰囲気を沈静させるのに大いに効果があった、という話。つぎに戦争の直後、淝水における大勝利の知らせが到着した時、彼は偶々客と碁盤を囲んでいたが、報告書をざっと読みおえると、そのまま碁を打ち続けた。客が何事ですかと問うと、小僧どもが遂に敵を打ち破ったということですわ、とさりげなく答えた。対局が終わって客を送りだし、引き返すなり大喜びし、下駄の歯が折れたのにも気づかなかった、という話。『世説新語』の雅量篇には、後者のエピソードが収録されているが、対局後に大喜びして下駄の歯が折れたのにも気づかなかった、という部分は省かれている。史実としては、『晋書』と『資治通鑑』の所伝の方が正確なのであろう。しかし、それだと『世説新語』のどの篇に収録すべきか、と思案に余ったのかもしれないし、謝安びいきの『世説新語』の編纂者たちとしては、蛇足は削るべし、と判断したのかもしれないのである。

『世説新語』の編纂者たち、とは誰のことか。南朝宋の武帝劉裕の甥である臨川王の劉義慶撰とされている本書を、劉義慶のサロンに集った文人たちの共同編纂したものであると論じたのは、魯迅であった（『中国小説史略』）。この魯迅の説を徹底させて、川勝義雄

「『世説新語』の編纂をめぐって」(一九七〇年)は、編纂を実際に手がけたのは、劉義慶ないし劉宋王室とは反対の立場にあり、反逆者たる謝霊運に好意をもつような、反体制的な傾向をもった、何長瑜のような文人ではないか、という結論を提示した。そして、本書が劉宋政権に対する批判の意味を帯びた書であるということは、本書のなかに色濃く流れる軍人蔑視、軍人嫌悪の傾向ときわめてよく整合するように思われる、と付言した。

この川勝氏の所説に対しては、今なお賛否両論が出されていて、私も態度を保留するとして、その編纂者たちが、理想の人物の筆頭に謝安をおいていたことだけは確実である。ともあれ、乱世の宰相、五代の馮道が、この謝安をどこか彷彿させる人物であった、というのは、馮道びいきの私にとって、嬉しい論評だったのである。

(井波律子編『世説新語』〈鑑賞中国の古典⑭〉、角川書店、一九八八年)

黄巣と馮道

貴族社会には、高級官僚が若干の限られた家柄の出身者によって占められ、官僚を採用する際に、本人の才能・学識よりも家の既得権を尊重するという閉鎖性がある。こうした貴族社会が、中国では三世紀の魏晋時代に始まって、九〇〇年頃の唐末まで続く。この貴族階層に最終的な打撃を与えたのは、ともに塩の密売人であった王仙芝《おうせんし》（?―八七八）が起こし黄巣《こうそう》（?―八八四）が引き継いで指導した「黄巣の乱」であった。黄巣の死によって反乱は終息したが、その余燼《よじん》で唐朝は滅亡し、五代十国の乱世を迎える。

その後、軍閥が実権を握り、クーデタの連続に明け暮れた戦乱の世にあって、五王朝十一人の皇帝に高位高官として仕え、天寿を全《まっと》うしたのが馮道《ふうどう》（八八二―九五四）である。反乱して長安を占拠し、わずか三年半とはいえ皇帝を称した黄巣、つねに平和を愛好し、五王朝で宰相をつとめながらナンバー・ツーに徹した馮道、まったく対照的な生涯を送ったふたりの人物像を探ってみよう。

塩商人・黄巣の反乱

八世紀の中葉に安禄山《あんろくざん》が起こした安史の乱（七五五―七六三年）の戦火は、長江（揚子江）流域には及ばなかったが、洛陽と長安を陥落させ、黄河中下流域一帯の北中国を混乱に巻きこんだ。この乱による戦時体制下の国家財政を支えるために、塩の専売制が始められ、原価の数十倍もの超大型の間接税がかけられた。しかし、そのような無茶な税制が平時にも継続されると、私塩つまり塩の密売が横行するのは、火を見るよりも明らかである。公認された塩商自身が、御用商人・特権商人の立場にありながら、むしろその立場を利用して私塩を行い、莫大な利潤をあげていく。私塩に対する取り締まりが強化されると、昨今の麻薬を密売する広域暴力団のごとく、密売する側も徒党を組み、武装して、官憲からの手入れに武力で対抗することを辞さない風潮が生まれてきた。

律令体制が崩れて藩鎮（軍閥）体制となり、八〇〇年前後には、黄河の下流域で、唐の中央政府に租税を送らず、管内の官吏を勝手に任命する節度使などの藩鎮が続出したので、江淮《こうわい》地方には過重な負担が強いられた。やがて過重な負担に耐えかねて、江淮地方で土地を失い流亡する農民が相次ぐことになり、各地で反乱を起こし、群盗化していった。八五九年に浙江で勃発した裘甫《きゅうほ》の乱は、流亡農民や無頼の徒によって起こされたものであり、八六八年に徐州で始まった龐勛《ほうくん》の乱は、亡命兵士を中心に貧農が参加し、一年有余にわたる大乱に発展した。龐勛の乱が鎮圧されてから五年後に、徐州に隣接する山東の濮州《ぼくしゅう》と曹州《そうしゅう》で起こり、全国的な暴動と化したのが黄巣の乱である。

八七四年の年末から翌年にかけて、濮州で王仙芝を中心とした数千人の反乱があり、曹州の黄巣が呼応して反乱に加わった。王仙芝と黄巣のふたりは、当時の記録に「塩賊」と書かれている塩の密売商人グループの頭領株であった。黄巣の生家は塩商をいとなむ資産家であり、黄巣自身は読書人としての教育を受けたが、科挙試験に何度も失敗したので、不平家となり、唐朝への反逆の意志を強めていたのである。当時の塩の密売は全国的に行われ、その販売網は全国に張りめぐらされていた。そのため、王仙芝と黄巣の反乱軍の行動範囲は極めて広く、四川を除く全中国を騒乱に巻きこみ、唐朝に決定的な打撃を与えるのである。

反乱を暗示する童謡

漢字そのものに極度の神秘性を見いだす中国では、現代に至るまで、王朝交代などの政治的激動期に、しばしば予言的意味を込めた童謡が登場する。童謡は、口《くち》コミで津々浦々に伝わって、政治の基盤を揺るがす事例が多い。王仙芝と黄巣の反乱に先立って、大飢饉が河南で続いた時、「金色の蝦蟆《がま》が争って眼を怒らし、曹州をひっくりかえして天下反《はん》す」

という謡言が流行した。蝦蟆というのはヒキガエルのことで、蝦蟆仙人で知られるように、不思議な能力をもつ動物とされた。そして、その出現は瑞祥《ずいしょう》とされたが、五行思想によると土徳の唐朝の次は金徳なので、唐朝にとって金色の蝦蟆だけは不気味な存在なのであった。かつて玄宗と楊貴妃が温泉に遊んだ時に、金色の蝦蟆が姿を見せ、楊貴妃がそれを放してやったのが、安禄山の反乱を誘発した、と杜甫も歌っていたのである。金色の蝦蟆は果たして曹州に現れるのであろうか。

曹州に近い濮州で曹州冤句《えんく》県出身の王仙芝が反乱し、同郷の黄巣が曹州で呼応すると、童謡を気にしていた唐朝は恐怖心に駆られ、大軍を派遣して鎮圧させようとした。しかし、塩の密売組織を活用した反乱軍は、想像を絶する勢いで各地を荒らし回った。王仙芝だけは唐朝の懐柔策にはまり、やがて敗死するが、黄巣は長江を渡って福建をも陥れた。八七九年には海外貿易で栄えた広州に至り、アラビア人らの外国人居留民を十万人以上も殺害し、今度は猛烈な勢いで北上した。翌八八〇年十一月には東都の洛陽を陥れ、翌月に国都の長安に入った黄巣軍は、郷里の山東の古称に従って国号を大斉と号し、金徳にちなんで元号を金統《きんとう》とした。時あたかも、唐朝の僖宗《きそう》が広明《こうめい》という元号をたてたことにつき、これこそ（黄巣の）黄が唐に取って代わるべき明らかなる証拠だ、という謎解きをして正統性を主張したのである。僖宗は、安史の乱の際の玄宗の前例にならい、四川の成都に避難した。

斉国の皇帝となった黄巣は、八八三年四月まで、二年半近くの短期間とはいえ、長安に陣取った。しかし流賊的略奪方式に慣れ親しんでいて、腰をすえて統治する術を知らなかった。そこに山西の太原で独立政権を樹立せんとしていた李克用《りこくよう》が、唐朝の救援要請に応じて南下し、長安を猛攻した。黄巣は東に逃れ、八八四年六月、追いつめられたあげく、近親だけになって郷里に近い泰山南東の狼虎谷《ろうここく》に迷いこみ、自決して果てたのである。

五王朝に仕えた馮道

黄巣が斉国皇帝として長安で有頂天になっていた八八二年、河北の瀛《えい》州景城県（現在の献県）で、中小地主の子として生まれたのが馮道である。瀛州は反唐朝の性格が濃厚な盧《ろ》龍《りゅうぐん》軍節度使の管轄下にあり、黄巣の乱にも巻きこまれなかった地域であった。九〇七年に唐王朝が滅び、朱全忠《しゅぜんちゅう》が河南の汴《べん》州開封に首都をおいて後梁王朝を建てたとき、李克用の長子の李《り》存勗《そんきょく》が山西の太原に勢力を張り、黄河を挟んで梁に敵対した。二十六歳の馮道は盧龍軍節度使の劉守光の幕下に入る。やがて、九一三年にこの地が李存勗によって併合されるのに前後して、三十二歳となった馮道は太原の地へ赴いた。

李存勗の側近であった宦官の張承業《ちょうしょうぎょう》が、この馮道の才能を見いだし、重要書類の起草を担当させること十年に及んだ。後梁との戦争に勝利した李存勗が即位して後唐王朝（九二三―九三六年）の荘宗となるや、馮道は詔勅を起草する職掌である翰林学士《かんりんがくし》に任命され、第二代の明宗が九二六年四月に即位すると、翌年正月、ついに宰相に抜擢された。明宗が、なんらの誇りうべき家柄をもたない馮道を宰相に任命したのは、その博学多才と他人と競うことのない人柄を高く評価したからであった。

長い中国の歴史において、無数の宰相たちが登場し、皇帝の信任をうけて政治を行った。彼らは、ある皇帝のもとで宰相に任命されても皇帝が代わると罷免されるのが普通であり、次の皇帝のもとで宰相の職に留《とど》まる者はめずらしかった。まして、ある王朝のもとで宰相の職にあった者が、それを滅ぼした次の王朝になっても宰相に任命されることは、稀有の事例と考えられた。ところが馮道は、後唐王朝の明宗によって宰相に抜擢され、生涯に五つの王朝（後唐、後晋、遼《りょう》、後漢、後周）、八姓（後唐の荘宗・明宗・末帝がおのおの一姓、後晋の石氏、遼の耶律《やりつ》氏、後漢の劉氏、後周の太祖・世宗がおのおの一姓）、十一人の皇帝に高位高官として仕えること三十年、宰相のポストにいた年月は二十年余を数えたのであった。中国の歴史上、これに匹敵する人物は見当たらない。

君に忠ならずとも国に忠なり

五王朝で宰相をつとめた馮道の処世は、後世になると無節操・不忠の代表と見なされた。しかし馮道は、六十九歳の時点で回顧した自叙伝『長楽老自叙』のなかで、「家に孝であり、国に忠であった」と書き残している。次の宋代のような君臣の分が定まった時代から顧みると、馮道の官界遊泳ぶりに対して、不忠のレッテルを張るのが当然かも知れない。ひとつの王朝、ひとりの天子に対して忠義を尽くすこと、それが忠であり、君に忠というわけであろう。ところが馮道は「国に忠なり」と書きこそすれ、「君に忠なり」とは書いていない。五代のような、クーデタ続きの乱世では、単数の君主よりも絶対多数の一般民衆の方が何といっても大事なのであった。事実、馮道は一般民衆のために尽力し、同時代人からは「寛厚の長者」と称されていた。亡くなったとき七十三歳であったので、当時の人びとは孔子と同じ寿命であった、と称嘆したという。ちなみに「国に忠なり」という言葉は、馮道が自己弁護のために考案した新造語ではなく、すでに二世紀後半に後漢の政治家陳蕃《ちんばん》（？—一六八）が友人の行動を弁護する上疏の中で使っていたものである。

ところで、後唐明宗の九三二年に馮道らの主唱によって始められていた儒教の九経の木版印刷が、二十一年ぶりに、後周太祖の九五三年に完成をみた。四王朝八皇帝という政界の変動にもかかわらず、この大文化事業が成功し得たのは、儒教の伝統的権威のしからしめるところとはいえ、王朝の交代を超越し、世人の尊敬を集めて生き通した馮道のような人物が宰相クラスの地位に就いていたからであろう。馮道らの中国印刷史上に果たした役割は、ヨーロッパにおけるグーテンベルクの業績に比敵する、と評価されるゆえんである。

（週刊朝日百科『世界の歴史』38号、朝日新聞社、一九八九年）

法蔵館文庫のためのあとがき

去年の正月、私は法蔵館文庫として『文物に現れた北朝隋唐の仏教』を上梓しました。早速に『週刊エコノミスト』（毎日新聞社刊）の二月二十一日号の〈歴史書の棚〉欄で、『漢文で知る中国』（NHK出版刊）の著で知られる加藤徹氏が取り上げて下さり、「仏教も国家権力も、日本史と中国史では全然違うという著者の指摘は、新鮮で刺激的だ」という文章で締めくくって下さいました。

法蔵館文庫の二冊目として出版する本書は、宮崎市定先生が監修された四六判「中国人物叢書」（人物往来社刊）の第一期全十二巻の一冊として刊行された『馮道』を《本編》とし、それ以降に馮道に言及した短編六篇を《補編》としたものです。

「中国人物叢書」の企画が、宮崎先生に相談を持ちかけられたのは、先生が京都大学を停年退職される直前のことであり、同社で企画されていた時代史概説のシリーズ「東洋の歴史」（宮崎ほか四人が監修）全十二巻と対にして、同時進行で編集が行われたのです。

「東洋の歴史」の執筆陣が、京都学派の第一線の学者で揃えられたのに対し、「中国人物叢書」の場合は、オーバードクターの若手研究者に発表の機会を与えたい、という宮崎先生のご意向に沿い、実際の人選は東洋史研究室の助手であった寺田隆信氏が行いました。その結果、宮崎先生と旧制大学最後の狩野直禎氏のほかの十名は、新制大学の卒業生であり、最年少は八期生の私でした。一九六六年十一月に刊行された『馮道』は私の二十代最後の作品です。歴代王朝の皇帝か武将を取り上げてほしいという人物往来社の意向で、当初は五代後周の世宗・柴栄を書く筈だったのに、文官の馮道に切り替えた経緯は、更めて述べません。達成感がありましたが、馮道の肖像画を見つけられなかったことだけが、心残りでした。

中公文庫に再録の話が舞い込んだ時、清・金古良撰『無双譜』掲載の馮道とパトロンの宦官張承業の肖像画を掲載できる喜びに咽びました。文庫室長の高梨茂氏のご配慮で表紙には、馮道の肖像を濃紺の地に金色のラインで描き、奈良時代の写経の頭部を彷彿とさせる出来栄えに大満足でした。馮道が一般には馴染みのない人物なので、「乱世の宰相」という副題を添えることにしました。

中公文庫に入れるに際して、中国文学専攻の友人、井波陵一氏に全面的な協力を仰ぎ、読みやすい文章に直して頂きました。

中公文庫版は江湖の好評を博し版を重ねました。そして「中華帝国は数千年という悠久なる時空の中で、如何に変貌し、如何なる人物を輩出してきたのか。中国史研究の巨星・宮崎市定の著作を中心に、その広大にして奥深き世界を探る。」と銘打って新設されました〈中公文庫ビブリオ版―中国文明―〉に、宮崎『科挙』『隋の煬帝』『中国に学ぶ』、植村清二『万里の長城』と三田村泰助『宦官』の仲間入りをすることになり、組み替えがなされ、装丁も変わりました。本版に対しては、井波律子さんは『週刊エコノミスト』の二〇〇八年九月二十三日号の〈歴史書の棚〉欄で、取り上げて下さり、「本書は、こうして既成概念にとらわれることなく、確固とした自覚をもち、乱世におけるベストを尽くした五代の宰相、馮道の生の軌跡を鮮やかに描きあげている。」と、評価して下さいました。『書物の愉しみ――井波律子書評集』（岩波書店刊、二〇一九年）に再録されています。

「中国人物叢書」の『馮道』を執筆時点から教示に与り続けたのは島田虔次先生でした。李卓吾『蔵書』の馮道論に共鳴される先生は、例えば一九八八年三月二十三日消印のハガキには「昨日　荒木見悟『雲棲袾宏の研究』（昭和60年、大蔵出版社）をよんでいて（p.196）馮道（というより馮道についての李卓吾の意見）批判の袾宏の文のある事を知りました。この本はA氏がくれなかったので知らなかったです。ほめた人が李氏以外にもう一人いたらしい。是非さがし出したく思っています」とお書きでした。

入矢義高先生も、「中国人物叢書」の時のみならず、中公文庫版の時にも丁寧な読後感を寄せて下さいました。中でも、劉岳が『兎園策』で馮道をからかった際に、馮道が反駁した時に使った「文場秀句」を「文場の秀句」と書いた点について、これは書名ですよと教えて下さいました。いかにもその通りで、参考文献に挙げた那波利貞「唐鈔本雑抄攷」で言及されていたのに、見落としていたのでした。中公文庫ビブリオ版では、『文場秀句』と訂正しました。

『文場秀句』については、永田知之「『文場秀句』小考」（高田時雄主編『敦煌写本研究年報』第二号、二〇〇八年）と同「『文場秀句』補説」（同第九号、二〇一五年）があり、最新の論考である復印報刊資料『魏晋南北朝隋唐史』二〇二三年第四期に再録された高静雅・張平仁「敦煌本《文場秀句》、事文兼采、編撰体例考察」（『首都師範大学学報』社会科学版、二〇二三年第一期）が中日の研究史に詳しく、有益です。

本編の解説を終えるに当たり、韓国語訳に触れておきます。私は韓国語が読めませんので、早川智美さんに訳して頂きました。書名は『馮道の道――国家は君主よりも重要だから』と題され、となみまもる著、フオブムン・イムデヒ（任大熙）訳で、二〇〇三年六月七日、ソナム出版社刊でした。旧友の任教授は慶北大学校で教材に使い、大学院生二人に助けられた、ということです。本訳本は『朝鮮日報』にも詳細な紹介がなされました。

補編の内、『邦に道なきとき』の末尾において、「将来いつの日にかは、「天下道あれば則ち見れ、道なければ則ち隠れた」典型的な人物、李泌《りひつ》の詳細な伝記を、同時代の陸贄と対比させて、纏めてみたい、とひそかに準備を進めている。」と述べた点については、その後も版本の『鄴侯家伝』、即ち鄴県侯に封ぜられた李泌の家伝を購ったりしていましたが、約束を果たしていません。

それは吉川忠夫「李泌と『鄴侯家伝』」(『龍谷大学論集』第四六三号、二〇〇四年。『六朝隋唐文史哲論集I』法藏館刊、二〇二〇年再録)が出され、異論を挟む余地がないからです。

補編のほかの五篇については、特段の付け加えはありません。

なお「百科事典」の『ジャポニカ大日本百科事典』(小学館刊)や『平凡社大百科事典』(平凡社刊)の「馮道」の項も執筆しましたが、割愛しました。

擱筆するに当たって、本書の出版を企画し、順調に進行して下さった、法藏館編集部の今西智久君と、法藏館の関係者に深謝いたします。

二〇二四年三月二十日　春分の日

礪波　護